單 One-way
讀 Street

贫穷的质感

王梆的英国观察

王梆 著

上海文艺出版社
Shanghai Literature & Art Publishing House

目录

序

从一个观察者，变成一个行动者

倘若我有幸像那些中世纪的朝圣者一样，在去坎特伯雷（Canterbury）的途中遇到一场故事比赛，那我的故事开头肯定是这样的："一觉醒来，我发现自己变成了外国人，蜷缩在伦敦西区一间天花板发霉的出租屋里。我的枕头是一只沉重的行李箱，里面装着我那庞大精深、却暂无用武之地的母语，以及一套用旧的、似是而非的知识体系，外加一个有针孔的救生圈。"

传统新闻写作或"真实电影"（Cinéma vérité）最烦这种"讲述者其实也在场"的画风，但我没有办法，在许多经由自身困惑引发的思考面前，我无法面对自己的缺席，所以这本集子，首先是一个在英生活的memoir

（回忆录），其次才是我对英国社会政治，民生和文化的observation（观察）。

我的困惑，像所有四足动物的困扰一样，首先是关于生存的：在一个发条不断失灵，只能持续疯转的老牌资本主义社会里，跟不上速度、随时会被离心力甩出去的人，如何才能有尊严地活着?《贫穷的质感》即是我对这个问题的思考。彼时我正过着伦敦漂的苦逼生活，身兼"穷人"和"移民工"，以及"外来女"三重身份，表面上是某某中文杂志的特约记者，游走于巴宝莉（Burberry）新装发布会、泰特美术馆（Tate galleries）或英国国家芭蕾舞团（English National Ballet）之间，实际上是住在贫民区的有色人种，是摄政王大街（Regent Street）古董表店专拉中国游客的售卖翻译，是大雪天上门服务的"中华神推"……在不同阶层之间换脸求生，卑微加重着耻感，我对尊严的渴望，自然就变得更加迫切起来——这还是在我尚有工作，能养活自己的时候。那么失业的时候呢？如果有一天，我也沦为在食物银行排队领取罐头食品的慢性失业者，是否意味着尊严的终结？

"尊严"是我多年以来思考得最多的问题，偏偏英国又是一个极其注重尊严的社会：写信多用敬语，普通人家的前花园往往比后花园修葺得更像皇家花园，做礼拜时永远穿最好的衣服，慈善店里的旧衣一定熨烫齐整，像新衣一样展示，给街头露宿者的新年礼物也一定要做成漂亮的礼包……所以在写完《贫穷的质感》之后，我又在《年老的隐喻》这篇文章里，延伸了对"尊严"的思考。

为此我采访了不少居家养老人士，走访了数家老人院，又详细地分析了英国福利和养老制度的利弊，问题只有一个，普通人如何才能有尊严地变老？

《老工党的逆袭和左派的困境》那篇文章的核心问题也一样，只是视角稍做了一些调整，我从一个观察者，变成了一个行动者，像所有向往民主社会主义的自由左派一样，我参加了科尔宾旗下的工党，还当选了我所在选区的BAME（Black, Asian and minority ethnic）officer，即黑人、亚裔和少数族裔的工党发言人。像我这种懒散的老派自由主义者，对群体心智以及党派斗争从来敬而远之的一介书生，竟也身不由己地参与了选票政治，可见我们所处的时代是多么地令人不安。

幸好这段经历非常短暂，科尔宾失去党魁位置之后，工党中的左派力量就消失了，我也飞快地离开了选票政治。它不是答案，非此即彼的左右之分也不是答案。人们穿着防弹衣，把身上的人味去掉，把肉身竖立成观念的靶子，结果社会变得越来越分裂，这才是现实，这也是我此后花了近两年时间、走访民间社团、撰写《英国民间观察》的缘起。我希望人们能够抛开成见，面对面地坐在一起，唯有如此，我们才能抵抗自身的原子化和孤独。我自己的亲身经历证明了这一点：2014年初到

2015年初，我是"老年英国"（Age UK）的义工，每周定期上门看望孤寡老人；2018到2021年，我是食物银行的义工，为有需要的人士发配救济食品，疫情期间也不曾停止工作；乌克兰危机爆发之后，我加入了当地的难民救助机构……这些社区活动的参与，为我的个人生活带来了巨大的转机，它让我认识了不少朋友，让我不再因为外来者的身份而倍感孤独。

民间社团没有政治门槛，亦不设左右之分，它不仅将不同党派、不同阶层的人聚拢在一起，还利用其独特的"在地性"，推动着附近公共空间的扩展，守护着越来越稀有的在地公共资源。它就像微创手术，在巨大的混沌和黑暗里，年复一年，缓慢而和平地，修复着一小块乾坤。这是为什么在该文末，我会引用英国文化历史学家大卫·弗莱明（David Fleming）的话："大问题并不需要大规模的解决方案，一个行动上的基本框架，外加无数微小的对策就足够了。"

我希望这本书最远，能触及到那些对现状十分不满，四处寻找假想敌，却从未在西方真正生活过的读者。

最后，我要感谢《单读》编辑团队，我的责任编辑、《单读》的主编吴琦，以及参与全书编辑、校对工作的罗丹妮、何珊珊、赵芳，她们查证并核实了全书所有的文献和数据引用出处，附译并规范了全书所有的英文人名，甚至用谷歌地图查核了令人存疑的地点。没有他们，这本书就不会以这样一种精确到显微镜片的形态面世。更让我感动的是，这本书每篇文章丰厚的稿酬，让我这个没有任何机构和经费支撑的自由记者，一次次地，获得了劳动的尊严。为此，我向《单读》致以永远的敬意。

王梆

2022年3月23日

I 两极化的社会

贫穷的质感

一

我的很多人生悲剧，大抵是穷引起的。比如不舍得多放黄油，烤出来的蛋糕像吐司；比如挑男友不敢挑贵的，挑来挑去都是《夜莺颂》之类的平装版；又比如总是下不了决心买电动牙刷，结果一次补牙，全副身家都献给了牙医，相当于五根电动牙刷加一顿伦敦诺丁山的法式大餐……

对很多人来说，伦敦是16世纪苏格兰宫廷诗人威廉·邓巴（William Dunbar）的城市："伦敦，汝是花中之王，众城之最。"对我来说，它却是威廉·布莱克（William Blake）的城市："走在午夜的大街上，我听见年轻娼妓的诅咒碾碎新生婴儿的泪水。"

自从27岁离开报业，选择了自由写作之路，我就过上了朝不保夕的生活，刚到伦敦的第一年，更是一贫如洗。别人在苏活区（Soho）饮酒猜马玩塔罗牌，我在坎宁镇（Canning Town）的一个贫民区，和五六个素不相识的火星人合挤一套"巴西蚁窝"。我的房间是一片玻璃窗加三块隔板拼贴起来的水晶棺，一张中间凹陷得不成样子的单人弹簧床就几乎把它填满了。那张床治好了我的躁郁症，因为没有人可以在上面反复坐下又站起来。

英籍巴西裔房东是个厨子，虽然非常渴望减轻房贷负担，但在厨房里搭隔间出租这种事，却无论如何也下不了手，我们便赚了一个5平方米左右的公共空间。

那是2010年，和查尔斯·狄更斯的时代不同的是，除了露宿者和万圣节的恶鬼，街上已见不到半丝褴褛，连我们这些苦逼的伦敦漂，也会想方设法在慈善店淘几套返工（上班的粤语方言）的行头，3.29英镑（当时汇率：1英镑等于8.52元人民币）的Topshop裙子，4.99英镑的Next外套（若遇上换季，还有半价，感谢造成了生产过剩的消费主义和由它衍生的回收产业），基本上只差一顶卓别林的圆顶礼帽，就够得上衣着光鲜。尽管如此，吃饭时不小心偷窥到对方的碟子，还是一眼便能探出窍相来：我吃3.25英镑一大袋、每袋能下20碗的素面条，配老干妈辣酱和学生榨菜；对面两位长得像双胞胎的俄罗斯女郎吃吐司刮黄油，或者黄油刮吐司；巴西房东则喝1英镑一大罐的酸奶。他还不时向我请教如何做中国菜："我的儿子在学跆拳道。"仔细揣摩中国菜和跆拳道之间的关系之后，我慷慨地向他传授了我的素面食谱。

经常有人半夜三更溜进厨房，像盗墓者般掘地三尺，然后捂着半打廉价饼干潜回卧室。楼下某位消失的疯子，通常也在此时神秘地重现，脚如鸭掌般站在雪地里，坚信自己是永不融化的雪人。

伦敦漂们挤成油渣住在一起，并非就一定能侦查到对方的底细。比如我，对外宣称自己是专栏作家，收不到稿费的时候，也不得不做些全然不靠谱的事儿来填牙缝：为犹太商人翻译古董表零件名称，为第四频道偷拍华人妓院的纪录片（*Sex: My British Job*）翻译姐妹们的日常对话，上门给本地中产妇女上东方瑜伽课，遇到哪家妯娌腰酸腿疼，便摇身一变，成了"中华神推"等等。

有一次，我穿上了我的"礼拜日盛装"[1]，到肯辛顿宫（Kensington Palace）的一栋高档住宅楼上门"神推"。那是一栋高端大气、有罗马回廊的新古典主义建筑，穿

1　礼拜日盛装（Sunday Best），最初指基督徒做礼拜时才舍得穿的衣服，如今通常指自己"最好的衣服"。——以下注释，若无特殊说明，均为作者原注。

着海军蓝制服的波兰门房毕恭毕敬地立于一旁，腰板与廊柱平行。旋转楼梯用它那黑铁焊制的螺旋眼由上往下地打量着我，阳光从落地窗和天窗的会合处射入顶楼，我在光的芒刺中按下门铃。

开门的是一位50多岁的台湾女人，黑色开司米外套，齐膝窄裙，唇齿间含着一口闽南普通话特有的糍软，比电话里的声音还要甜，我为攀上这样的客户窃喜不已。然而脱掉衣服后，我的"上帝"却仿佛苍老了10岁，皮肤燥皱，骨节突兀，后腰和腹股沟处布满了术后的疤痕。我端详着慢慢伏下身去的她，像端详着一块劳损多年、发条已经失去弹性的瑞士表，不知从何下手。

"下次什么时候方便我再来？"推完之后我忐忑不安地问道。

"哦，真对不起，我正在考虑是否要去曼彻斯特，或者其他的什么城市呢。"她一脸抱歉。

"曼彻斯特？"

"现在还没有定。我在这家做了五年多了，对他们的孩子就像对自己的孩子一样……遗憾的是，孩子大了，我又多病，所以他们就把我辞退了。"她说完便带我参观了孩子们的房间。她按下电灯开关，像按下阿拉丁的神灯，那里面要什么就有什么。除了35英镑的按摩费，她又给了我5镑小费，她的面颊在丁零当啷的硬币磕碰声中微微泛红，我更愿意相信那是"神推"的效果。

一般客户给个2英镑或2.5英镑就很不错了，5英镑简直是一笔善款，然而我却似乎开心不起来，旋转楼梯也像戛然而止的旋转木马，瞬间失去了魔力。

二

曼伽·考尔（Manjit Kaur）是英籍印裔独立电影导演，拍过不少以街头露宿者为题材的纪录片。我们常坐在布罗克利（Brockley）公园的小山丘上，一边俯瞰鸽屎，一边呼吁世界大同，因此结下了单纯而幼稚的友谊。在光临了我那只有一张单人弹簧床的寒舍之后，曼伽·考尔便发扬英国左派特有的人道主义精神，把我从坎宁镇弄到了豪恩斯洛西部（Hounslow West）。

新房东是一位穿着纱丽、满脸愁容的印裔阿姨，我的新房间在一套20世纪50年代中叶修建的政府廉租房（Council House）里，离希思罗机场"半步之遥"。外墙微裂，内墙发霉，马桶的蓄水声也十分恼人，幸好经常被飞机的螺旋桨声盖住。政府廉租房的房租每周80镑，不包水电网费，比坎宁镇的65镑全包贵一点，却是真砖实瓦，且间间阔亮。想到自己终于可以抛弃乔治·奥威尔在《通往威根码头之路》里的睡姿，我就心花怒放，仿佛一下子从1993年的九龙城寨穿越到了2046年。

睡姿恢复正常，却不一定就能睡着。每隔几秒钟，就会有一架波音飞机撑着巨大的机翼从我的睫毛上振臂而过，将我唯一的绿植——一盆金钱树，吓得魂飞魄散。睡不着，我只好盯着墙上的霉斑发呆。

它们是从哪儿冒出来的呢？

话说"二战"后的工党政府为了实现"人人可栖居"的社会主义理想，为低收入者修建了海量的廉租房，房租不但远低于市价，还有独立厨厕和公共花园等配套设施，英国人民如厕时再也不用披星戴月，洗澡时也不用兄弟几个在锡缸前一字排开，绝望地看着肥皂水卷起一层又一层的老泥。1969年底，伦敦的廉租房新旧加起来有上百万套，豪恩斯洛虽属有色人种移民聚居地，但也像亨廷登（Huntingdon）白人区的贫民窟一样，被列入了廉租房兴建区，于是我的印裔房东便喜气洋洋地领到了一套廉租房。

"把合理的房租交给政府，好过把疯狂的房租交给包租公和商业银行"——很长时间内，这似乎是英国人民的一个共识，所以私人租房的比例从1961年的46%降到了1991年的14%。2015年发布的《住在伦敦》（*Housing in London*）里写道："在伦敦，2011年42%的居民住在政府廉租房里。"另一份数据则显示：20世纪70年代晚期，近三分之一的英国人住在政府廉租房里。

唐虞之治，总是好景不长，撒切尔上台不久便推出了廉租房购买权政策（Right to Buy）。欲望，像美国神学家弗雷德里克·比克纳（Frederick Buechner）形容的那样，"是即将渴死的人迫切渴望的盐"。政策一出，600万房客中的三分之一，便以市价的50%到33%，兴高采烈地买下了自己租住的廉租房，更多的富豪买主则怀揣着"即使不愁住，也不妨用来出租"的居心。那些低于5万英镑贱卖的廉租房，很快就被资本的炼金术（比如银行的房贷或次贷生财术）炒成了黄金。到了2015年，伦敦市内地段好的廉租房全都身价不菲，比如肯辛顿南一套1960年的两居室，便卖出了100万英镑的价格。

我的印裔房东也赶上了撒切尔的"好政策"，省吃俭用买下了一套廉租房，并像其他人一样用来出租，再用租金还她家的商品房房贷。想来她那代伦敦人真幸运，因为有廉租房在，商品房炒不起来，20世纪70年代伦敦的平均房价不过4975镑一套，1989年以前伦敦的平均房价亦不曾超过98 000镑，即使到了1996年，伦敦人平均花在房贷上的钱，也只占了工资的17.5%，而他们的后代，比如曼伽·考尔这一代，就没那么幸运了。2016年，曼伽·考尔终于硕士毕业，成了一位正式的社工。然而廉租房却所剩无几，商品房的均价被炒到了656 874英镑，就像所有的伦敦漂一样，她拿出60%的工资，租了一间比鸽子笼大不了多少的阁楼。

廉租房变成私人出租屋，政府再无整固外墙、清除霉斑的义务。像我的印裔房东那样省吃俭用的房主们，又不得不为子女们攒天价首付，哪有余钱整固外墙？估计这就是霉斑越来越鲜亮、几乎可以和恩佐·库基（Enzo Cucchi）的恐怖抽象画媲美的原因之一吧。

我的室友是布莱克（Black）小姐，她租的那间房稍大且尚未长斑，所以更贵一些，要110镑一周。尽管如此，比起伦敦市内动辄两三百镑一周的单间价，她已算走了狗屎运。

从一位来自格拉斯哥郊区的美少女，到伦敦某大学电影理论系的翩翩学子，再到某流行疾病防治中心朝九晚五的病例管理员，布莱克小姐已孑然一身在伦敦漂了二十多年，不但摆脱了让人求死不得的苏格兰口音，还将身体的围度扩宽了一圈，变成了一个地道的伦敦文职人员。

每天早晨6点半前，布莱克小姐就出门了，赶早班巴士（或暴走4站路）到豪恩斯洛西部地铁站，然后坐地铁到伦敦二区，再转巴士到办公室，交通月卡120镑。那还是2011年，当时伦敦五区以内的高峰时段的单程地铁票是3.6镑，七年后涨到了5.1镑，所以当年布莱克小姐过得虽然不太奢侈，但也说不上困窘。下班后她会时不时到中产阶级大爱的维特罗斯超市（Waitrose）游荡，买些准过期牛排或一瓶放血价红酒，然后像电影《相见恨晚》（*Brief Encounter*）的女主那样，满腹心事地拧开（换了我怎么也拧不开的）门锁，拎着大袋小袋，疲惫地走进厨房。

布莱克小姐对于黑白爱情片，或所有简·奥斯汀小说改编的电影满怀爱意，她还爱听古典音乐，只要她在，厨房里就会飘满"仙女"洗衣液和BBC古典音乐台的芳香，尽管她那台古董调频收音机，总是要挨一顿劈头盖脸的抽打才能勉强正常使用。

百无聊赖的周末，布莱克小姐便会拉上我去逛里士满，即当年弗吉尼亚·伍尔芙住过的那个区。记得《时时刻刻》（*The Hours*）里伍尔芙的姐姐前来探访，伍尔芙请厨师准备姜茶："我们还有姜吗？""姜早就没有了，这几周市场上连姜的影子都没有！"厨师为主人的不接地气而气恼。"快，立刻出发，坐1点的火车到伦敦去弄点姜，应该能在3点前赶回来！"从当时伍尔芙住的霍加斯屋（Hogarth House），坐烟熏火燎的蒸汽火车到伦敦市中心，往返两个小时，却只为炮制一道姜茶，这就是里士满的气势。

里士满不但拥有罩在玻璃房子里的珍稀热带植物，还有查理一世没来得及打死的各种猎物，以及近630只野鹿。顶级名牌时装店配百年手工精衣坊，V领花格羊毛衫配老年高尔夫爱好者，情侣们深情地依偎在刻着"吾爱某年某月"的榉木长椅上，细数着满池天鹅……"岁月静好"都不足以形容里士满的美，只有全英最贵的房屋税（撒切尔推出的一种按房产价值上缴的户头税）才配得上它。

里士满虽美，我和布莱克小姐却什么也买不起，顶多在一间叫"保罗"的法式咖啡馆里喝上一杯热巧克力（当年是3.25英镑），再在河边听流浪歌手和乌鸦合唱几曲情歌，就差不多得坐上返程的公交车了。

一番舟车晕浪，直到又看见路标上的"豪恩斯洛"，我才总算活过来。比起里士满，我更爱豪恩斯洛，因为它才是真正属于我的地方。豪恩斯洛的露天市集上有很多"一碗一英镑"（Pound-a-Bowl，这几个字要连读，要吊嗓，还要拖音）——就是一英镑一脸盆的果蔬。刚开始发现"一碗一英镑"时，我还以为自己发现了阿里巴巴的藏宝洞。一脸盆有8个红椒或3把香菜，7个柠檬或1把大白菜，4根黄瓜或12根香蕉，8个牛油果或9个梨……通通都只要一英镑！世上怎会有这么便宜的菜呢？当我几乎要信耶稣时，才猛然发现这些都是批发市场的准过期菜，拎进厨房的一刻就开始速朽。尽管如此，我还是很喜欢"一碗一英镑"，它让我深深领会了"人生若只如初见"的真谛。

豪恩斯洛的露天市集，用滤光镜过滤一下，就是法国电影《天堂的孩子们》（*Les Enfants du Paradis*）里那片鸡飞狗跳的闹墟。我经常在睡梦中长出象鼻，探进那里的小吃摊，偷吃一种叫拉杜（Besan Ke Laddoo）的印度甜品。它金灿灿、圆乎乎，掺夹着杏仁的津甜、豆蔻的焦香、牛乳的腥膜……好吃得让人完全醒不过来。

一到礼拜六的早上，露天市集中央的教堂门口就会聚集起两拨人，倒腾出两种惨烈的叫卖声。一种卖的是基督神像，一种卖的是包装得像埃及艳后一样的廉价香水。两边摊主的喉咙里各装一只高音喇叭，誓死要在灵魂和感官之间斗出胜负。毫无悬念，香水摊主总是赢。那些香水，5到15英镑的一大瓶豪华装，像法国电影《被爱的人》（*Les Bien-Aimés*）里面的穷美人玛德琳，招摇，艳俗，却能让整条破街蓬荜生辉。

三

可惜不是所有人都喜欢廉价香水。不同阶层的人有截然不同的嗅觉密码。比如在简·奥斯汀的时代，英国中上阶级（upper middle class）就对平民百姓使用的"兽脂蜡烛"（Tallow Candles）十分反感，因为它是用猪油或牛油做的，燃烧起来有一股肉铺的油腥味，他们觉得这种气味很粗俗。他们用的蜡烛，一根能烧4到6小时，一个年入10 000英镑的什么爵若办一场舞会，至少需要300根蜡烛，总计15英镑，相当于一个仆人的年薪。蜡烛点起来，还要用满屋的金框银镜来反射，嗅觉才能与视觉调谐。

今天，想解开中上阶级的嗅觉密码已非易事（除非你是寻血猎犬），毕竟，英国社会经历了两百多年频繁的罢工、女权和民主运动，早就蜕掉了显而易见的阶级的蜥皮，还长出了一层层政治正确的新皮——尽管在伦敦的一些五星级酒店里，服务生们仍旧像《长日留痕》里的英国管家那样，每天早上定时为主人低温熨烫报纸。当然，主人已从纳粹的同情者换成新自由主义的脑残粉。

每到夏天，伦敦就会进入大大小小的"开放工作室"（Open Studio）模式，即艺术家们在自己的宅邸或工作室里展示作品。去过的朋友都说，富人或中产区的开放工作室，开幕式上甜点三明治酒水饮料应有尽有，有时候三四家扫荡完毕，就能把人吃得四仰八叉。这种美事，我肯定是趋之若鹜的。

有一天，我和几位朋友溜进了一间私家泳池般大的客厅，装模作样地看一个群像展。群像是粉彩和油画棒绘制的，女仆们在暖融融的烛盏下制作婚礼蛋糕，或在暖融融的烛盏下为山鸡宽衣解带……说是群像，人人面目模糊，颇有埃德加·德加（Edgar Degas）的笔调，只差厨房换成芭蕾舞台。穿着考究的来宾，踩着客厅里的手工羊毛巨幅地毯，低头附耳，轻声细语地传递着对艺术的崇拜。

时隔已久，我已不太记得自己为什么会捧着一碟蛋糕，吃着吃着就走进主人家的厨房。话说那简直是一间天堂的厨房（如果人死之后还要做饭的话），法式落地窗对着东洋花园（还有假山和佛像），光线充足而不泛滥。珐琅水池和实木备餐台从容地立在厨房中央，主人完全可以一边切菜一边眼观八方，尽享猫狗追逐、其乐融融的画面。我俯下身去，刚想将乔治王朝时期的八角黑白地砖看个仔细（原谅我是艺术科班出身），就被女主人逮了个正着。

"你没事吧？"女主人站在我身后警惕地问道（很快我就了解到，那些粉彩画全都出自她的秀手）。

在耐心地听完我对老地砖的一番表白之后，她卸下盔甲，得意地拉开餐柜，那里面有一整套乔治王朝时期的瓷碟和银器，且没一件缺胳膊断腿。我早就听说她那个阶层的英国人患有先天炫耀恐惧症，比如买天价月饼送人故意留价牌，在家门口摆两个一比一还原的兵马俑复制品，在卢浮宫拍丝巾照，夜宴后请名导安排女演员跳个舞助助兴等很多在我们看来亲切自然的行为，他们也许都会觉得很粗俗，但这并不等于他们不炫耀。炫耀这事儿，就像跳舞一样，到了一定的境界，内裤也好，舞步也好，据说基本上都可以弃之不顾。

"我是在乡下长大的！这些都是我的童年记忆，它们都是我的祖母、曾祖母留下来的……"两只宝石蓝小眼珠，带着些许磨痕，在她皮囊松懈的眼巢里一闪一闪的。"乡下"对英国上层阶级来说，往往意味着"庄园"或"城堡"，我下意识地往后退了退。

"这是什么？"一块青花瓷面、乒乓球拍大小的椭圆木板引起了我的好奇。

"哦，这个是用来切芝士的。"

"啊，切芝士还有专门的砧板？"我咋舌。我们家只有一块砧板，脚掌厚，正面切肉，反面切菜，由于厨房灯瓦数太低，正反还经常被搞混。

"你看，这是切肉的，这是切蔬菜的，这是切肉的……"她把我拉到一排支架旁，根据大小薄厚秩序井然地插放着七八块砧板。

"刚才那块不是用来切肉的么？"我指着黄色砧板，

有些迷惑。

"哦，对！这是切熟肉的。刚才那块是切生肉的，你看，砧板下有说明。"果然，每块砧板的底面或侧面都刻着简洁的使用说明、血统、出品地以及"自1829年始"之类的字样。

一件件赏完瓷器和砧板，她问我要不要来一杯柠檬汁。怕她会探问我对她画作的真实感受，我赶紧摇头，却被她盛情挽住："你确定不尝尝我的柠檬汁？最新鲜的柠檬，完全有机，你一定会喜欢的！"说毕就从隐形冰箱里拎出糖水，又从挂篮里掏出柠檬，放入了柠檬榨汁器。

"我相信你的牙齿不会像苏格兰人一样甜。"望着我脸上的问号，她莞尔一笑："苏格兰人最能吃甜。"

"苏格兰的我没吃过，不过印度甜品很好吃啊，尤其是一种叫拉杜的，金灿灿……"

她打断我的话："哦！别和我谈印度甜品！某年夏天去安巴拉度假，不知道吃了什么，差点赔上性命。"

"对对，印度甜品和英国甜品确实没法比。"我赶紧谄媚地补上。

"英国甜品确实美不胜收，不过也要看是哪家做的。超市里的甜品，加了大量的糖精和添加剂，简直是毒药！哎……有时候我真不明白，为什么有些人如此轻易上当，标签上写什么，他们就信什么，尤其是那些盲目的穷人。"

"主要还是因为便宜……"回想自己整个冬天全靠乐购（Tesco）一英镑四块的松饼对抗冷血症，我突然全身燥热。

"嗯，便宜是原因之一，主要还是缺乏自制力吧！"她又莞尔一笑。

四

箪食瓢饮地活着，和被人挖出"贫穷的劣根"，这两种感受是截然不同的。无数次，我一边思索着那些关于"贫穷与自制力"的对话，一边在波音飞机投下的阴影下漫步，左边是破旧的秋千，右边是卖零食的小卖部，货架底下蜷缩着无精打采的流浪猫。收银台旁一位妙龄辣妈，打扮成Lady Gaga的样子，冲着自己三四岁的女儿破口大骂，一边尖嚎，一边求上帝不如杀了自己算了……几个耳洞被手术钢圈撑得核桃般大的少年，倚在门边，见怪不怪，吸着卷烟，冷漠地望着偶尔被车前灯照亮的、坑洼满面的沥青马路。

与之匹配的独幕剧，是坐在小货车旁的亚马逊快递工，四五十岁，胡子叭髭，抓着馕卷热狗（Grilled Hot Dog Wraps），吃得上气不接下气，边吃边一刻不停地刷着手机。经常给布莱克小姐送网购产品的小哥告诉我，这是一份零工时合同（zero-hour contract，以下简称"零合约"）、时薪低于国民最低工资——7.2英镑、没有"三保一险"（养老、医疗、就学保障以及失业保险）、病了就失业的工作，每天送100到200份货物，早上8点出发一直送到月黑风高，还时常因为层层包工制或其他原因，无法准时拿到工资。BBC广播四台曾现场报道过亚马逊在英国最大的仓库，有14个足球场那么大，却不像足球场那样有地暖设备，且上个厕所都像跑一场不要命的马拉松。

生活在这种状态里的人，假设脑袋里也有一间14个足球场大的仓库，恐怕13.99个足球场已经被天价房租、房屋税、水电费、汽油费以及一个"零合约"的未来载满了吧？剩下最后一小块空间，你希望用它来承载什么？自制力？对低糖食品的热望？一顿边听歌剧边正襟危坐、细嚼慢咽100克鲑鱼的晚餐？

何况健康食品（包含绿色食品）的价格，在2002到2012年的十年间，上涨了35%。2012年，健康食品的价格已是普通食品的3倍。劳动人民需要卡路里，对于健康食品来说，1000卡路里要7.49英镑，从冷冻袋装油炸薯条和30%肉含量的廉价汉堡中获得生存动力，只需2.5英镑或更少。[1]

美食家杰克·门罗（Jack Monroe）曾在茶里放6勺

---

1 Tania Steere, "How eating healthily can triple your shopping bill: Average price of eating 1,000 calories of healthy food reaches £7.49", *Daily Mail*, 8 October 2014.

糖，若说"缺乏自制力"，她可谓典型。2011年，单亲妈妈杰克·门罗产后因无人照顾儿子，向所在消防队申请调整工作时间被拒，只好辞职另寻生路。简历全无回音，又碰上保守党大砍失业救济金的伊始，几乎只有身怀绝技的人才有望领到救济金。在饥饿的初级阶段，她竟然想到了典当电视机。要知道，在英国，旧家电根本不值钱，因为高昂的电器维修费、不菲的货车运送费和垃圾处理费，每天都有人绞尽脑汁将旧家电免费送掉。她想必是穷疯了。这招没戏以后，为了保证儿子一天能吃上三顿饭，她为自己减去两顿，饿得不行就往茶里放糖，靠着6勺糖的热量，苦心钻研如何用1英镑活一天。她用8.7便士1枚的鸡蛋做蛋饼，并写了一本穷人美食圣经《饥饿之殇》（*Hunger Hurts*），一举成名。

8.7便士1枚的鸡蛋，当然不是充满道德优越感的绿色鸡蛋；糖的致命之处亦早在英国科学家约翰·尤德金（John Yudkin）的著作《纯，白，致命》（*Pure, White and Deadly*）里被剖析得一目了然。然而当资本主义需要找寻贫穷的替罪羊时，被谴责的往往不是那些巨型养鸡场、患巨人症的超市或者赚得脑满肠肥的地产业和金融赌场，而是"不懂节制，有绿色鸡蛋不吃，偏要吃速成鸡蛋的穷人"——正是这些"贱人"造成了全民医疗服务（NHS）与饮食相关的、每年58亿英镑的医疗开支。[1] 就连英国伊丽莎白女王学院[2]的生理学教授、营养学家约翰·尤德金也受牵连，为揭露"糖业的阴谋"，他被整个利益相关团体孤立，国际研讨会不再邀请他，学术杂志不再发表他的著作，他的研究基金被停，他被口水淹成一个"脑袋进水的怪物"，最后含冤离世，而那些围堵他的跨国集团，那些像推毒针一样把过量糖浆注入食品，以期让穷人上瘾的暴利之徒，却仍稳坐道德的审判台。这一幕，美国历史学家杰弗里·萨克斯（Jeffrey Sachs）一语道破："历史是齈衣方领之流书写的，穷人当然得为一切背锅。"

今天，热爱艺术的雅士们在自家豪宅里举办画展，或者组团去泰特美术馆欣赏莫奈的雾霾风光，谁会抿着鸡尾酒，走进"地基深处"去对话亨利·泰特（Henry Tate），那位泰特美术馆的始创者，19世纪大英帝国的糖业大亨？谁又会无端端地提起"糖"被誉为"白金"的年代，贩奴运动，加勒比海地区惨烈的殖民史，以及被垄断资本后殖民的当下和未来？

1　数据源自全民医疗服务官网，2014年10月9日。

2　伊丽莎白女王学院（The Queen Elizabeth Academy），原为伦敦国王学院的独立学院，后合并进伦敦国王学院。——编者注

五

英国对我这种亚热带物种来说，简直就是西伯利亚，寒风从不歇息，冬天也从未离席——就算它真的起身告辞，它坐过的地方，床也好，凳子也好，公园里的长椅也好，草地也好，都是冷飕飕的，且长满了细密的冰锥。当然我这样讲，那些一出太阳就恨不得加入天体运动的英国人肯定要耻笑，但英国的寒冷，好比日本刺身厨刀对秋刀鱼的凌迟，确是一丝不假。

没有暖气么？当然有，没有的话会死人的，可恨的是燃料公司一到冬天就开始涨价，大雪前后能涨到埃菲尔铁塔的高度。富人家，比如那种有前院停车场和后庭大花园的，等不及10月就拧开了暖气。"人不怕冷，猫也是怕的。"这些人辩解道。这些人一整个冬天都只穿短袖和开司米外套，洗衣房里的衣服，不但干爽柔软，还散发着一股仙境的幽香。而穷人家因为不太舍得开暖气，房间里的湿气撞上墙上的霉斑味，再裹挟油烟和剩菜味，搅成一团，在穿了几百遍的纤维里发酵，汗衫也好，睡衣也好，总是怎么晾也似乎干不透，飘着一股浓郁的异馊。

表面过得去的人家也不敢全天开暖气，尤其是在没有液化气只有电暖的地区，只有在凌晨到清晨电费减半时储热，白天使用。这种V. S. 奈保尔时代的电暖，效能极低，下午3点后就开始自暴自弃，逼着主人把自己穿成木兰出征。

冬日外出，就更冷了，膝盖结冰，脚趾生疼，恨不得躲进促销小哥全副武装的小黄人行头里。这么冷的天，安·奎恩（Ann Quinn）是如何度过的呢？安·奎恩50多岁了，自2015年6月就和她的小狗"香奈儿"（Chanel）住进了一辆旧轿车里。副驾座上搁着一只塑料小天使，后座堆满了她的全副家当——衣服、廉价首饰和洗漱用品。

时间穿过云中隧道，进入了2017年，即我来到英国的第七年。此时我已告别了每天可以射下几千次飞机的豪恩斯洛西部（这里距离希思罗机场不到20公里），并和一位英国诗人结了婚。我们在乡下租了一块菜地，过上了"自耕农"的疯狂日子。学习"自律"，吃低糖食品和不打农药的瓜菜，并不等于就彻底忘记了贫穷的质感。贫穷依然是一颗砂砾，住在我的眼睛里，我只能把它看得更仔细。2017年初，我加入了当地的食物银行（Food Bank）。我们的工作是四处收集募捐食品，并把它们分配给饥肠辘辘的人。

安·奎恩是食物银行的常客，经常拄着拐杖，夹着小狗进来。手臂一松，小狗便从她怀中跳出，伸长脖子，警觉地嗅着塑料袋里的食物。它们通常是罐头黄豆、罐头青豆、午餐肉、意大利面条、大米、盒装牛奶和袋装饼干等等。没办法，由于神经过敏的食品储存和安全条例，英国食物银行无法接受新鲜食品的捐赠。

安·奎恩不一定来领取食物，她在饼干碟和茶水旁左顾右盼，有时只是为了找人说说话，或者找个地方取暖。她之前是威尔士王妃医院（The Princess of Wales Hospital）的护士，因精神疾病和肢体劳损失去了工作，申请不到残疾人救济金，据说又被卷入了误领救济金的官司，除了每月317.82英镑的失业补助，一无所有。在单间月租金至少400英镑的小镇里，她除了一辆破车，便再也找不到其他的藏身之所。

"你在哪儿洗漱？"我问。

"公厕呗！"她惨淡地答道，"哪有什么洗漱？随便洗下脸就算了。"

镇上的公厕下午5点就关门了，游泳池有洗漱间，但一张泳票要4.5英镑，我没敢继续追问。

"做饭呢？"我又问。

"哪有什么饭做？面包之类的速食随便打发一下就算了。"

我说："你英语很正，有没有想过去其他国家教英语？"我告诉她，连我这种二手英语都在老挝教过。"你可以去泰国，去老挝！不必在这里挨冻，那些国家气候温暖，阳光灿烂，你完全可以重新开始。"她笑了，露出一口不齐的牙齿，眼睛开始冒光，我继续鼓动，"你还可以带上你的小狗！"

她赶紧抱起了她的小狗："嗯，那是肯定要带上的。没有它，我就活不下去了。"

安·奎恩没有去亚热带教英语，我们机构的地区经理说我的建议"挺有趣"却不切实际。

2018年立春，北极寒流袭击整个英国，雪沙被飓风吹向空中，形成一只只白色的巨大旋涡，汽车盖着雪棉被，连鸟儿都只敢压着地面或屋檐低徊。像安·奎恩那样无家可归的人，比2010年，即我来英国的第一年翻了一倍。BBC 2016年12月1日公布的数据是250 000人，这只是在英格兰。为无家者而设的"避难所"（Shelter）2017年发布的数据是307 000人，包括了北爱尔兰、苏格兰和威尔士。其中伦敦最高，超过了150 000人。在所有的无家可归者当中，有4134人长期露宿在大街上，在雪地上铺一层塑料袋，野狐似的蜷缩在人行桥洞底下或超市门口。每当气象局发出红色警报，教会和各种慈善机构的人员便纷纷出动，四处搜索着这些濒临绝望的人。

就算头上罩着几片瓦，也不见得就能打过那些冬神指派的拳击手，它们的拳头是一团团乳白色的冰冷水汽，沉甸、黏糊、猝不及防地攻击着这片昂贵的土地。

有一天，我们那一区的女警官苏·劳克（Sue Loaker）撬开了一户人家的房门，里面没有电，冷得像个藏尸窖，地上全是垃圾纸盒，墙壁和天花板一片烟熏火燎，像刚经历了"二战"。原来因为交不起电费和燃气费，又没有壁炉，那户人家只好在地板上烧垃圾取暖。高挑健壮的苏警官便开始马不停蹄，四处游说，力图解决"燃料贫困"的问题。在一个寒冷的夜晚，苏警官把我们那一区食物银行的所有成员召集在一起。"不仅是燃料贫困,"她站在一间冻得发蓝的教堂里说道,"还有'厕纸贫困'和'卫生巾贫困'……有一次我们警局接到报案,一个女中学生偷了一盒卫生巾。"她顿了顿,努力按捺住激动的情绪:"一盒卫生巾!我想请在座的各位想一想。"

苏警官因此开设了一个叫"基本用品"(Essentials)的收集站,和食物银行等机构合作,为有需要的人提供燃料费、卫生纸和卫生巾。

六

在所有形容"贫穷"的英文词汇里,我觉得"dirt poor"这个词最贴切,因为"灰尘是最势利的,当你衣着光鲜它退避三舍,当你破衣烂衫它就从四面八方猛扑而来"(乔治·奥威尔语)。一个人怎么会落到"dirt poor"的境地呢?除了那些一夜之间赌光祖坟的富家孽子,"博根计划"[1]给出了五个答案:历史成因(比如被压迫和剥削过的殖民地);战争;国债;歧视带来的资源分配不均;环境恶化和自然灾害。

在我看来,这五大原因里面最刺眼的是"歧视带来的资源分配不均"。在英国,性别歧视造成全职工作的

---

1 博根计划(The Borgen Project),美国非政府组织,旨在消除全球贫困,反对贫富分化。

女性的平均年收入比全职工作的男性少9112英镑；[1] 在美国，种族歧视造成黑人男性员工平均每小时的收入只相当于白人男性员工的70%；[2] 对犹太人的歧视可以追溯到中世纪或更早之前，一直持续到"二战"前后；对残疾人的歧视则令德国人在毒杀犹太人时，也迫害了成千上万的同胞，仅一个哈达马尔（Hadamar）精神病医院就利用毒药和"熬到营养完全蒸发的稀汤"杀死了近15 000名"不够健康"的德国公民。歧视链无所不在，对贫农的歧视，对体力劳动者的歧视，对性工作者的歧视，对LGBT人群的歧视，对流浪者的歧视，对衰老的歧视，甚至连"颜值"也被纳入歧视的范围……而贫穷几乎可以说是各种歧视混杂的产物，像一条"融汇百川"的脏河，贯穿着人类的整个文明史，以致一早就被亚里士多德称为革命和罪恶的根源。

为了反对歧视和歧视带来的贫富分化，欧洲自"二战"后便建立起一整套税收和福利制度。战后的"婴儿潮一代"（Baby Boomers）几乎都是它的受益者，低收入者不但可以租住政府廉租房，他们的孩子课间会分得一杯牛奶和一勺鱼肝油，还有从小学到大学的免费教育，失业救济和全民医疗保险。然而并不是所有的人都拥抱

1　数据源自《独立报》，2018年1月17日。

2　数据源自美国旧金山联邦储备银行经济研究（Federal Reserve Bank of San Francisco Economic Research），2017年9月5日。

它，那些垄断全球经济的资本家、财团及其门下政客，咬定"贫穷是自身之过"，多年以来一直在想方设法地瓦解这套体系，比如卖掉政府廉租房，实行紧缩政策，将水、电、交通、医疗、教育等公共资源私有化，用类似于中文的"吓尿体"进行媒体轰炸等，似乎只有如此，才能从金钱和道德压力下脱身。

我的一位英国朋友，原本在玛莎百货（M&S）工作，不幸撞上了实体店打不过全球网购店的时代。玛莎在2016年就开始大面积裁员，2018年又将关闭14家超市，炒掉468名员工，他属于2016年被裁的那批。失业近一年后，积蓄和裁员赔偿金全部用光，新工作没有着落，每月还要付近千英镑的房贷（感谢炒房集团）。妻子为了照顾三个年幼的孩子（感谢昂贵的托儿费），尚未有机会工作。双方爹妈皆不属于财势阶层，且早已退休。于是他找了一份货车司机的工作（"零合约"），工资不够付房贷。

若按最坏的逻辑推理他的处境，画风估计是这样的：卖掉供了不到两年的房子，租房并靠所剩不多的卖房款生活。银两耗尽后仍未找到工作，被房东赶出来，只好申请失业住房津贴和失业补助金。由于原来的廉租房都已差不多卖光，为富不仁的政客们根本不想再建什么"廉租房"，导致等候政府安排住房的人数超过了104 000。[1] 为了不露宿街头，只能拖家带口投靠父母，七个人挤在两居室里。

终于，他奇迹般地等到了一片瓦，被告知在苏格兰某个穷乡僻壤（因为那里的房租比较便宜），当然不去也得去。安顿好妻儿，每日开车去20英里[2]外的就业中心准时报到，被迫囫囵吞枣地填各种表，结果发现就连"捡狗屎工"都有1000人应聘。某日汽车爆胎，他未能准时到达就业中心，便被硬生生地停了救济金。没米下锅，只好走进了食物银行。孩子在饥寒交迫中长大，跻身大学的可能性降低，即使被录取也支付不起一年9250英镑的学费[3]，匆忙涌入打工浪潮，万般努力却只换来"零合约"，他们的孩子，也就顺理成章地成了"贫二代"——这个原本还算中产的家庭便落入了"dirt poor"的境地，并从此被"世袭贫穷"（Generational Poverty）缠身。

英国《卫报》记者斯蒂芬·阿姆斯特朗（Stephen Armstrong）走访全英，将很多这样的"dirt poor"人生录进了他的新书《新的贫困》（*The New Poverty*）中。他认为政府的见死不救是"歧视"，尤其是"机构性歧

1 Dan Bloom, "Depth of housing crisis revealed as 35,000 people sit on waiting lists for 10 YEARS", *Mirror*, 16 January 2017.

2 1英里约合1.61千米。

3 Jane Playdon, "How Much Does It Cost to Study In The UK?", *QS World University Rankings*, 11 February 2022.

视"（institutional discrimination）的充分体现。他写道：
"家住布拉德福德的克莱尔·斯基波付不起拔牙费，剧痛
之中跑到工具房，找了一把老虎钳自己拔牙"——这几
乎是一道启示：今天我们谈起贫穷，谈论的不再只是埃
塞俄比亚或委内瑞拉，甚至不是希腊，而是一个中产阶
级正在萎缩的第一世界。

感谢诸神，这位从玛莎百货下岗的朋友，去年年底
终于找到了一份工作，不然我根本不敢乱开乌鸦嘴。可
惜并不是每个人都像他一样幸运，向食物银行求救的
人数从2010年的4.1万增加到了2017年的120万。斯蒂
芬·阿姆斯特朗引用欧盟的数据："1300万英国人生活在
贫困之中，贫困儿童占儿童总数的五分之一。"在做了严
谨的调查之后，他指出，穷人不是贫困的罪魁祸首，而
是它的产物。贫困也不可能通过"自律"自愈，"紧缩"
只会导向更极致的贫穷。2018年2月的《伦敦书评》花了
两个整版，用近万字来论证他的观点。

七

2017年底，我们过了一个繁忙的圣诞节，几乎每人
都烤了一个蛋糕，小心翼翼地放在碟子里，摆在小茶几
上。客人们鱼贯而入，一位中年母亲走了进来，身后紧
跟着她那约莫十七八岁的儿子。那个男孩，一副英伦摇
滚乐手的模样，像那个年纪的少男少女一样，对自己的

外表有着高度的、审慎的自觉，如果我没记错的话，他还穿着一双匡威式的球鞋。请他吃蛋糕，他说了谢谢却迟迟不肯动手，一个人站在角落里，长久地望着玻璃门的反光。当我目送母子俩出门时，才发现大门外还站着另一个男孩，也许是哥哥或弟弟，一脸不可伤及的自尊，霜花般一触即碎。

在这些前来求助的人当中，我们最常听到的是这样一句话："我真为自己感到羞耻。"

"……我真为自己感到羞耻，每天最害怕的就是见到认识我的人，所以我把自己裹进睡袋，在树林里藏了10个礼拜。"在"吉米的无家可归者社区"（Jimmy's Homeless Community）发起的2018巡回演讲中，史蒂文（Steven）高声说道。

"吉米的无家可归者社区"坐落于剑桥市中心，一座古老的教会式建筑和一扇结实的红漆门是它的标志。二十多年来，它打捞了无数几乎被厄运淹死的人，其中就包括史蒂文。史蒂文原本是一位古建筑修复师，他告诉我，他修过大大小小的古建筑："这种活非常考究，要由化学家在旧建筑中取样，得出其原材料和配方，再在此基础上仿制出色泽和质地几乎可以乱真的建材，才能完成修复。温莎城堡的天花板，就是我和另两名修复师一起修复的。"

这样的专业人才，怎会落到"dirt poor"的境地呢？原来史蒂文临退休前，举家搬到了西班牙，却在那里和结婚十四年的妻子离了婚，只好带着所剩无几的积蓄孤零零地回到了英格兰。62岁，找工作不易；想自己干，又买不起昂贵的古建筑维修工具。为了去西班牙，原先的房子也卖了，山穷水尽，他在儿子家住了4个月，后来又在哥哥和姐姐家各待了一段时间，最后他卷起包袱，住进了树林里。

"你为什么宁愿住进树林，也不肯住亲人家呢？"我万分不解——这在我的成长环境里，是不可理喻的。

"儿子刚结婚4个月，房子很小且没我能久住的地方。再说，我也不想麻烦他，人是有傲骨（pride）的。"

"我在好几个非福利国家住过，生存面前，傲骨往往是最后才考虑的事吧？"

"不！对我们英国人来说，傲骨是与生俱来的，你甚至可以说它是一种英国性。"

"那你为什么觉得羞耻？"

"我曾如此骄傲，怎会不觉羞耻？"

"不愿人的傲骨被践踏，是英国创建福利社会的初衷么？"

"我想是的。我交了三十多年的税，就是为了不让自己有一天露宿街头或寄人篱下。"

"所以你们才要千方百计地保卫福利社会？"

"没错！"

史蒂文在树林里住了10个礼拜，直到2017年圣诞节后的第三天。那一天，一群流氓发现了他，他们把他痛打了一顿，抢走了他的睡袋、手提电脑和钱包。那一天的鹅毛大雪把树枝都压弯了，他一个人走在路上。从纽马克特镇（Newmarket，剑桥郡的一个小镇）一直走到剑桥市，走了近16英里。在暮色昏暗的马路上，他向警察求救。警察建议他去"吉米的避难所"。他推开红漆木门，像被困在瓮中的人推开了沉重的盖子。他们为他铺好了床，送上了冒着热气的食物。一个月后，他们为他申请到了一间廉租房。除了住房津贴，他每周有73英镑的生活费，伙食、水电、上网、交通等费用全在里边。这点钱是保守党政府实行"紧缩"政策的结果，比起他在过去三十年所缴纳的税金来说，它简直微不足道。离能领取退休金的年龄还有三年，他正在一边找工作，一边为慈善机构免费做搬运工。

"你觉得我们应该怎样帮助世上那些贫苦的人？"有人问。

"不要做道德审判，不要给他们扣上各种罪名。"这是史蒂文在离开演讲厅时说的最后一句话。

年老的隐喻

英国的园艺中心（Garden Centre），功能上，相当于我国的花鸟市场；外部装潢上，却是花鸟市场的"高大上"版。园艺中心是优雅的，高冠锦簇的插花，几乎可以和18世纪法国贵族的假发媲美；鸟笼也是金色的，花圃里的仿真臭鼬加点笔触，就是一幅荷兰静物画。假如将园艺中心变成一只水晶球，它里面陈列的，就是一个伸手可及的中产梦：一座花园，一把阳伞，一只毛发油亮的狗。

这种生活，在英国，也只有经济学意义上的中产阶级才能真正拥有。而我发现，最有余暇和闲钱逛园艺中心的，竟然是"二战"前后至20世纪60年代初出生的那一拨人。

他们中最殷实的，本地有两三栋宅邸，在西班牙还有度假屋，可以没事就到园艺中心喝杯咖啡，吃个午餐，见见老朋友什么的；他们中算不上太富裕却也不愁吃穿的低中阶级（Lower Middle Class），也可以每季度来个一次性大采购，备齐应季鲜花、营养土、鸟食和供养松鼠的花生米。下午茶、三明治加果酱，18英镑两位；或一杯4.95英镑的咖啡加块司康饼，临走时顺便买盆"买一送一"的兰花——比上不足，比下有余。据说这个国家除了疯子，没人会嫉妒女王，但嫉妒这拨老人的年轻人，却大有人在。

2018年3月，全球房产咨询公司"第一太平戴维斯"（Savills）发布调查报告，英国40%的国民财富（nation's wealth），约1.6万亿英镑，掌握在65岁以上的退休人士手里。这个数据让我有点吃惊，也十分好奇。用英国历史学家艾伦·谢德（Alan Sked）的话说，"战后的英国几乎破产了"，而"中产阶级的队伍却稳步壮大"。为什么？是什么塑造了英国老一辈中产阶级的幸福生活？这是一种可持续的幸福，还是资本主义挽歌里的一朵昙花？

一

　　圣诞前夕是园艺中心的黄金时间，圣诞老人迈着阔大的"之"字步，在顾客丛中不停游走，忙不迭地送上金币巧克力，生怕自己那毛茸茸的眉毛碍了眼力，错失了商机。和奥威尔笔下的旧杂货店截然不同，这里的一切都是崭新的，就连头戴小红帽的货架员，浑身上下散发着泡沫薄膜的气味，也像是从刚拆开的礼盒里跳出来的一样。

　　玛丽正推着购物车，在园艺中心里如醉如痴地漫游着。她刚过80岁，正处于逆生长期，那些我看几眼就迷糊的玩意儿，乌龟玩具、树脂小松鼠、司南、指南针等等，她能一件件地琢磨上半天。购物车代替助行器，稳住了她的重心，却稳不住她的记忆，每隔一小会儿，她都会急躁地问我，我妈妈上哪儿去了？我不知道，我如实回答。那些大口瓶里的彩色软糖，似乎安抚了她的焦虑。她把手伸了进去，瓶身的凸镜效果，使她的手看起来像戴了一只皱巴巴的皮手套。她抓起一把软糖，毫不犹豫地把它们塞进了自己的大衣口袋里。

　　玛丽小时候没怎么拥有过糖。1938年，玛丽出生在萨福克郡的一个小镇上，大萧条还没过去，"二战"旋即披着狼烟来了。玛丽的父亲入伍前，在肉铺帮工，每天扛着屠宰好的猪进进出出；母亲曾是女仆，生了孩子后，就没了固定工作，再往上玛丽不太记得了。玛丽家属于小镇平民，房子是租的，能按时交租，不算贫穷，但也绝对谈不上中产。按英国全国读者调查（National Readership Survey）半个多世纪前的划分法，那个年代只有建筑师、律师、教授、经理之类的人，才算经济意义上的中产阶级。

大萧条年代，电台和杂志不断向主妇们传授"萧条之道"："没钱买大块的肉？那就煮'焙盘菜'嘛！或用奶油沾上牛肉末，涂在吐司上也可以啊……"焙盘菜，多是鸡肉丁混土豆泥，或豆蔬炖牛肉末之类的杂烩，素里一点荤腥。玛丽不喜欢，玛丽长着一口甜牙，她喜欢糖。可糖哪能想吃就吃？毕竟她只是个帮工的女儿。战争开始后，糖自然更是成了稀缺品。纳粹德国每天疯狂轰炸英国轮船，战争才打响一个月，原本5500万吨的食品进口量，就被减到了1200万吨。粮票如雪片般飘来，浅黄色的给成人，绿的给母婴，蓝的给儿童和青少年。儿童和青少年的待遇稍好些，一天能有半品脱牛奶。大体来说，一般家庭每周的供给量不超过"1个鸡蛋，4盎司人造黄油，4片火腿，1盎司芝士"。至于糖，每家每月最多只能买到225克砂糖，以及350克甜品（如果有钱买的话）。

1953年2月6日，玛丽15岁，糖票总算寿终正寝。那天下午，放学的钟声刚刚敲响，孩子们便从校门里涌出来，千军万马，奔向那久违的甜。那时超市还未占领大街小巷，卖糖的基本上是些老式的杂货店。水果糖、乳汁苹果糖、牛轧糖什么的，全都装在圆鼓鼓的玻璃糖罐里，卖时掏出几颗，撒在老黄铜秤上称重，称完了再放入油纸袋。廉价、体积大，那种蜡像一样能放几个世纪的硬糖，最抢手。

很多眼前的事，玛丽都不记得了，比如家里的地址，比如把塞入口袋里的软糖如数交出递给收银台之类，但清晰地记得各种糖的味道。她曾神秘兮兮地告诉过我，有一种糖，甜得相当枯燥，因为那种甜不是甜菜根（sugar beet）里榨出来的，充其量只是甜味的替代品而已。糖的诱惑对玛丽来说似乎是永恒的，只要站在它面前，她便从一位吨级老太，瞬间变回了那个15岁的纤巧萝莉。

21岁、只受过初小（junior school，面向8—11岁儿童）义务教育的玛丽，到剑桥市中心广场旁的多萝西大舞厅［今天那里变成了水石书店（Waterstones）］去跳舞，不久后就收获了她人生中最甜蜜的一颗糖，托马斯。

那是1959年，托马斯还在英国皇家空军部队服役[1]，穿着皇家空军的制服，非常英俊，条件也还过得去，上过文法学校（Grammar school），祖上有间牛奶铺，父亲是某家小电器铺的经理，家里还有自己的房子。

托马斯一退役，玛丽就嫁给了他，从了夫姓，由无

1　根据英国的征兵制度（National Service），1939至1960年间，每个健康的英国男子都要服兵役。

产者进入小商贩阶层，在阶级之梯上，上升了一小步，但离"中产阶层"还相距甚远。托马斯只有一张文法学校的毕业证书，上面从英语到法语，从地理到数学，全都印着"一般"（Ordinary）。上大学不太可能，他也不想上。小时候，他经常跟在父亲后面，走家串户，提着无线蓄电池，上门为收音机充电。那还是煤气灯摇曳的时代，家庭用电尚未普及，错过了充电日，就等于错过了一场魂牵梦绕的足球赛。寂静的小石巷里，父子俩一边走，一边轻轻地哼唱赞美诗（Hymns，一种基督教的祷歌）：

> 仁慈之主，优雅之主，
>
> 在我们归家之路上，你张开双手和臂膀，赐予我们希望……
>
> ——《希望之主》（"Lord of All Hopefulness"）

托马斯的父亲在五个兄弟姐妹里排行老三，虽然成绩不错，却没钱上文法学校，所以14岁就辍学进了电器铺，起早贪黑，胼手胝足，半个世纪就过去了。"耳朵聋了，脾气不好，嗓门极大，特别节俭，把1先令硬币大的巧克力切成4小粒，分给我们吃。"这是托马斯的儿子克里斯对爷爷的回忆。托马斯不怕劳累，只希望能活得比父亲稍微"宽裕"些。"过上勤劳而宽裕的生活"，恐怕就是他的全部理想了——对于他那一代的英国人而言，也是一种典型的资本主义价值观。在英国八年，我不止一次听到长辈们津津乐道地谈论他们的工作、闲暇和娱乐，比起后者，工作才是生命的点金石。他们对自己的首要定义，基本上就是吃苦耐劳者（hardworking man）。诸如《资本主义价值观：勤劳礼赞》[1]之类的文章，也不谋而合地应道。再比如，号称自己是一位社会主义者的伯特兰·罗素（Bertrand Russell）对于闲适慵懒、几乎不工作的田园牧歌式生活的推崇，引来诸多非议；那些关于资本主义剥削、异化的理论，甚至通过立法减少工作日的举措，都把工作看成了"诅咒"，全然忽视了它对人类福祉的重要性；你看，就连马克思主义者E. P. 汤普森（E. P. Thompson）也不得不承认，即使是广大劳动者，也逐渐适应了资本主义的这套价值观：守则守时，严肃对待贸易交付时间、工厂纪律，以及对稳定、持续工作的需求。

懒惰是可耻的，生于1941年的亿万富翁山姆·泽尔（Sam Zell）在一次访谈中说："你这个懒虫，对，我说的就是你。你是那99%没错吧？你的年薪少于393 941美元吧？你真懒啊，我们这些1%的可比你忙碌多了！"

1　Miguel Anxo Bastos Boubeta, "The Values of Capitalism (II): in Praise of Hard Work", xoandelugo.org, 12 December 2016.

二

这种价值观是怎么形成的呢？翻开英国历史，我发现，它最早可以追溯到19世纪。工业革命对英国社会的影响是颠覆性的，工厂在各大城市遍地开花，海量而低造价的工业产品，在自由贸易的旗帜下涌入市场。铁路的发明缩短了运输时间，大量的农民离开了庄稼地，奔赴城市。短短几代光阴，英国便由农业社会进入了工业社会。城市，成为黄金中的黄金。

以伦敦为例，从1800到1850年，伦敦人口暴增一倍。贫民窟丛生，老旧的下水道不堪重负，粪便囤积在自家粪坑里，不管童工们如何彻夜挑粪，也还是无法改变伦敦的卫生状况，泰晤士河成了化粪池，连井水也浸满了排泄物，鼠蝇肆窜，霍乱蔓延。英国作家李·杰克逊（Lee Jackson）在《又老又脏的伦敦》（*Dirty Old London*）中写道："尿液不但让大气中充满了氨分子，连店铺的油漆都被浸到褪色了。空气有多脏，看一眼摄政公园（Regent's Park）里的羊就知晓，从一头白羊变成黑羊，只需几天时间。"人模狗样的才俊们，一天得洗好几次脸，否则一不小心，就会变成摄政公园的羊……

当时新修葺的议会大厦，直面一汪粪水。封窗闭户，喷足石灰，都不顶用。遗弃大厦另辟新址，还是留下来和臭味厮守？议会就此展开了一番"臭气大讨论"（The Great Stink Debate）。结果可歌可泣，权贵们貌似终于明白了"城门失火，殃及池鱼"的道理，决定掏出300万英镑，重金重修伦敦下水道。这个历时十四年的巨大工程，不但大大降低了霍乱和伤寒的死亡率，也让上流精英们，总算吸到了"没有黄金味"的空气。

原来，一个两极分化的社会，到头来谁的日子都不好过——社会改革家们善于抓住启示，于是便出现了像塞缪尔·斯迈尔斯（Samuel Smiles）那样的改革家，他支持19世纪工人阶级的"宪章运动"（Chartism），憧憬一个相对平等的"中产阶级的社会"，否定出身论，认为贫穷始于懒惰和不负责，只要努力工作，改变颓丧的人生态度，就能为自己找到上升空间。1859年，他出版了一本书，《自助》（Self Help）。在书中，他用"五条箴言"，为维多利亚时代的底层人民指出了一条通往中产之路——"勤劳，坚持不懈，节俭，审慎，自力更生"。塞缪尔·斯迈尔斯的母亲便是该书的活广告，在其夫因霍乱去世后，她靠经营一家小杂货店，不但养活了9个孩子，还支付了塞缪尔·斯迈尔斯在爱丁堡大学医学院的学费。这本书让塞缪尔·斯迈尔斯一夜爆红。

于是人们将自己投入工作的熔炉。工人苦拼，文书更拼。19世纪的文书，通常先从学徒做起，积累了一些实地考察和数据分析的经验后，再向上爬，进入企业中层。文书们平均每周工作48小时，加班是家常便饭，就当做弥撒，且通常没有长期合约，雇主多是铁道商、煤老板、房建商或投机商等。当时的威尔士艺术家弗兰克·布朗温

（Frank Brangwyn），就非常善于描绘这一充满斗志的时代风貌。他那些关于造船、修铁路、建博物馆、炼钢之类的作品，大气恢宏，肌肉勃张，还有点蒸汽朋克的味道，尽管你在他的画里看不到一张清晰具体的脸。

当时的环境，也确实为新兴中产阶级的诞生提供了一些土壤。工业革命的隆隆车轮，加上各种划时代的发明（如抽水马桶、照相术、香皂、冰激凌、剃须刀、电影……），加速着经济繁荣，亦带动了海外贸易、殖民地贸易、军工业、金融业、保险业、航运业、铁路和旅游业等新行业的发展，对文员、秘书、经理、教师、工程师、律师等白领工作的需求随之而生。与此同时，不断革新的社会制度，比如1832年保护中产阶级利益、抑制大地主和贵族勾搭的《1832年改革法案》（Reform Act 1832），1867年进一步推动工人取得选举权的《1867年改革法案》（Parliamentary Reform Act 1867），1870年规定5—13岁的孩子必须上学的《1870年初等教育法》（Elementary Education Act 1870），以及在整个19到20世纪初不容小觑的"妇女选举权运动"（Women's Suffrage Movement）和1928年妇女投票权的全线确立……都在为中产阶级的形成推波助澜。

当时有多少人通过苦拼跻身中产呢？无从考究。但中产阶级人口毕竟没有想象中的繁盛，通过"仆人人口"可见一斑。BBC的纪录片《英国仆人：楼下生活的真实故事》（Servants: The True Story of Life Below Stairs）中提到，资产阶级和贵族家中通常有60—100个仆人，相当于一个小军营，中产家庭则有五六个仆人，低中阶级家庭至少也有一个仆人，1891年全英的仆人人数约138万，而全英总人口为3788万。难道主人比仆人还多？这不太可能。可见新兴中产阶级（当时被称为"the middle sort"）正浮出水面，确实不假，但和贫困人口的数量一比，它仍只是九牛一毛。

我从不反对"工作本位，勤劳致富"的价值观，但我质疑它在资本主义社会里的生长情况。托马斯·哈代的伤心小说《无名的裘德》里的男主裘德·福雷（Jude Fawley），不甘贫穷，悬梁刺股，自学拉丁语和古希腊语著作，妄想考入牛津那样的大学并立志当一名教师，还兴冲冲地跑到大学附近做石匠，半工半读，却自始至终遭人鄙视嘲笑，屡次落榜，终身未能致富。

19世纪的英国漫画家乔治·克鲁克香克（George Cruikshank），曾画过一幅《蜂箱图》（"The British Beehive"），试图用"蜂后—雄蜂—工蜂"这个高度严密的等级结构，来阐释裘德式的悲剧。在《蜂箱图》里，高高在上的，是女王及其皇亲贵族，嫡传蓝血，神授君权，凛然不可冒犯；往下是上议院（House of Lords）和下议院（House of Commons）；再往下是所属的各种机构：传道、司法、立法机构等等，这些机构的掌权者，组成了英国的精英统治阶级；再往下，是上流社会的腹地，统率医学院、科学院、人文学院、媒体、艺术学院等各大阵营；再往下，是商人和小资产阶级，比如茶商、糖商、作坊主、肉贩和小农场主等；蜂箱的底层，是洗烟囱工、砖瓦匠、矿工和马夫等，即工人阶级或无产阶级。当时最流行的一句话，不是塞缪尔·斯迈尔斯打鸡血似的"五条箴言"，而是"搞清楚你在蜂箱第几层"（Know your place）。而向下等人传道的经书都是这样写的："主啊，请让我在你安排的位置上心满意足吧！不嫉妒比我有钱、比我地位高的人，此生此世，让我在穷困和孤独里知足吧！"

哈代毕生反对阶级固化，也反对阶级固化与宗教保守主义之间的依存关系，很多权贵都很恨他，《无名的裘德》还被一位主教烧了。哈代叹道："也许是没办法把我给烧了吧！所以只好烧书了。"[1]

前现代时期的英国，在我看来，是个非常奇葩的社会。不管你有多踵行"五条箴言"，权贵和宗教裁判所却总有办法让你相信"一切都是上帝的旨意"（God gives and God takes away）；一旦你陷入贫穷，此前的辛勤付出全不算数，你穷，只有一条解释——懒惰。1834年的《济贫法修正案》（Poor Law Amendment Act），将穷人划分为两种，一种是老弱病残，值得施舍；另一种是懒惰者，不但不值得施舍，还须严惩。在英国社会

---

[1] Michael Pennington, "The Book the Bishop Burnt," *Radio Times*, 26 January 1986.

现实主义电影大师迈克·李（Mike Leigh）的历史巨作《彼得卢》（*Peterloo*）中，某个穷伙计，冷得受不了，偷了件外套，就被判了绞刑，而大英帝国近三个世纪的殖民掠夺，在近3550万平方公里土地上的杀人越货，却不算"窃"。曾做过女仆的玛格丽特·鲍威尔（Margaret Powell）在回忆录里描述她的工作："看完长长的工作清单，我还以为那是一周的工作量，结果却是一天的！于是我只好从凌晨5点一直干到晚上10点，一周七天，没有休息，不停地干，在地下室里，除了窗栏杆外川流不息的行人的脚，什么都见不到"——都已经累成狗了，仆人们还经常被主人视为懒惰，至于那些不肯为只买得到猪食的薪水卖命的异见者，就更懒得没边了。而钟鸣鼎食之家里每天饭来张口的贵族，却"克勤克俭"，理应得到奉养和尊敬。

当然，19世纪也有一些例外人物，比如查尔斯·狄更斯。可12岁辍学、每天工作超过12小时、每周挣6先令的童工里，又有多少人可以成为狄更斯呢？大部分的穷人，别说跻身中产，能活到30岁，就已经很值得庆幸了。[1]对于女性来说，情况更惨。受过教育，当上家庭教师（governess），并嫁给富豪男主，从此幸福地生活在一起的，恐怕除了简·爱，再没几个。大部分的家庭教师，

1　Liza Picard, "Health and Hygiene in the 19th Century", *British Library*, 14 October 2009.

过着寄人篱下的生活，不能和主人同台用餐，亦备受仆人冷落，孤零零地夹在两个阶层中间，薪水低得补不起靴子，也付不起手套的干洗费。[1]19世纪，普通白领文员，周薪不过5英镑5先令，连伦敦巴士司机的收入都不如。[2]亿万富翁山姆·泽尔大概不晓得，今天的情形也好不到哪去，很多人打三份工，别说年薪393 941美元，就是国民基本收入也达不到。同样，绝大部分的人也不知道，山姆·泽尔出生于富裕的犹太商人之家，其父是成功的粮商和珠宝批发商。

托马斯读书时，学过一些木工，他想学得更精深一些，退役后便去当了学徒。学徒生涯长达六年，周薪只有5英镑（20世纪60年代初，英国的平均周薪是14英镑2先令）。[3]玛丽在电话公司做接线员，工资也不高，每到农忙季节，还得趁节假日去果园摘水果，挣胭脂粉饼钱。但19世纪继承下来的"五条箴言"，在那一代人的主流世界观里，却是根深蒂固的。他们坚信，只要足够拼，就能过上中产好生活。

---

1 Kathryn Hughes, *The Victorian Governess*, Bloomsbury Academic, 2002.

2 Liza Picard, "The Working Classes and the Poor", *British Library*, 14 October 2009.

3 National Average Wages, Parliament.uk., 29 November 1960.

三

我把玛丽在园艺中心挑选的东西，一一放入托马斯的后备厢，然后打开车门，扶着玛丽上了车，旋即钻入后座。为了表示对我的感谢，玛丽和托马斯邀请我去他们家玩，对此求之不得。自从在园艺中心几番促膝谈心之后，这对老夫妇就把我当成了他们的好朋友，尽管玛丽总是忘了我是谁。

这是2019年的初春，天空是冰蓝色的。那些具有猫性、喜欢在树林里玩失踪的鸟，例如柳莺，因不堪忍受大工业种植后那一马平川的袒露，早就冲进云霄见上帝去了。只剩下麻雀、黑鸟、灰鸽之类的平庸之辈，在花园里好死不如赖活地栖息着。托马斯打开一袋新买的鸟食，像挂灯笼似的，把它们一一挂在树梢上。玛丽则坐在敞开的阳光房里，忙不迭地朝花园里的松鼠扔花生米。

环顾四周，他俩的中产梦貌似已稇载而归：两层洋房加小花园，客厅阔大明亮。一套20世纪90年代的真皮沙发，摆成老牌英剧里的"凹"形；橱柜里的酒具，阅兵仪式似的一字排开。唱片机旁摆放着吉姆·里夫斯（Jim Reeves）的《电台时光》（*Radio Days*）或埃迪·卡尔弗特（Eddie Calvert）的《金喇叭之歌》（*Golden Trumpet*）。虽然没人会弹钢琴，角落里却摆着一台电钢琴。厨房有阳光房那么大，内设食物储藏室和两台大冰箱；车库里还有一台巨无霸雪柜，不时发出匪夷所思的呻吟。我竖起耳朵跟在托马斯身后，看他用蛮荒之力掀开雪柜的棺盖，刚想趁机把脑袋伸进去看个究竟，柜门就重重地合上了。

"这里面都是啥？"我问托马斯。"哦……当然是吃的啦！有什么问题吗？"托马斯递给我一根从那里面掏出来的雪糕，脸色有点异样。"你家可以开家超市了"，我开了句玩笑，旋即偷看雪糕纸上的日期，过期一年。看来中产的地位，还是没能战胜饥饿的记忆呵。

"这房子是你刚工作时买的吗？"我咽着雪糕。"是啊，1974年买的！"托马斯露出些许得意的表情。玛丽在一旁将信将疑："这房子是我们的吗？""当然是啦，我们已经在这儿住了四十五年了！"托马斯拍了拍她的手背。

我又环顾了一下四周，这一切，难道真的是全凭"五条箴言"打造出来的吗？

"托马斯，给我讲讲你过去的工作好吗？"我恳求。

"说来话长了……我的前东家，是我在文法学校的老师，他在自家后院搭了个棚子，让我做点茶几之类的家具。做好了，我俩就把成品扛上小拖车，拿到镇上去卖。有的商店需要展示台，看我的茶几做得好，就买下了……"托马斯从我手中接过小笔记本，一边讲述，一边试图记下自己承星履草的四十八年。

"自己的作品，要是别人说不要，岂不是很难堪？"

"那就多走几家呗！整个埃塞克斯郡，我俩都走遍了。一家家敲门，喜欢我的家具的人，还真不少呢！没过多久，我俩就搬到镇中心的一栋库房里了，团队的规模也壮大到10个人。1966年，我还去了伦敦进修，获得了皇家特许的一级木工许可证，接着又拿到了英国家具协会颁发的荣誉证书。

"看我挺卖力的，前东家就把我提拔为经理了。那时候，大家都没防尘概念，顶多也就戴个口罩。车间里弥漫着厚厚的木灰，我们看上去像长了身绒毛，吸尘管道和鼓风机什么的，都是后来的事了。20世纪70年代，工厂壮大到近百人，我们的家具开始销往美国和世界其他地方，在苏格兰还设了分厂。每周，我都要开车去一次苏格兰，单程五六个小时，监工完了再开回来，到家都快凌晨了。那时我一周工作6天，每天早上5点半起床，忙到傍晚6点，午间只有30分钟的吃饭时间。别人有双休日，但我们没有……"

"那你的工资一定很高吧？"

"哪里啊，在中等收入水平里，算低的吧！"托马斯苦笑。"我们的家具做工精细考究，所以很受欢迎。比如我做的书柜，今天大学里的图书馆都还在用。1977年，我亲手制作的木匣子，还在女王登基二十五周年纪念日（Silver Jubilee）上，被当成我们镇的贡品，献给了女王。"托马斯打开橱柜，想找那个贡品的证书，一本体积像火柴盒般大小的迷你《圣经》，不经意地从橱柜里掉了出来。"算了，估计找不到了，"他把《圣经》轻轻拽在手里，继续说道，"20世纪90年代工厂达到了全盛，此后就慢慢萧条了……"他那亢奋的语调终于缓慢下来，目光有些黯淡。

"怎么会呢？"

"唉……主要是前东家的两个儿子太讲排场，花了上千万英镑，定制了一艘大船，要开着船，带着我们的家具展示品周游世界。结果船没造好，开到了布里斯托尔港（Port of Bristol）就挂了。"

"你没法阻止吗？你管着一百多号人的饭碗啊！"

"没办法……"

托马斯的儿子克里斯后来告诉我，那俩小子是在别墅里长大的。他小时候和父亲去过一次他们的宅邸，忘了为什么去了，只记得那是一座园林中的大房子，有自己的人工湖泊和黑天鹅，还有直升飞机。我随后得知，托马斯的前东家，那个曾和托马斯一起、走家串户卖茶几的人，就是已故的英国家具大亨N. V. 佩德利（N. V. Pedley）。

"你在这家工厂，见证了它从白手起家到国际化的过程，作为经理，工作了近半个世纪，一定拿到了不少养老金吧？"我问。

"没有，一分钱的养老金都没有。我退休时是2002年，英国还没颁布强制性的雇员职业养老金（Workplace Pension）法案。我们这一代人，只有国家养老金（State Pension）。玛丽也一样，她先是做接线员，然后进了一家生产塑料薄膜的工厂，之后在我的前东家那里帮工，然后又去了房建公司……除了带孩子的那一两年，她这辈子都在工作，所以她也有养老金。对吧，玛丽？"托马斯自豪地拍了拍玛丽的肩膀。

国家养老金诞生于1908年，最初，只有70岁以上的老人才能领到，且只有5先令一周。1948年，工党政府将领取养老金的年龄改为男性65岁，女性60岁，并推出了国民保险契约。按此契约，托马斯和玛丽从工作第一周起，每周缴纳一定数额（约中位数周薪的5%）的国民保险金（National Insurance），缴足30年，到达退休年龄后，每人每周就能拿到125.95英镑的满额养老金——这是2016年之前的待遇。2016年后升了点儿，有164.35英镑。国家养老金对所有人一视同仁，不管你是清洁工，还是银行经理。对于不得不辞职在家照顾 0—12岁孩子的妇女也一样，照顾了多少年，就能获得多少年的国民保险积分（National Insurance credits），凭积分同样也能领到一定数额的养老金。除了养老金，托马斯和玛丽那代人还有冬季供暖费（65岁以上200英镑/户，80岁以上300英镑/户）；因玛丽患有阿尔茨海默症和膝关节严重劳损，托马斯作为她的全职看护，每周还能获得64.4英镑的看护费——这笔钱，正好够付私营护理中心每周上门三次、每次45分钟、每月230英镑的洗澡费。此外，65岁以上老人的巴士费，75岁以上老人的电视费，也是全免的，坐火车还有三分之一的折扣……

"你生老大的时候，胎位倒转，加上一堆并发症，几天不省人事，差点连我都不认识了，记得吗？"托马斯握着玛丽的手，试图唤醒她的记忆，"生老二老三时，也是大坎，双胞胎、足斤足两，助产士们频繁探访，还提前把你送进了医院，不记得啦？"

"玛丽进的是全民医疗服务的医院吧？"我问，旋即意识到这个问题的多余，在英国，只有10.6%的人用得起私人医保。

"当然是全民医疗服务啦！"托马斯笑眯眯地说，随即秀出一叠玛丽的尿片。Attends牌，柔软厚实，5片7.39英镑，托马斯却不用付一分钱。尿片也好，轮椅也好，助听器也好，全都是全民医疗服务提供的。全民医疗服务不但提供终身免费医疗，还免去了16岁以下儿童、60岁以上老人，以及残疾人和孕妇的处方费。

听着托马斯如数家珍地回忆孩子们出生时的光景，我突然茅塞顿开，脑中闪过英剧《呼叫助产士》（*Call the Midwife*）里那些紧张催泪的画面。什么全靠个人打拼？斗转星移，这世上基本上还是只有两类人呵！一类是托马斯，另一类是他那拥有直升飞机的前东家。只是比起19世纪，两者之间多了一种饱受争议的建制，它就是英国工党"二战"后建立起来的福利制度。

只需掐指一算，就能算出来，倘若没有全民医疗服务，托马斯和玛丽一家五口，随便谁，一场大病，房子估计就保不住了吧？不单是全民医疗服务，还有每个孩子16岁前，每周15英镑左右的儿童补贴，还有三个孩子小学到大学的免费教育、失业和残疾救济金，以及让这对老夫妻此刻赖以为生的国家养老金和各种补助……这里面，没有一样，是托马斯的前东家，即资本家提供的。所有福利和保障，是托马斯和玛丽用其辛勤劳动，用近半个世纪的基本收入税（basic income tax rate，20%—30%不等），以及一个运作精密的福利制度换来的。从中抽取任何一项，托马斯之家的中产地位，是否还能固若金汤呢？

四

为了寻找答案，接下来，我把焦点放在了托马斯和玛丽迫在眉睫的养老问题上。玛丽已经失去了大部分记忆和自理能力，为了照料她，托马斯曾一度累得晕倒，要不是被家猫舔醒，及时拨打急救电话，后果不堪设想。假如两人同时失去自理能力，该怎么办呢？

若在19世纪，这份重担通常由儿孙担负；贫困的孤寡老人，就只能往济慈院之类的慈善机构里送了。济慈院条件极其恶劣，为了便于埋尸，旁边通常就是墓地。富人是不需要养老院的，因为他们有大宅和仆人。[1]养老院是20世纪20年代晚期，随着民主和现代化进程，逐渐

1　Judith Flanders, *The Victorian House: Domestic Life from Childbirth to Deathbed*, Harpercollins, 2004.

出现的产物。它最初由公共援助机构（Public Assistance Institution）掌管，1948年，英国工党推出《国民援助法》（National Assistance Act），要求地方政府通过整合税收，为老幼病残提供援助。1960年，只有10.3%的老人住在私营养老院里，地方政府出资或慈善机构开设的养老院，在养老业中占了绝大比例。但这一自由主义加民主社会主义的运行模式，很快便被20世纪80年代以来，以自由市场为核心价值观的新自由主义摧毁了。国民养老资金被削减，纳税人扶持的养老模式危在旦夕。1985到1990年，撒切尔执政时期，私营养老院的比例急剧上升，增至82%。[1]2016年，公共养老资金被保守党的紧缩政策砍去50%。英国养老院共计11 300家，其中纳税人支持的养老院只剩5%，剩下的95%，则掌握在私营集团和少数慈善机构手里。与此同时，老人的数量却仍飞速增长。2016年，65岁以上的英国人口占总数的18%；2015到2025年，85岁左右的老人，将从150万增加到200万；预计到2039年，英国的某些地区三个人中就有一个超过65岁。

人类寿命攀上前所未有的高峰，在投机商眼中，真是百年难遇的商机。很多投机商不惜举债大开养老院，

---

1 Sheila Peace, "The Development of Residential and Nursing Home Care in the UK", 2003; Jeanne Samson Katz and Sheila Peace, eds. *End of Life in Care Homes: A Palliative Care Approach*, Oxford University Press, 2003, pp. 15-42.

一旦陷入经营和债务危机就逃之夭夭，扔给当地政府一个烂摊子。一家名为"山谷之景"（Valley View）的养老院，倒闭前一周，竟让老人们速卷铺盖，自行撤离。

我一边脑补驼背鹤发们"飞越老人院"的情景，一边四处走访私营养老院，为了一睹其真颜，谎称为我的婆婆寻找"最后的避难所"。

和想象中冰冷孤清的色调不同，今天的养老院，大多色彩浓艳。在"莉莉之家"（Lily House）养老院，我仿佛走进了一间托儿所。为了让阿尔茨海默症患者能够找到自己的房间，每个房门都涂了不同色的油漆，姹紫嫣红，还挂上了照片和名字。此外，你还可以根据自己的喜好布置房间。接待人员推开一扇扇房门，炫耀道："你看，每间房都不一样！"

虽然里面布局不同，内容却大同小异，打开来仿佛一只记忆的套盒：结婚照、毕业照、全家福、旅行纪念品、风铃、婴儿推车……咦，为什么还有婴儿推车？"患阿尔茨海默症的妇女们，经常以为自己要生了，不然就是以为自己在度产假……你看，这些洋娃娃就是她们的宝宝。"接待人员露出苦笑。我凑近去看，小毯子底下果然盖着几只洋娃娃，眼珠又蓝又大，闪烁着塑料花般的蓬勃生机，和老人们那灰暗迟缓的目光，形成突兀的对比。

虽与闹市一墙之隔，私营养老院的内里，却像是一个隐秘失声的世界。一般访客要在门卫处填表，表明亲友关系，才能进来。一条狭长的走道，前后左右都是

"铁门"，需要密码才能出入。接待人员对我说，这是为了防止患阿尔茨海默症的人逃跑，或趁机溜进厨房（捣乱）。英国"助老爱老"慈善机构"用心关怀"（Chosen with Care）的创始人黛比·哈里斯（Debbie Harris）曾在TED演讲中倡议，养老院应对外开放餐厅，让人们自由地与老人们共进午餐，这样一来，养老院的饭菜就不会那么难吃了，老人们再也不用眼巴巴地与外界隔栏相望。而从我的实地观察来看，这一倡议显然并未得到多数养老院的支持。

我把录音笔藏在围巾底下，跟在接待人员的后面，走进了电视厅。电视声音开得震耳欲聋，却没有多少老人在看，他们或是凝视着自己的鞋子，或是用失焦的瞳孔望着我。也许是因着公共空间的缘故，里面散发着一股比单人卧房更浓重的老人味，一种只有在很深的皮肤褶子里，或在过期瓜果中密封多年的体液里，才能闻到的气味，一种与阶级再无干系的气味。

我趁接待人员不注意，半跪在地上，握住一位老奶奶的手，"你好吗？"我问。"不好……"她的泪腺立刻充盈起来，"我的背好疼，这里也很疼……"她伸出脚，脚踝肿得厉害、轻轻颤抖，让我想到了19世纪那头用来做电击实验、叫托普希（Topsy）的大象，惊恐万分地沉浸在某种静止的战栗里。接下来她又说了一些什么，我听不清，她的声音如此稀薄，犹如阳光下的雾水。

这家养老院的收费是998英镑一周。我倒吸一口凉气，问："没钱怎么办？"接待人员说，可以卖房，或者先住上，死后再用卖房款来偿还。

在另一家私营养老院"薇拉·詹姆斯之家"（Vera James House），接待人员用钥匙打开一间单卧后，似乎才意识到秀错了房间，只好尴尬地向我解释，病人刚走，他们正打算重新装修……可惜已经晚了，空荡荡的房间和厕所里，飘出一股刺鼻的尿味，我捂着鼻子逃了出来，想起常年小便失禁的玛丽——我可从未在她家闻到过一丝腥臊。

秀完阳光充沛的图书馆，接待人员又热情地向我秀一只高科技坐垫。这种据说根据人体工程学原理设计的坐垫，坐在上面的人只要一站起来，就会传出"离开座椅"的信号，这家养老院收费比较高，要1096.54英镑一周。

我偷偷拿出房产地图计算了一下，托马斯和玛丽的房子，目前市场价约50万英镑，如果他俩都要住养老院的话，每人只能住上个四年左右。除了房子，他俩那些不算贵重的红酒杯、鸟雀标本以及各种廉价的旅游纪念品，全部加起来，再折旧，估计也只能在养老院度个周末而已。

托马斯和玛丽那一代的中等收入阶层是幸运的。"二战"之后，百废待兴，家园重建需要一套新的政治话语，战后工党政府推行凯恩斯主义，半计划经济，加上医疗、铁路、水电、矿业、教育等公共资源的国有化，缓解了巨大的就业压力。与此同时，从美国借来的43.4

亿美元的战后重建资金，也及时注入了英国市场。重建需要大量劳力，加上工会一度掌权，对学历无高要求的低技能工作，也能带来体面的中等收入。此外房价也不高：20世纪70年代，英国国民平均周薪约32英镑（当时100英镑相当于2019年的1519英镑），彼时一栋两层小洋楼，只要不在黄金地带，最多只要4975英镑。托马斯和玛丽的房子，当年买的时候还不到5000英镑。房价低，利息也低，还贷自然不太吃力。据《电讯报》报道，"二战"后婴儿潮期间出生的雪莉（Shirley）和彼得·克鲁克（Peter Crook）也一样，他们在1982年花23 000英镑买的房子，十三年后就还清了。

托马斯和玛丽也是不幸的，假如失去自理能力，不得不住私营养老院的话，仅需四年，他俩仅有的资产，一栋漂亮的小洋楼，这枚中产身份的标志，就没有了。

说起房子，东安格利亚（East Anglia）的工党参议员候选人莉迪娅·希尔（Lydia Hill）告诉我，1976年，她以7500英镑的市场价，卖掉了伦敦的一套一居室；同年，又用17 900英镑，在伦敦特丁顿（Teddington）买了一套维多利亚时代的三居室。2017年，那套三居室升至110万英镑，比1976年涨了61.45倍——而那掌握在退休人士手中、占全英40%、约1.6万亿英镑的"国民财富"，不是别的，正是房产，房产而已。

当一套套房子，以50万英镑左右的市场价值，以四年一套的速度，源源不断地落入私营养老院（仅仅是养老院，还不是医院）之手的时候，你是否会终于产生某种国民财富众流归海，最终纳入那1%的既视感？

有人说，房子生不带来，死不带去，人都到这个分上了，临终关怀更要紧——人活一世，不就为了这点体面吗？然而当人类的一切，从健康到尊严，全都可以待价而沽时，现实给出的，却是另一个答案。

2014年5月，BBC《全景》（*Panorama*）节目借家属在某养老院的偷拍镜头，曝光了一位叫伊冯娜（Yvonne）的90岁高龄老人晚饭后上厕所的全过程：呼叫"护士"321次，叫"我要上厕所"45次，用茶杯敲饭桌26次。期间看护来过一趟，只抛下一句"等5分钟吧！你以后应该尿到尿片上！"就走了。20分钟过去了……直到过了晚上10点45分，伊冯娜才终于被粗鲁地搀进了厕所。该节目说，像这样不合规范的私营养老院，在英国多达1100家。2017年，《全景》节目再次借用偷拍技术，这次拍到的是看护不停地扇老人耳光（6次）的画面。

波兰公民马丁·普罗赫尼茨基（Marteen Prochnicky）曾在英国从事过看护工作，他就相关问题，接受了我的采访。"虐待或忽视老人的事件，在私营养老院真的很常见吗？"我问。

"在我工作过的养老院，虐待事件是普遍存在的，作为目击者，我曾向主管举报过两次，上头却威胁要炒掉我。我说，如果你们不干预，那我只有报警了。"

"是怎样的虐待？"我追问。

"比如一位患阿尔茨海默症的失明老人，我的领班一边给他洗澡，一边呵斥他，一会儿命令他坐下，一会儿命令他站起来，还不许出声！接着用沾满肥皂泡的毛巾捂他的眼睛，猛搓他的脸部皮肤，故意激起他的反感情绪，以期达到'我这么做理所当然'的目的；另外还边给患者洗澡，边打电话，同时还教育我如何对付这类'麻烦分子'之类……在我的坚持举报下，这个领班终于被开除了。"

"你觉得这些虐待事件的根源是什么？"

"一部分是因为看护工资太低——肯定有看护会说，屎一样的工资，不做也罢。当然，大部分的看护还是有良心的，尽管薪水低得匪夷所思，比如像我这样追求人间和谐圆满的白痴。老实说，那种圆满带来的满足感，还真能让人变得有点强大，感觉做完一个12小时轮班，还能去一趟健身房。"

除了工资低，似乎还有另一个原因。网名为Ymimad49的观众，在看过《全景》节目后留言："我曾在养老院工作过，那里的员工非常少，根本没法完成任务。我们每天凌晨4点起床，要4个小时的时间，才能完成所有照顾老人穿衣洗漱的工作，并赶上8点的早餐。"伦敦大学学院精神病学系的克劳迪娅·库珀（Claudia Cooper）博士也证实了这一点。

工资低，雇员少，全英99%的养老院都存在不同程度的虐待[1]，这听上去不是无证黑店的勾当吗？然而不少被曝光的养老院，却系出名门。比如马丁·普罗赫尼茨基曾举报过的那家，就隶属保柏国际医疗集团（BUPA）。保柏是跨国医保集团，有320万顾客，覆盖190个国家，在英国拥有超过250家养老院，除了养老以外，还经营保险业务。[2]如此阔绰，付给看护的薪水却只有平均每小时7.85英镑，低于2019年4月开始的、全英25岁以上员工的最低工资水平（8.21英镑/小时），而付给高管的平均工资每年却高达37 500英镑。[3]用谷歌搜"大牌养老院虐待事件"，就会跳出各种指控，凄凄厉厉，掷地有声，像极了一幕为吸血鬼哥特剧制作的片花。

这家不好，换一家可以吗？新自由主义不是提倡"竞争机制"吗？可转了一圈，你就会发现，6家大集团分别掌控数百家养老院，占全英养老业份额的17%。不过17%而已，不至于让人成为惊弓之鸟吧？话说1931年，伦敦华特林街（Watling Street）第一家乐购超市刚开业的时候，人们大概也不会想到，日后它竟变得如此肥大，甚至不得不要从"垄断"（monopoly）这个词中，衍生出一个新词"Tescopoly"，才能比较确切地描述它。英国

1　May Bulman, "Abuse taking place in 99% of care homes amid 'chronic' underfunding, survey shows", *The Independent*, 22 March 2018.

2　数据分别源自Harcourt Matthews与BUPA官网，2019年。

3　数据分别源自Breakroom、英国政府官网和glassdoor官网，2019年。

深度调查记者乔治·蒙比尔特（George Monbiot）在他1999年的著作《被俘的国家：公司接管英国》（*Captive State: The Corporate Takeover of Britain*）里，也不止一次地谈到过资本扩张中的肥大症，并举了威尔士山区牧羊业被垄断经济生吞活剥的例子："……上周我失去了一个好朋友（没法儿，羊卖得太贱），那哥们儿走到畜棚里，把自己吊死了。"多讽刺的一幕，乔治·阿甘本（Giorgio Agamben）说，上帝没死，他只是化作了金钱，接着地平线就升起了一幅老人和羊像韭菜一样被作为牧羊人的上帝收割的画面。

五

养老院再糟糕，托马斯和玛丽也算是付得起四年看护费的那个阶层，并非所有的同代人都像他俩那样幸运。每次去诺福克（Norfolk）海岸，让我印象深刻的不仅是它的钻蓝和浩渺，还有那些在沿海小镇摆地摊的老人，那帽檐底下颤动的白发、钉螺壳似的颈纹、脸部凹陷之处风干的微笑。一捆彩色橡皮筋，1英镑；一顶遮阳帽，2英镑；灰不溜秋的石膏小天使，50便士……在英国，有190万退休人士挣扎在贫困线上，占退休人口的16%。法律规定，对于房产和存款总值少于23 250英镑的老人，地方政府有义务为他们支付部分护理费，无奈政府采取的财政"紧缩计划"一直在加剧地方政府的赤字。据慈善机构"老年英国"2017年公布的数据，无房可卖却又急需看护的老人数量超过100万。

彭妮（Penny）就是这些无房老人中的一位，她70岁出头，丈夫去世后便寡居在英格兰东部的一个乡村里。英格兰地方民间传说里，有不少关于寡妇的故事。[1]有个寡妇，穷得一无所有，只有一个被叫作"高个子汤姆"（Long Tom）的儿子。汤姆四肢发达，肩膀宽阔，扛几百斤秣草不在话下，但偏要和人打赌，扔下十字架，夜闯湿地，结果在某棵白柳下，被一只不见躯干的枯手抓走了。剩下那可怜的寡妇，哭得整个人都缩小了一圈。彭妮住的村庄，腹地也是一片湿地，走在冬日的田埂上，看寒风压断芦苇，仿佛还能听见那哭声……那是前现代社会的回声。

彭妮曾随做饰品生意的丈夫在津巴布韦生活多年，不幸遇上了2000年津巴布韦经济大崩溃，独裁统治的老大哥罗伯特·穆加贝（Robert Mugabe）为了讨好盟国，在民不聊生、无税可征的情况下，竟然想到了印钞。于是，一筒卫生纸涨到417津元，相当于1.2美元。生意毁了，丈夫又不幸病逝，彭妮不得不只身逃回了英国。

"那是噩梦般的一年，我们在津巴布韦的房子，四室一厅，加一个花园，只卖了400英镑，几十年的积蓄一

1　英格兰地方民间传说中关于寡妇的故事，可参见 Kevin Crossley-Holland, *The Old Stories*，Cambridge, 1997。

夜间成了废纸，"彭妮边说边站起身，给我看摆在火炉上的三只瓷碟，"只剩几只碟子，实在不舍得卖，千山万水带了回来。你看看，它们像不像你们中国清代的东西？"

那三只瓷碟，描着繁复的晚清（或明治时期）纹样，又混合了不少西方元素，极有可能是20世纪60年代在中国香港制造的。果如其然的话，三只加起来也不过200英镑。

"回英后，您都做了一些什么呢？"我不知所措地转移了话题。

"工作！当务之急肯定是找份工作。我先是在某个大学做前台，然后又到全民医疗服务体系里的一家诊所做前台，一直工作到67岁。可惜正好碰上了2008年经济危机，所以退休前一直没有任何涨薪机会，拿的职业养老金就比较低……"

职业养老金，是2012年保守党政府为减轻国家养老金负担，要求雇主必须向员工支付的一种养老金。理论上按工资和工龄计算，工资越高，工龄越长，养老金就越多。

"诊所七年，职业养老金是每月246英镑；大学三年，职业养老金每月69英镑。此外我还支付了十多年的国民保险金，所以现在每周有89.25英镑的国家养老金。统统加起来是671.96英镑……"

"那不是交完房租就得去割野菜了吗？"

"所以我得申请住房补贴啊……目前，东剑桥郡议会（East Cambridge Council）为我支付一部分房租，每月504英镑，剩下的得自己付。要是没有这笔住房补贴，我可能就得和孩子们挤在一起住了。孩子们的居住条件也相当局促。"

"你想过自己有一天会住进养老院吗？"

"没有钱，就先不去想这个问题好了……过一天算一天吧！"

独身的凯茜，也几乎从不去想这个问题。此刻，她正穿着从旧货店淘的绿色晚礼服，戴着艳丽的棕红色假发，在舞池边缘左顾右盼，目光像渔网一样四处挥洒。

"阿根廷探戈的传统，女伴不能邀请男伴，非得男伴请女伴，怎么请呢？全靠眼神放火，四目对视。像这样……"凯茜一边狩猎她的舞伴，一边向我解释。"可惜我已经75岁了！你看你看，他们只请那些妖媚的年轻女孩儿，唉，真讨厌！"凯茜是被20世纪60年代各种革命思潮洗礼过的人，喜欢米歇尔·奥巴马（Michelle Obama）、玛丽·沃斯通克拉夫特（Mary Wollstonecraft）、狄兰·托马斯（Dylan Thomas）和陀思妥耶夫斯基，曾经常跑到伦敦尤斯顿车站（Euston Station）旁一家叫"改变一切"（Transformation）的酷儿老店玩换装，所以她一有机会，就会犀利地抨击阿根廷探戈中那种"根深蒂固的男性主导观念"，却又无法逃脱探戈的魅力，像掉进了《爱丽丝梦游仙境》里的"兔子洞"，被某种曲折婉转又看不到底的美迷惑，再也分不清身处陷阱还是仙境。

每个周末，她都会跑到剑桥的一个舞蹈班学探戈，65岁以上有折扣，但一节课的学费至少也要8—9英镑。为此，她很省，总是吃那种一小块就能让人产生饱腹感的高热量袋装甜点。也没见她买过什么昂贵衣服，除了舞鞋。"一双探戈舞鞋最少也要90—100英镑，好鞋就是好脚，省不了啊！"72岁时，她迷上了探戈，这致命的爱，一点都不比17岁的初恋省心，何况她还患有帕金森病，双手必须紧握在一起，才能防止它们弹簧式地抖摆。但这又如何呢？被美蛊惑的女人是迷人的，当她陶醉地欣赏着阿根廷舞蹈大咖胡安·曼努埃尔·阿科斯塔（Juan Manuel Acosta）和马霍·卡瓦列罗（Majo Caballero）的舞姿时，我透过黑压压的观众席，发现几个年轻的女孩儿也在偷偷地凝视着她。

凯茜一生都在工作，可惜都是那种兼职或"零合约"工作，所以她一辈子都没什么积蓄。像托马斯和玛丽的情况一样，凯茜到退休年龄时，职业养老金还未强制普及（即使普及，该法对低收入者也不适用，月收入达不到503英镑的劳工没有职业养老金），她自然也没有职业养老金。至于国家养老金，必须每周交纳国民保险，交足35年，才能指望上。对于周薪1000镑的中产来说，87.6镑的国民保险，不算沉重，但很多劳工，比如"零合约"的清洁工和看护，有时连162镑周薪也挣不到。周薪不足162镑，没有余钱交国民保险的人，老后只能申请养老金补助（Pension Credit），它的数额因人而异，最近几年来，还要通过各种脑洞大开、有伤尊严的经济状况调查（means test），你最好配偶仙逝，子女双亡，脚瘸再加聋哑，这样才能比较保险地拿到全额养老金补助。凯茜目前拿的，就是非全额的养老金补助。这点收入，谁敢轻易退休？所以凯茜直到今天还在工作。2017年毕马威的数据显示，21%的英国在职人员，因为工资太低，处于在职贫困（in-work poverty）之中。

每天早上，凯茜会离开她的廉租房，钻进一辆灰色的破车，到威尔伯顿（Wilburton）给一个大户人家遛狗。"我本来是清洁工，但是自从得了帕金森病之后，他们就不让我搞卫生了。他们也是没办法，这么大的房子，要15个小时才能搞完。"凯茜边说边给一只灰毛狗拴上绳子，她要带我去这户人家的树林里遛狗。

"遛狗也不错啊，轻松，又可以锻炼身体！"我安慰她。

"嗯，是啊，10英镑一小时，一个月有200镑呢，我的雇主算是很慷慨的了。假日或圣诞节什么的，他们还请我看房子，也是10英镑一小时，感觉像天上掉下来的一样。"

几分钟后，我们就来到了树林里。这是一片广阔的、可以狩猎的私家树林。榉树、松柏、白面子、黑樱桃……层层叠叠，像一幅无尽的卷轴画，在我们的身边展开。

"我死之后，如果能埋在这里就好了，"凯茜亲密地揽过一截枯枝，"有时候，我觉得这里就像我自己的家一样，漫天的树叶，无尽的阳光。"

六

有人说，福利制度专养懒汉和寄生虫。我所看到的是，没有福利制度，托马斯和玛丽那一代人的中产地位就岌岌可危，而像彭妮和凯茜这样的无产老人，能否活下去都得打个问号。前爱丁堡大学的哲学教授、英国福利改革中心（Centre for Welfare Reform）的总监西蒙·约翰·达菲（Simon John Duffy）说："福利制度还不够完善，福利太低才是困境的根源。英国的就业率非常高，但工资却非常低，很多人打几份工，并由于工作缺少保障而频繁更换工作。大部分救济金都是在职救济（in-work benefits）。最近四十年来，只有最富有的那15%的人获得了真正的收入增长，剩下的人全都遭遇了相对的收入萎缩。正因为福利太低，穷人才离不开低薪工作，结果变得更穷，同时雇主们也懒得在更富有成效的方式上投资。"

今天，千禧世代[1]中的低中阶级，面临着托马斯和玛丽无法想象的生存困境。先是撒切尔政府砍断了工会的胫骨，让劳工丧失了话语权；接着是水电、电信、铁

---

1 千禧世代（Millennials），指出生于20世纪时未成年、在跨入21世纪（即2000年）以后达到成年年龄的一代人，即今天的"80后""90后"。

路、石油、钢铁等公共资源的私有化，以及随之而来的垄断；20世纪80年代撒切尔政府出台"廉租房购买权政策"时，仍有650万套廉租房，而到了2017年，廉租房几乎被贱卖了约69%，其中超过40%在私人房东手里。"廉租房购买权政策"推出不久，又刮来了鼓励私人购房风，房贷手续被一简再简，炒房人士乘虚而入，终于形成了高房价的困局。此时，相比退休人士手中1.6万亿英镑的房产值，35岁以下的工薪阶层，仅拥有2210亿英镑的抵押资产净值（equity）。年轻人沦为高价租房奴，基本可以抛弃买房幻想；20世纪70到80年代的降税政策[1]，更加剧了贫富分化 —— 就连彼时英国在北大西洋北海石油开采所获的近1660亿英镑的税收（亦被称为"天降之财"），也在减返富人税、私有化中的产业结构重组，以及购买近千家豪车的代理权中被耗尽了；然后又是股市平民化，口袋里只有5英镑的人都被诱去炒股；这时又来了次贷危机和2008年金融风暴、财政紧缩、全民医疗服务体系受到私有化的蛊惑、高昂的大学学费和高利息

---

1 1979 年，英国最高收入税从83%降到了60%，基本收入税从33%降到了30%。到了1988 年，最高收入税已经降到了40%，基本收入税降至25%，具体可参看Alan Manning，"The Top Rate of Income Tax"，CEP Election Analysis Papers 029，Centre for Economic Performance，LSE，2015。

的学费贷款、最富有的1%[1]的悄然崛起、移民歧视、新纳粹、极左和极右的互撕，眼下还有一个举国跳崖式的无条件脱欧……

对年轻的低中阶级收入者来说，托马斯和玛丽那一代曾拥有过的阶级上升空间，似乎只成就了一朵半个世纪的昙花。今天，不要说低薪阶层担心老无所依，就是年轻的大学讲师们也如履薄冰。2018年3月，我在为《英中时报》采访"英国大学教职员工职业养老金被裁"事件中得知，几乎每所大学都在想方设法取缔全职合约，因为这样一来，就能省掉不少职业养老金了。爱丁堡大学的讲师玛丽昂·施密德（Marion Schmid）曾私下告诉我，现在很多大学老师拿的是小时工资，和"零合约"几乎没有区别："这和我们的付出实在是太不成比例了，你得先读到博士、博士后，人生头三分之一或二分之一就过去了。然后代课、试用、签短期合约……工资从不曾丰裕，现在他们又发明了小时工！"在"大学讲师小时工"（Hourly Paid Lecturer Jobs）的网页上，果不其

---

1 在2000年美国总统候选人辩论中，阿尔·戈尔指责乔治·W. 布什宁可支持"最富有的1%"，而不关注其他人的福利。2006年，制片人杰米·约翰逊制作了一部名为《百分之一》（The One Percent）的纪录片。这部纪录片是关于最富有的人和平民之间不断扩大的财富差距。纪录片的标题是指美国最富有的1%人口在2011年占了美国收入的38%。2001年诺贝尔经济学奖得主、哥伦比亚大学经济学教授约瑟夫·斯蒂格利茨于2011年5月写了一篇名为《在1%中，由1%，为了1%》（"Of the 1%, by the 1%, for the 1%"）的文章，宣称美国最富有的1%人口占了美国收入的40%。

然，罗列着各种各样的小时工工作……引用《观察者》的诠释，职业养老金小猪罐里的钱，都拿去买风投了。而风投这种东西，据说坏起来，堪比1929年灰飞烟灭的华尔街。也许，这就是国民养老金加入自由市场机制之后，必将经过的地雷阵吧！

年轻人的困境，老一代人并不见得都能感同身受。他们中不少人，从不看经济或政治类的书，也不爱与儿女讨论社会问题，家里除了娱乐为主的电视节目，唯一了解外界信息的渠道，不是右派的《每日电讯报》，就是《每日邮报》，而且主要用来玩填字游戏。看2017年的英国大选，69%的70岁以上老人选了提倡紧缩的保守党；60—69岁的选民中，选保守党的占58%；50—59岁的，则占47%。为什么火鸡总为圣诞节投票？原因诸多，但有一点非常显著，绝大部分的老一代人，尽管他们像托马斯和玛丽一样，曾是福利制度这颗糖的甜蜜受益者，却一厢情愿地相信，自己的中产好生活是"个人打拼"的结果，这是资本主义自1834年的《济贫法修正案》推广以来，在价值观上取得的最大胜利之一。年轻的低中阶级收入者还因此得了一个花名"雪花"（Snowflakes），意即"虚荣、懒惰、易碎，妄想不劳而获"。如果年轻人抱怨薪水太低，老一代人的解决方式是，那就脱欧，脱欧之后，移民们就不会再来抢你们的饭碗了。所以你会看到65岁以上的选民，64%选择了脱欧，和保守党138个议员的选择不谋而合（相比之下，工党只有10个议员投了赞成票，自由民主党、苏格兰民族党和绿党的议员全部反对），用《独立报》专栏作家安德鲁·库珀（Andrew Cooper）的话说，它是资本主义在"国家主义"价值输出上的巨大成功。

在一个崇尚《济贫法修正案》和"国家主义"的社会，善往往是一种施舍。比如保守党不是没有修建过廉租房，只是更倾向于使用廉价建材。1968年因豆腐渣工程造成的东伦敦罗南角（Ronan Point）大楼倒塌悲剧，2017年在格伦费尔塔（Granfell Tower）大楼的火灾里再次重演，因防火板报价330万英镑，保守党嫌太贵，为省130万英镑，将项目给了报价更便宜的公司。这还是2010年以来，砍掉了90%的廉租房预算之后精打细算的结果。对本国的穷人尚且如此，对别国的穷人可想而知。难民要通过"齿检"，确认是儿童，才相对有机会入境并申请庇护。

今天的资本主义，从农业资本主义（agrarian capitalism）时代算起，已经400多岁了。一具400多岁的残躯，内部癌瘤众多，积污累垢，印裔美国作家阿南德·吉里达拉达斯（Anand Giridharadas），原《时代周刊》的主笔之一，甚至用"新封建主义"（New Feudalism）来形容它的退化，而大多数人，却仍在沿用19世纪的价值观，加剧着它的衰老和腐败。

（注：文中托马斯和玛丽为化名。）

英国乡村纪实：
当田园遇上全球垄断资本主义

一

保罗（Paul Manson）拄着拐杖，从起居室出发，向5米外的厨房走去。对这个体型庞大却只有半条胫骨还勉强管用的老人来说，这段路程像是走了一个世纪。我总觉得他会砰然倒下，但每次都是幻觉，就像一头牝鹿突然撞上挡风玻璃 —— 你一边急刹车，一边惊魂未定地睁开眼睛，却发现前方没有鹿，只有一团浓郁的、英格兰深秋的雾。

2015年10月，一心想逃离城市的我和我的诗人先生离开剑桥，在东安格利亚的一个小村庄哈德纳姆村（Haddenham）买了一套骨架尚存的小瓦房。村子不大，人口不到3500，从南到北一个小时即可走完。人影也不多见，车轮碾过沥青马路的声音，只有上下班时才能听到。感觉远离尘世，实际上离伊利[1]只有7英里。对于我们这种急于避世却又无法像梭罗（Henry Thoreau）那样彻底退隐的折中派来说，这个古老僻静、外表看起来像装在过期罐头里的小村庄，简直就是天堂。

我们把后院分成三块，一块用来种番茄和南瓜，一块种向日葵和野花，另一块种黄瓜、青椒和小尖椒。一边除草，一边望着渐变成火山石色的爬山虎，置身世外的幻觉让人陶醉，以至于在最初搬进去的日子里，我给友人写信，还引用过R. S. 托马斯（R. S. Thomas）的诗句："很少发生什么，一条黑狗，在阳光里咬跳蚤就算是历史大事。"

然而这点"小确幸"掩盖不住这个动荡时代的底色。2016年6月以后，英国便陷入"脱留"两大阵营对立的局面，彼此构怨连兵、白刃相向，极右翼势力也趁机崛起，试图掀起一场"移民与狗不得入内"的回潮，与此同时，英镑大跌，物价一点点地上涨。缩水的钱袋、未知的工作前景和危在旦夕的国民医保，让我们本来就悬在半空

---

1 伊利（Ely），英国剑桥郡的著名小城，城内有始建于中世纪的建筑物。

中的心更缥缈无依。"留欧派"认为，一切都是脱欧的错，将公投定性为"被全球化淘汰的中老年白人'loser'们掀起的一场仇外/国家主义＋民粹主义的闹剧"——这个定性，在强烈赞成脱欧的特朗普执政后更不容质疑。控诉"脱欧派"的狭隘、愚蠢和反智，成了"留欧派"的道德使命。遇到保罗之前，对此我也从未有过异议。

87岁的保罗是哈德纳姆村的退休农民，独自住在一栋残破的平房里。他大部分时间坐在一张杂物成堆的餐桌前读报，偶尔拄着拐杖，穿过挂满旧照片的走廊，颤颤巍巍地走进另一个房间。有时候他也在村里的斯巴超市（SPAR）露面，庞大的身躯陷在窄小的电动残疾车里，车头挂着一袋面包。有两个集会他是不会错过的，村民自发组织的"历史小组"和"自然保护小组"的每月集会，他是资深会员，也许是最年长的会员，虽然其他会员看上去也和他一样白头豁齿，蹒蹒跚跚。和所有的会员一样，他对哈德纳姆村的历史和生态充满激情，他还是英国自然科学丛书中《金莺》（*The Golden Oriole*）一书的作者之一。

为了融入乡村生活，初来乍到的我，让自己尽可能频繁地出现在这些小组集会上。会员们对我这个有着东方面孔的外来者十分友善，保罗是最友善的那一个。对我的白痴问题，他有问必答，一口BBC《少儿动物世界》（*Wild Tales*）的口音，缓慢而精准，有一次花了近10分钟的时间向我描绘一只蜻蜓，仿佛那是他的一段初恋。

"我的祖父和父亲都曾是主张和平的社会主义者。'一战'时父亲因为拒绝参战而被抓进监狱，坐了两年牢。被放出来后，没有工厂愿意接收他，他只好自己开了一家小作坊，制作医用毛刷，也为飞机涂料制作毛刷。他的毛刷卖得不错，到我出生的时候，我们一家已经从工人阶级上升到低中阶级。我在伦敦东北部的哈克尼（Hackney）长大，童年时印象最深的是Doodlebugs。你肯定不知道它是什么，它不是虫，而是一种带翅膀的炸弹，里面装着整整一吨炸药，出现时像一颗着火的彗星，远远地只能听到一点嗡嗡声，飞近时却震耳欲聋，简直像直接开入你的耳道。你可以清晰地看到它的飞行轨迹，却永远也估算不准它会在哪儿被引爆。我吓得只好闭上眼睛，留给耳朵去面对，这是最恐怖的。从1940到1941年，哈克尼被德军轰炸了700多次……"

老派的英国人，在提及创伤时，语调总是平实寡淡，保罗也一样，几乎不带一丝情绪的泥水，跌宕的记忆变成一张被熨斗熨平的旧报纸。尽管如此，我还是可以闻到它辛腥的油墨味。伦敦东区最惨烈的一次伤亡，是1943年的贝思纳尔格林（Bethnal Green）地铁站踩踏事件。成百上千具肉体，以电动绞肉机的速度，试图在同一秒钟挤进作为防空洞的地铁站，173人被踩死。更有悲剧意味的是，那只是一次防空洞避难演习。

为了安全，年少的保罗被父亲送到了英国乡下。英国诗人威廉·柯珀（William Cowper）说："城市是人创造的，乡村却是神创造的。"但凡到过英国乡村，见过它那优雅而迷人的四季的人，想必都会对此深信不疑。"战争结束后，我决定永远留在乡下。我辍学了，那是一所文法学校，是培养律师、医生和银行家的地方。父亲当然失望，但听我说未来要在农业和畜牧业上有一番建树，他改变了态度，还把我送到英格兰北部的一个农场当学徒……"学徒生涯是艰苦的，保罗被师傅打发进一间木棚里，天不亮就起床，干上一整天的活，晚上端只盘子，独自缩在棚里吃饭，寒冬也一样。1951年，保罗学有所成，父亲掏出500英镑，买下哈德纳姆村的5英亩耕地和一座维多利亚时代的小农庄，送给了他。农庄要翻修才能住人，耕地也只是小小一块，但对于21岁的保罗来说，它们就是全部的新大陆了。

二

哈德纳姆村是东安格利亚的一块高地，所谓高地，只是比它附近的低洼地带高出37米而已。在尚未搬入哈德纳姆村之前，我对东安格利亚的地貌和历史一无所知，住下来才知道，这个高度对于总体低于海平面的东安格利亚来说，相当金贵。

"洪水来时，谁都难以幸免，我们村却因为高出这么几米，水淹不过房顶，让人觉得逃生有望。"村里的老人们告诉我。

原来东安格利亚是英格兰一块古老的沼泽地，位于沃什湾海岸，覆盖整个林肯郡、剑桥郡、诺福克郡和部分萨福克郡，总占地面积近3900平方公里。因为低于海平面，它从诞生之日起就不得不接受洪水的洗礼。洪水袭来，它便被厚厚的水被压住，像盖着一层昏黄色的、密不透风的咒语。洪水消退，芦苇丛、黑泥沼、几座零星的古撒克逊人建的修道院，便像孤魂野鬼一样，一点一点从地平线上冒出来。

东安格利亚沼泽地的治水史，始于罗马帝国占领时期（公元43—410年）。罗马人修建了几座防洪堤，成效却并不显著；16世纪，伊丽莎白一世为了发展农业，加大了挖渠建堤的力度，但也没带来多少改变。东安格利亚历史学家爱德华·斯托里（Edward Storey）在其著作《沼泽地的精神》（*Spirit of the Fens*）里这样形容当时的悲惨画面："一场洪水过后，时光便倒退三百年。"

17世纪，英国从荷兰请来治水专家，挖了千万条排水沟渠，想方设法把涝水引入大海，并将挖出的泥炭土收集起来，用以填充耕地。就这样挖填了几个世纪，献上了无数沾满淤泥的身躯，东安格利亚终于变成桑田。肥沃的黑色耕土，使它成为英格兰的农业重地之一。小麦、土豆、甜菜、草莓、蓝莓、苹果等作物的种子只要被撒进去，就会茁壮成长。因此这片土地又有"英格兰的面包篮"（the bread-basket of England）的美称。

土地来之不易，农民们自然惜土如金，耕作时也分外卖力。

这是收藏于东安格利亚沼泽地博物馆的一段当地农民的日记，来自牧羊人之子约翰（John Thompson），他没上过几年学，笔迹笨拙，在父亲的督促下痛苦不堪地写完了四页纸：

> 我父亲每周挣12先令，从早上4点忙到晚上8点。他为农场主看养4头牛、1000只羊和一支马队。每天他分得两加仑牛奶，有时候也分得一只羊头。他经常会带一只被淹得半死的羊回来，我们叫它"涝羊肉"，我们用大麦面包蘸羊肉汁吃。7岁我就开始下地干活，每天和20个左右的人给10—15英亩[1]的地除草。1863年，我8岁，第一次见到日食，以为太阳下山了。12岁时，我已经能干一个大人的活了。大人们常常和我打一个便士的赌，看我犁的地够不够直，我总是赢。我母亲也在地里劳作，此外她还得做饭。她得烤15个面包才够我们一家老小吃一天。周日最常见午餐是野兔派（Rabbit Pie）。1869年，我14岁，作为一家大农场的雇佣工，我一年能挣6英镑。16岁时涨到一年9英镑，每天我还分得半品脱啤酒……

---

1 1英亩等于4046.86平方米。

在农业还没有迈向工业化的时代，但凡有一点家底的东安格利亚农民，都会先租种庄园主的耕地，除去生活开销，收入的一部分用来交租交税，另一部分则攒下来，待攒够之后，再从庄园主那里买些耕地，将身份从佃农变为农场主。工业革命中后期，一些隶属"贵族保有制"（Tenure）的英国庄园纷纷没落，其耕地以每英亩几十英镑不等的价格，落入中小农场主手中。完全没有家底的农民，单纯靠出卖体力，也能活下来。村委会编撰的《哈德纳姆村地方志》（*The Haddenham Chronicles*）上，记载着老农夫大卫（David Fairchild）给青年农民的告诫："农民是土地的保管人（Custodians）。我们耕种，如果运气好，就要努力把耕地传给下一代，像血脉一样传下去。当你的体内流着农民的血，你就会尽一切可能不让土地荒芜。"

对东安格利亚人来说，农业不但是生计，也是一种源远流长的生活方式。据说在各种失传的节日中，始于公元5世纪异教（Pagan）时代的"丰收节"是最热闹的。秋分前后，当地农民便会将自家产的作物和果蔬，摆成色彩浓烈的对称样式，在教堂里或集市上展示和出售，并伴着两天两夜的中世纪歌舞、管风琴和铜管乐演奏。

在哈德纳姆村，有一家循道宗教会的教堂。它是一栋建于1768年的红砖建筑，低矮、宽厚，远没有大教堂的斑斓和辉煌，不同明度的土烧红砖，在垒砌时稍稍转换角度，便构成简单重复却相当耐看的几何纹样。吉米（Jim Mullin）是该教堂的牧师，你很难看出他是牧师，因为大多数时候，他几乎不戴那种石膏般坚硬的白色假领，我每次在路上见到他，他都穿得像个卡车司机，尽管他拥有博士学位。村民们也从不叫他"Elder Mullin"，而是叫他"吉米"。

根据《哈德纳姆村地方志》的记载，吉米的教堂曾组建过好几代合唱团。清一色的本地村民，农闲时排练，节假日献唱，收入所得捐给慈善机构。1988年的初夏，村合唱团还自导自演了根据法国古老传说改编的中世纪歌剧《小杂耍人》（The Little Juggler），当时的歌手伊丽莎白曾甜蜜地回忆道："童声合唱团站在最前排，乐队伴奏在后方，我们站在最中间……那可是真正的好时光。"

耕种，放牧，祈祷，歌唱……这些与土地密切相关的集体行为，加上抗洪必需的凝聚力，曾经塑造过一个自成一体的东安格利亚农耕社会。爱德华·斯托里视它为"一个珍稀的部族社会"。在《部落之末》（"Last of the Tribe"）一文中，他写道："不管是那些老实巴交、只会埋头苦干的农民，还是那些通过能源和技术开发取得了巨大成就的农业专家，他们都有着一种'共同的特质'（denominator），它比伤感的怀旧之情，比对老时光的眷恋都要显著。它不仅仅是对一个地方，比如对'家园'的忠心，更是一种对传统文化的集体认同。在东安格利亚，这种认同是部族式的，是一个部族社会得以长久生存的要素。"

我这个身上背负着不到五两传统的异乡人，独自走在哈德纳姆村的林间小道上，像一只失了网的蜘蛛，时常带着羡慕的心情，品味着数月以来在东安格利亚所观察到的一切。那是一种地道的田园（idyllic）生活的底色，从文艺复兴时代到浪漫主义时期，孕育着一代又一代的英国人，甚至对"英国性"的形成，都产生着不可磨灭的影响。

三

当我渐渐爱上这片土地的时候，才知道它一半以上的原住民，包括我的忘年交保罗，全都是坚定的"脱欧派"。公投后公布的数据显示："90% 年龄在65岁以上的退休人士，都投了脱欧一票。"对我们来说，90%和65，这两个数据显得相当残忍。也许哈德纳姆村历史小组和自然保护小组的所有成员 —— 那些友善的老人，甚至包括我的公婆在内，全都无视我们的未来，投了脱欧一票。"中老年白人失败者（loser）"，除了"失败者"一词值得商榷之外，"留欧派"果然描述得差不离。然而我们就把这些人通通"标签化"，从现实里彻底删除吗？常识告诉我，当你面对的人变得真实、具体，像棱镜一样具有多面性时，任何一种标签都是粗暴的。

保罗终于走到了灶台边上，用颤抖的、爬满老年斑的双手，为自己泡了一杯红茶。向上氤氲开的蒸汽，令他那因年迈而失控的泪阜，看起来湿漉漉的，像刚刚哭过一样。

我站在他身旁，一边静静地吸着一瓶苹果汁，一边在他的目光无法触及的地带，敲下一个既同情又不解的问号。

"你说你想和我聊天，你想聊什么？"他问，语气里掺杂着与我的疑惑不相上下的好奇。

"和我说说你的5英亩地吧。后来它怎样了？你实现了少年时代的梦想吗？"我没有开门见山地质问，你看起来不像是一个躲在套子里的人，怎么会选择脱欧？

"呵呵，这得说上好几天……"把自己吃力地塞进一把同样上了年纪的扶手椅之后，保罗双目低垂，陷入了漫长的回忆。

"我这辈子几乎哪儿也没去过，就待在这个小村庄里，守着21岁时父亲赠给我的5英亩地。

"5英亩耕地，固然很小。但在英国农村，流传过这么一句话，5英亩养活一家人没有问题。'二战'后，英国被蹂躏得囊空如洗，小麦、白糖、肉类全得用粮票才能买到，很多人就在自家后院种地养鸡，一个不足1英亩的后院能救活一家四五口人的命。我的5英亩，相比起来，已经算是很大了。当然我得用它来创业，于是我就想到了养猪。20世纪50年代，政府对农业相当支持，颁布了强力的农业补贴政策[1]，买农药有补贴，买耕犁机器有补贴，猪牛羊等畜牧业也有各种补贴。1950到1960年，家禽家畜的收购价格是政府规定的，完全不受市场影响。辛苦养大的猪被砍到跌破底价这种事，我那时可是丝毫不用担心。

"来到哈德纳姆村的第二年，我就在村俱乐部里交上了女朋友，就是农闲时大家都凑去喝酒跳舞的那种俱乐部，当然现在没有了。她是土生土长的哈德纳姆村人，我们第二年就结了婚。因为和本村女孩结婚，村里人渐渐地便把我当作自己人，针对我的那些闲话也慢慢消失了——毕竟我是伦敦来的。20世纪50年代，村里几乎没有外来人口，来了一个外地人，大家难免会在背后议论。我那时处于创业阶段，钱都花在猪身上了，所以我们没钱拍结婚照，但我们的感情一直很好。她有一双冰凉的手，凉手心揉出的面皮才能做出来好吃的苹果派。她为我和我们的两个女儿做了很多年的苹果派。她是过完我们的金婚纪念日之后才走的。

"我们的生活并不富裕，但也谈不上拮据。20世纪50年代中期，在政府农业扶助政策的鼓励下，几百家小型屠宰场在全国各地冒了出来，从猪圈到屠宰场的距离，最多不超过15英里；肉店也到处都是，单我们村就有两家肉店。我的猪赶上了好时光，落地就满地乱跑，吃得

1　指英国1947年的《农业法》（Agriculture Act 1947）。

也很好，都是货真价实、不含激素的饲料，头头精瘦健壮。有一年，我的猪还拿下了英国皇家农业竞赛的'配种冠军'，苏联都派代表团访问过我的养猪场。

"20世纪60年代，政府逐渐取消了对猪肉收购价格的硬性规定。猪要经过几道经销商的手，才能到达屠宰场，经销商为了从中赚钱，把价格压得很低。我觉得那样对我们不公平，就发起了一个类似'联合供销社'那样的协会，请专业人士给猪肉做等级鉴定，以半年或一年内固定的价格，向屠宰场直接销售。第一次集会是在我家厨房里举行的，一下子就来了十几个人，他们都是东安格利亚地区小养猪场的农场主。1963年，我们壮大到21人，一起出主意，解决各种技术和销售上的难题，并给自己正式命名为'安格利亚优质肉类协会'（AQM），我们协会最兴旺的时期一直持续到20世纪90年代。"

保罗递给我一叠厚厚的资料，封面上印着一枚金色勋章，恍如一个乡村养猪专业户的"奥斯卡奖"。

四

"厄运是从20世纪90年代开始的"，讲到这里，保罗突然停了下来，目光移向窗台，视线穿过布满微尘的阳光，沉默了好一会儿，他才继续说下去。

"20世纪90年代，超级市场开始主导整个英国的农业。"

超级市场是一条食肉的尼罗河鲈鱼，只要把它放进河里，所有的原生鱼都会死光 —— 这并非只是我或保罗的个人见解。

以英国五大超市之首的乐购为例，20世纪20年代，它还只是伦敦焦橡街（Burnt Oak）上的一家小杂货店。到了20世纪50年代，它就已经以购买和兼并的方式吃掉了附近的所有对手，包括70家威廉姆斯（Williams）、200家哈罗（Harrow）和97家查理·菲利普斯（Charles Philips）零售连锁店。随着资本力量不断壮大，自20世纪60年代起，它便以雨后蘑菇一般的速度生长。1968年，它在英国萨塞克斯郡开设了第一家"巨型超市"，20世纪90年代，这只患有肥大症和强迫症的巨兽便全线占领了英国所有的大小市镇。20世纪90年代末，它扩张到了包括东欧和东南亚在内的13个国家。在美国，它叫"鲜易"（Fresh & Easy），在中国，它叫"乐购"。它在全球范围内的实体店数量从2008年的3751家飙升到2016年的6902家。

根据村史记载，20世纪90年代以前，哈德纳姆村曾拥有14家店铺，包括两家肉铺 —— 卖着保罗和他那"安格利亚优质肉类协会"出品的优质肉类和家禽，一家保罗的老丈人开的制衣店，一家水果店，一家面包店，一间小零售店，一家热带鱼店，一家旅行用品店，一家干洗店，一家古董店，一家理发店，一个加油站等等。今天，除了理发店和一家惨淡经营的肉铺，其余店铺全都消失了。几张珍藏在村图书馆的零星照片，记录着店主和顾客们谈笑风生，用秤砣过秤后的白糖在黄油纸里亮晶晶的样子。

"超级市场要海量供给，要稳定的供应链，最关键的是，要最便宜的出品价格，所以根本没有人打得过它。"保罗说。

超市的出品价格到底有多便宜？英国作家、《卫报》记者乔安娜·布莱斯曼（Joanna Blythman）在《买买买：英国超市的惊悚力量》（*Shopped: The Shocking Power of British Supermarkets*）一书中写道："1英镑1串的香蕉，超市能净赚40便士，却只肯付给蕉农1便士。"2016年，超市里的猪排最便宜的价格也是平均每公斤5英镑左右，而生猪的收购价格仅为每公斤1.387英镑。[1]

"很多中小型农场主，一心想节约成本，不舍得给猪圈垫草，为了防止没有干草垫护的小猪们在水泥板上互相撕咬，小猪一出生，就立刻被剪掉尾巴，以免造成感染。还有的农场主为了节省饲料，到中餐馆买潲水，煮都不煮就拿来喂猪，猪吃了这些潲水会中毒，人吃了这样的猪肉，也会生病……"保罗告诉我，"这些招数，我想都没想过。"

---

1 数据源自statista官网，"Average farm price of pork in Great Britain (UK) from January 2015 to December 2016"。

尽管如此，在那些大量雇佣廉价劳工、大剂量使用催肥饲料、完全改用试管授精的大型生猪工厂面前，这点省钱的小心眼，还是不堪一击。

保罗的竞争对手不再是邻村的养猪场，而是那些向英国超市源源不断供应廉价肉类的欧洲和南美洲国家，甚至整个世界。东安格利亚的小农场主们，大多身处同样的苦海。萨福克郡的奶牛农场主托尼·吉利斯（Tony Gillies），受近年来牛奶每升仅25便士的超低收购价冲击，负债累累，不得不关闭祖上经营了四代的草原牧场。他那些以花命名的奶牛，康乃馨、冬青花……被送到拍卖场贱卖。BBC广播一台把失落的托尼请到牛奶出品价格更低廉的美国，参观芝加哥某家大型奶牛工厂，站在罗马广场式的环形工厂底端，仰望着被阶梯形钢铁牛栏圈养在半空中、插着24小时挤奶器的奶牛，托尼眼圈发红，双唇颤抖，完全说不出话来。

感谢席卷全球的自由贸易（Free Trade），20世纪90年代初，保罗告别了"5英亩养活一家人"的古老传说，那时年近五旬的他不得不靠各种短期合同工熬到退休。1996至2004年，英国失去了约8万个与传统农业相关的工作岗位。

五

"魔鬼在细节里"（The devil is in the detail）是我最

喜欢的一句英语谚语，它改变了我在一个极速发展的社会中养成的那种"观光客式"的观察方式。为更进一步了解超级市场及其背后的全球化垄断意识形态如何将农民逐出土地，我起了个大早，去拜访哈德纳姆村的山行果园（Hill Row）。它在一片山坡顶上，是全村最高的地方。果园的主人叫史蒂芬（Stephen），像所有准时、守信的东安格利亚人一样，他早早就站在果园的入口等候我。2017年初春的寒风，刮着他泥塑般粗犷、浓眉大眼的脸庞。

"你是我在哈德纳姆村见过的最年轻的农民。"我如实相告，在拜访史蒂芬之前，我走访了附近几个农场，农场主清一色全都是年过六旬的老人。根据英国"企业观察"（Corporate Watch）组织的报告，2017年英国农民的平均年龄是59岁，而史蒂芬看上去只有50岁。

"对不起，我是全职的货车司机。"他尴尬地说，"果园养不活自己和家人，周一到周五我都在开车，只有周末才有时间打理果园。"

"你的果园有多大？"

"80英亩。"

"是祖上传下来的吗？"

"是啊，太爷爷买了200多英亩，父亲继承了120英亩，欧盟政府规定不能全拿来种地，所以父亲用40英亩来种草，80英亩种果树。你现在看到的就是父亲过世后留给我的果园。"

一棵棵果树排列成行，齐整地呈现在我面前。这不是我第一次见到果园。哈德纳姆村还有另一个健在的果园，在一座废弃的风车底下，果园的主人罗伯特·诺曼斯（Robert Normans）像守陵人似的看着它。我经常在村里的主街道上买他的苹果。芳甜的苹果，用塑料袋装起来，每袋10到12个，1英镑1袋，堆在一辆生锈的手推车里，标好价格的木牌搁在手推车旁，地上摆着一只小小的铁盒子，用来放钱。没有人，铁盒子里也没有多少硬币。入冬以后，手推车里仍堆着很多卖剩的苹果，塑料袋上结满白霜，令人不免为苹果主人的冬天担心起来。

　　"这是桃子，这是苹果，这棵李子树大概有两百多岁了，你看它的树干，全是粗结和皱纹……"史蒂芬指着他的果树，一一向我介绍。

　　"你的果子都卖到哪里？"

　　"这些年，我也正在为这个问题发愁呢。父亲在世时，我们的水果曾卖给当地的农贸批发市场，再由农贸市场卖到水果摊上。"

　　"不可以卖给超市吗？"

　　"我们的品种太旧了，都是二三十年前的。而且数量也不够。要种出超市喜欢的水果，就得更新到最新的品种，洒更多的农药，给水果的形状定型，果园面积至少得扩大几十倍，还得建个有温度和湿度控制的巨型仓库，用于存放——因为超市需要来自世界各地且一年四季都不腐烂的水果。到了超市那里，被虫咬过一丁点的、长得不够圆的，都得被退回来。总的来说，要花一大笔钱。"

"欧盟没有补贴吗？"我望着每棵果树下厚厚一层腐烂的水果，心疼不已。

"每年每英亩20英镑。"

"英国政府呢？"

"一分补贴都没有。"

"那你为什么还要投脱欧一票？"

"补贴没有解决我们的问题。"

史蒂芬也许是对的，尽管根据实况网（Full Fact）提供的数据，欧盟补贴对英国农民来说必不可少，比如2015年，英国农民在生产农产品上获得的净收入平均只有2100英镑，而拿到的人均欧盟补贴竟高达28 300英镑。听上去似乎还算充裕，但因为欧盟补贴是按土地面积支付的，对于只有120英亩地的史蒂芬来说，能拿到的不过2400英镑，如果他的果园无法盈利的话，这笔钱估计也就仅够除草、施肥和支付抗洪费。

《被俘的国家：公司接管英国》一书的作者、英国作家乔治·蒙比尔特披露："农业补贴是一场公然将钞票送给富人的交易。当我们的政府说，我们要帮助农民，其实是在说'我们要帮助那1%'，因为我们的土地大部分归极端富裕的人所有，他们很多是外国的族长、政治寡头和大矿主，他们也许完全无须缴税，却可以拿到数百万欧盟农业补贴。"此话并非凭空捏造，打个比方，产权归英国前劳动秘书部长伊恩·邓肯·史密斯（Iain Duncan Smith）的几位近亲所有的斯旺伯恩家园农场（Swanbourne Home Farms），过去十年间累计拿到的欧盟补贴高达117 535欧元，尽管伊恩在"缩减公共福利开支"上向来狂热不已。

"你认为怎样才能解决问题？"我望着一脸无奈的史蒂芬问道。

"欧盟太庞大，太遥远……我想回到过去，回到一个以地方为中心、地区掌握自治权的时代。"

我无言以对。我看到的和他看到的，是多么不同的两个世界。全球化自由主义、多元文化、跨国交流、思想碰撞、力量联合……一切如此美好，却同时面临着像铅壁一样灰暗而有毒的现实。

"你父亲在世时，是全职的果农吗？"

"他没兼过职，一辈子都在这山坡上忙碌。我就是这果园养大的。"

"没想过将果园卖掉？"

"从没想过。"

"为什么？"

"它就在我家屋后的山坡上，什么时候想看月亮，我就走上来。只有在这里，我才能看到最美的月亮。"

六

保罗发来电子邮件，告诉我别为无人采摘的水果发愁，在最寒冷的冬天，这些在泥土中发酵腐烂的水果，能为两三千只北欧田鸫和黑鹂提供食物。我这颗从小铭记"锄禾日当午，粒粒皆辛苦"的脑袋，才逐渐放松下来。食物浪费是人类对大自然最不敬的行径之一。

史蒂芬估算，哈德纳姆村的农业人口比例已经从半个世纪前的95%减少到1.5%，我到詹妮（Jenny Manning）那里去求证。年近六旬的詹妮每周在哈德纳姆村教区居民委员会上三天班，是村里土生土长的姑娘。她和她的姐姐希拉（Sheila）还一起经营着一个二十多英亩的小农场，为十几匹马和毛驴提供食物、草地和茅棚。虽然驴马早就退出了历史舞台，这些马的主人们却不舍得将它们放弃，偶尔骑一骑，它们大部分时候都被寄养在姐妹俩的农场里。一匹马一个月的伙食费是60英镑，姐妹俩赚的钱相当于"花生米"，所以只好把几间破旧的牛栏改建成仓库，租给人存放大型土建器材。

从马草场到詹妮的家，要经过一条泥泞小径。小径边上有棵樱桃树，詹妮和希拉的父亲，据说是哈德纳姆村一位德高望重的老农夫，此刻就埋在树底下。简洁的墓碑旁放着一张长椅，献给每一个疲倦的路人。我拂掉长椅上的落叶，轻轻坐了上去。马儿跨过早春的薄冰朝我跑来，马蹄富有节奏地敲击着土地的心脏，时光如白驹过隙，土地那忧伤的回响却经久不散。

詹妮从我手里接过一份哈德纳姆村过去五十年间的农场名单，一边轻轻地念着那些名字，一边把它们一个个划掉。

"粗算了一下，我们村的农业人口估计只剩下2%左右，没错。"

"农民们都去了哪里？"

"退休了，或者去世了。像我父亲，他是十几年前走的。"

"那村里的人靠什么生活？"

"到了我们这一代，基本上都在从事其他职业……"

希拉在一旁接话："务农的收入很低，所以很多农民的后代都出去了。人走了，土地和房子便进入了市场。这里的房价比大城市低一些，很多在伦敦上班的人，就搬了进来。每天早上开车到伊利，再坐火车去伦敦。"

"那单程可是近两个小时。"我咋舌。

"那也没有办法。"希拉苦笑。

"父亲在世的时候，从来就没有担心过钱的问题，对吧？"詹妮把话头抛给姐姐，比起希拉，詹妮显得内向多了，眼角的鱼尾纹里藏着一缕缕游不走的哀伤。她结了两次婚，第二任丈夫几年前去世了。虽然居民委员会的工资还不错，但因为不是全职，似乎总让她安不下心，而且她也快到退休的年纪了。"有的事说不准"——她总是淡淡地说道。

"那可不是！我们小时候生活得多好！钱的问题，父亲可是一天都没有担心过。爷爷留给他的一小块地，在他手里扩大到两百多英亩，种过土豆、甜菜和豌豆，养过牛……"希拉应和道。

"这些地都去哪儿了？"

"大部分都卖了。父亲老了，两只膝盖全都坏掉了。时代在变，我俩谁也不想继承他的事业。"

时代确实在经历着一场剧变，根据BBC《乡村档案》（*Countryfile*）节目2015年11月的报道，英国平均每周就有一个农民因破产自杀，空气里弥漫着蓝色的忧郁和某种类似"1943年地铁站踩踏事件"的恐慌。即使在哈德纳姆村这样的"鱼米之乡"，也开始出现食不果腹的现象。这几年来，牧师吉米不是在忙着组建唱诗班，而是忙着为村里的食物银行筹集食品，帮助那些最不幸的村民渡过难关。

七

迈克尔（Michael Church）是20世纪60年代从农业学院毕业的高材生。从20世纪90年代开始，他出任哈德纳姆村最大的农场——隐士农场（Hermitage Farm）的总经理，该农场走大规模（Mega）路线，从中型规模扩展到4000英亩。

不单只是小农场主为钱发愁，为了保住超级市场这个唯一的买家，就连大农场主也在想方设法减缩成本。"超级市场的力量是很强大的。砍价什么的，我们根本不占上风。有一年，乐购说要800吨土豆，我们把土豆装好车，他们又说不要了。"

"为什么？"我惊讶地问。

"没有原因，它不需要给你原因。说不要就不要。我们只好把800吨土豆倒回泥里去。"迈克尔那双锐利的眼睛里，闪烁着一种"过来人"的无奈。

"据移民观察组织（Migration Watch）的数据显示，2017年英国95%的农业季节工来自欧盟国家、澳大利亚、摩尔多瓦和乌克兰……"

"我们不可能雇佣本地劳工，"迈克尔辩解道，"成本问题，雇不起。事实上，我们全职的员工也只有5个人。"

"5个人种4000英亩的地？"

"没法相信吧？今天，技术已经发展到只需轻轻触屏，就可以完成大面积耕种的地步。我们的机器如果出了问题，只要在电脑上输入代码，屏幕就会出现修复程序。只有像摘草莓、采青蒜之类的精细工种，才需要一些季节工。移民工不但有价格优势，而且非常卖力。你如果见过那些来自东欧的移民工，就知道本地劳工根本无法和他们相比。约了移民工早上6点到达农场，凌晨5点就可以在田垄上见到他们的身影。他们非常敬业，一直工作到太阳下山为止。"

"我以为本地劳工也很敬业……"

"你说的是过去，现在这些人有福利可吃，当然更愿意坐在家里看电视。"迈克尔露出一丝嘲讽的微笑。他是我遇到的哈德纳姆村65岁以上的前辈中唯一的"留欧派"。

对此，莉迪娅·希尔完全不认同。她是哈德纳姆村的工党会员，骨子里继承了纯正的反全球资本主义的欧洲左派知识分子血统："吃福利？在公共福利基金首先用来保释（bailout）银行家的时代，有多少人能申请到福利？不是本地劳工怕辛苦，而是本地劳工如果拿移民工的工资，根本活不下去。六七英镑一小时，还是季节工，住在十几个人的篷车里，移民工可以忍受，因为再苦再累，也比待在家乡强。何况赚够了钱，他们就可以回家。而拿同样的低薪，本地劳工既付不起房贷，也租不起房子，哪里有家可回？"

莉迪亚说得没错，只不过移民工也未必有家可回。英国作家约翰·伯格（John Berger）在他的著作《第七人》里，用语言和逻辑的手术刀，详细地解剖了"廉价欧洲移民工"的历史和成因："现代乡村的贫困不是自然灾害造成的，而是制度。在一个只为全球垄断资本家牟利的制度里，农民们如何将石头变成面包？"在《回归是虚构的》一章中，他写道："……并没有回归，自他离开的那天，他的村庄就已经在悄悄地衰退。过去没有生计，现在更没有。回家，只能让他成为经济停滞的受害者，而正是同样的原因，迫使他接受了最初的背井离乡。"

今天，尽管有像约瑟夫·斯蒂格利茨（Joseph Stiglitz）那样的诺奖经济学家在质疑全球垄断资本主义，但在大范围内，对它的批判仍是一个禁忌。也没有多少人同情背井离乡的移民工，以及那些被战争和环境恶化逼向绝路的难民。在制度和其受害者之间选替罪羊，被选中的总是受害者。奥斯卡·王尔德说"在乡下，任何人都可以成为好人"，亦无疑是一句谎话。大部分的"脱欧派"都对移民不满，就连不少生性淳朴的哈德纳姆村村民也不例外。一旦"移民"的话题被激活，他们脸上的淳朴，就会像月食一样，被《每日邮报》的尖酸刻薄所遮蔽。"太多移民了！我们的住房、医疗、学校都被占满了！还有一支难民大军！难民们烧杀抢掠，无恶不作……英国必须脱欧！英国曾经很伟大，英国可以再伟大起来！"

我听说"二战"结束后，这片土地曾收留过一位叫亨利（Henry Beusch）的德国战俘。亨利来自德国的一个小乡村，在被征入伍前是个放牛娃，纳粹把他作为杀人武器派到英国，他却爱上了东安格利亚的沃土。1947年，他放弃了遣返回国的机会，主动留在一家甜菜农场做苦力。劳作令他赢得了当地人的尊敬。20世纪60年代，他获得了英国国籍，开垦了自己的农场，种了40万棵花椰菜。过去，人们可以原谅一个前纳粹士兵的罪行；今天，人们却不愿对炮灰和死海中逃生的难民表露丝毫的同情。

排外情绪助燃着潜伏多年的种族主义的人种学和纳

粹思想，哈德纳姆村也难逃它们的魔爪。2016年9月，约350名自称"血和荣誉"（Blood & Honour）的新纳粹分子，从欧洲国家及英国本地涌入村里的一块草坪，点燃篝火，对移民、有色人种、穆斯林和犹太人进行了三天三夜的口头"狂殴"，让这个默默无闻的村庄上了一回BBC。

这就是全球垄断资本主义的邪恶之处：垄断市场，兼并土地，大搞农业工业化，让可持续发展的地域经济窒碍难行；将失去土地的农民逼成"移民工"，将贫困归罪于懒惰，将资源的缺失嫁祸于移民；用最少的土地、最高端的科技、最低的人力投入，炮制最高产、品质低下甚至有毒的廉价农产品，将绿色食品变成少数人餐桌上的特权……

事实上，活在这样一个时代，缺乏想象力是正常的。牛都在水泥模具里，也许很多人一生中从未见过牛。

八

"过去的田野可不是今天这个样子的……"科林（Colin Bidwell）一边说，一边转动着方向盘。他说这话时，我正望着车窗外飞过的黑鸟。

我从沉思中扭过头来，迷惑地看着他。

"过去我们什么都种，一块田里种土豆、番茄、豌豆……甚至还养花，有的还在周边养上几头猪、几头牛、几十只鸡，万一哪种作物收成不好，我们还有其他的保底，不会颗粒无收。过去的田野景观是丰富的，到处都是篱笆和沟壑，植物和作物相隔交错，高低不齐。不像今天，大机器拉犁，大面积收割，我们当然也只能种单一作物。"

今天，横亘在我们眼前的田野平坦而单调，像一片无边无际的绿色涂层，因为缺少变化，绿得单调而孤单。

科林是哈德纳姆村柳树农场（Willow Farm）的农场主，他主动驾车带我去参观他的土地。他有340英亩地，三分之一租给他人种土豆，剩下的用来种甜菜和大麦。甜菜直接卖给糖厂，大麦则卖给饲料公司。生存对他来说不是问题，他忧心的是没有人愿意继承他的田地。他从来不请帮工，现在已过了退休年龄，劳累无止境地拉扯着他的身心，像是要从一匹老驴身上扯下一张缩水的驴皮。他的孩子们全都在伦敦打拼，脱欧公投的第二天，他的儿子吼道："我这周还有份工打，下周就不知道了！多亏了你老爸，投了脱欧一票！""留欧派"们大多认为，只要看见经济衰落下来，"脱欧派"们就会回心转意，然而这么多个月过去了，科林丝毫没有动摇。

工业化种植不仅永久性地改变了这片土地的面貌，也破坏了土壤结构。曾经绵如丝缎的湿地土壤，在大型农机的碾压和农药的逐年渗透下，变得僵硬贫瘠。因为风蚀，还产生了地表下陷的危险，对洪水来说，这简直就是重返江湖的绝佳时机。蜜蜂和鸟类也在急速减少，哈德纳姆村湿地里曾随处可见的、从俄罗斯北部飞来的天鹅，为了逃避西伯利亚冰骷髅的追捕，迁徙500英里，在星辰的指引下终于到达这里，今天却几乎销声匿迹。大量土生土长的野雁、丘鹬、黑水鸡也因小农场的消亡，失去了植篱和小溪的庇护，不得不在沉睡的覆羽中，向人类告别。

生态的多样性在消失，传统的多样性也在消失。几乎没有人在村里庆祝丰收节了，村合唱团早就不复存在。2016年的圣诞节前夕，我去伊利市的循道宗教堂听"伊利民间合唱团"（Ely Consort）的演唱。演唱者大部分来自周边各个乡村，穿着像琴键般漆黑的礼服，根据音高排列成一架精美庞大的人声乐器。当第一声歌唱绕过教堂顶部的撞钟，传入我的耳蜗时，我简直不敢相信这美妙的和声是经由人体发出的，Biorhythmic（生物节律）——这种无法以汉语传达的感受，刹那间传遍我的全身。那天晚上我第一次听到五首希伯来情歌，以及根据莎士比亚的佳句创作的歌曲《我知道一处野百里香招展的河岸》（"I Know a Bank Where the Wild Thyme Blows"）。然而让人难过的是，合唱团里几乎全是年过六旬的老人。

约翰·伯格去世前一直住在法国的阿尔派（Alpine）乡下，说要用后半生时光见证"田园的消失"，而我这代人出生得晚，几乎一出生就直接看到了它的消失。发达国家尚且如此，发展中国家就更别提有多惨烈了。

美国社会心理学家乔纳森·海特（Jonathan Haidt）曾暗示，脱欧是"一种部族式的对抗方式"。东安格利亚人的对抗方式，和他们试图传递的视角是吻合的，只是"部族"这个词，在学者的语境里包含着某种贬义，而在我看来，它却是美丽的，是当地历史学家爱德华心中的理想国。尽管在外人看来，一层自我毁灭的阴影笼罩着这种美。

"我们所热爱的一切正在失去"，保罗在给我的一封长信里写道。词语间凝聚着化不开的焦灼："脱欧是这么多年来，我们所获得的唯一一次发声。"我欣赏他发声的勇气，可惜脱欧的前景并不乐观。语言学家乔姆斯基在总结公投问题时已经预测过了："在一个全球化的时代，几乎没有人可以单独活下来。不改变垄断在少数人手里的国际格局，只谈地方自治或单一民族国家自治是没有作用的。"

路易逊的伦敦：多元化和世界主义

有人说，2020年的疫情，将为移动时代画上句号，人类将回到各自的部落，过起自保、封闭、敌视的洞穴生活。我觉得这是不可能的，因为我曾在伦敦，确切地说，在路易逊（Lewisham）的伦敦生活过。

一

本性上说，我是个宅人，用唾沫和泥把自己砌起来便可耗过前半生，后半生再专心致志地做关于飞越的梦，圆满。但这种"宅人哲学"位移到英国之后，就渐渐变得难以为继了，其中一个原因是天气。

英国的冬天是个讨厌的、无所不在的怪物，伸着一条长满冰刺的舌头，没完没了地舔着你的脊背和脚趾。砍柴要扮成雪山飞狐，半夜上山，非法而低效；加油站门口捆成一束的木柴，鹅颈般纤细，两分钟就火化了；炭也是，25千克、11.99英镑1袋的炭，估算好燃烧速度，审时度势地烧，也不过三天。没有暖气片吗？有是有的，但对于我们这种小户人家，晾衣房是绝对的奢侈品，只能向英国小市民学习，买几只暖气片专用的晾衣排钩，按纤维尊贵度，把湿衣服分成三六九等，层层叠叠摊上去。哪儿有暖气片，哪儿就有湿衣服，就像哪儿有生活，哪儿就晒满了生活的尿片一样。

室外虽然也很冷，但运气好的话，就会遇见太阳。太阳总是戴着一顶英气十足的船夫帽，驱赶着火焰色的四轮马车，向每一个路人，无差别地挥洒着免费的、不含洗衣液味的暖气。所以只要是晴天，哪怕举国上下都在倒春寒，你也能看到有人在草地上瘫成仰泳状，身边搁着一本诗集。夏天的太阳就更诱人了，除了船夫帽，从头到脚一丝不挂，像从神谕中出走的罗马灶神，全副身心沉浸于勾引，双瞳剪水，目光如炬，不仅浅山和青草全军覆没，就连热爱黑暗的深海巨章，也忍不住浮出水面，触足绽放，猛吸眼前那妙曼的灵光。当然，也只有寒温带的太阳才有这般魔力，我以前在亚热带遇到的太阳，几乎通通都是bitch，年纪轻轻就爱上扒皮。

英国夏天的太阳不但妖冶，还爱流连，入夜九、十点也不肯离席，给人一种"光阴银行"的幻觉。为捉住一截太阳的余息，我经常迷路，加上天生的路盲属性，迷路迷到自成一格，仿佛不迷路就会失去人生方向。位于伦敦东南部的路易逊，是我在英国的第一个落脚点，也是我"迷失伦敦"的第一站。从我租的布罗克利"无敌街景小阁楼"到路易逊的露天集市，间隔不到两英里，就经常被我神清气爽地走出三四英里来。反正我也不是特别有所谓，伦敦没有死角，只有时间。码字为生的我也一样，盘缠没有，时间大把。只是苦了那些手足并用，为我指明方向，最后发现我又莫名其妙回到原地的路易逊人。路易逊聚集着有色人种，像是"重庆大厦"的拼图版，大部分路易逊人看上去比我还黝黑，这是因为他们祖上都是来自非洲和加勒比海等地的移民，占了当地人口的47%，因此路易逊还流传着近170种异族语言，它们像热带鱼似的，在寒温带的大街小巷里畅游。只需把耳蜗里的隐形接收器稍稍对准某个方向，再把心跳调整到一个相对舒缓的频率，就能听到那些悲伤或深情的声音。

在闹市中心，聆听鸟叫的过程，也是一样的。当然，只要我一开口，这些美丽的声音就消失了。剩下的是"滑行元音+牙买加+伦敦南部英语"，或"伦敦非裔

工人阶级英语＋无信念乐队[1]的说唱"。说这地方wicked
的意思，不是邪恶，而是"酷"，《上帝是一个DJ》[2]的音
乐，辅以黑人特有的、局部用力过猛、整体却协调完美
的肢体语言。

"可看到前方那个剃头店？不，不，不是发廊，是剃
头店！对，对，转进去，不要跟别人进店，要一直走，
看到一座公园，那儿有个门，它不是正门，是后门。你
必须从后门走到正门……对，对，免费，英国的公园都
免费。出了正门，朝左拐，直走，过了第三个十字路口，
向右拐，就是露天集市了，那里有座维多利亚女王钻禧
年[3]修的钟楼。你会找到的，祝你好运！"

路易逊地处起伏不大的小山丘，上面覆盖着树林、
花园、房屋、铁路和街道。山丘的底部看不见另一个山
丘底部。路易逊随处可见的、维多利亚时代的联排住宅，
不时闯入视线，混淆着记忆的套盒。许多建筑，不管内
里多么迥异，按伦敦城那堪称文物保护级别的市容管理
标准，其外表几乎和三百年前无异。窗门不是桦白色，
就是邮筒红，要不就是那种和女王鞋帽匹配的皇家蓝，
门前的袖珍花园，也几乎长得差不多，不是鹿蹄草，就
是葡萄牙月桂……

1　无信念乐队（Faithless），英国本土的一支多族裔电子乐队。

2　《上帝是一个DJ》（"God Is a DJ"），"无信念乐队"的成名曲之一。

3　指维多利亚女王登基60周年。

等我好不容易找到那座"维多利亚女王钻禧年修的钟楼"时，路易逊的露天集市都已经快打烊了。因为临近打烊，本来就已便宜得让人咋舌的果蔬花卉，再次拼盘放血，买一送一。15个有点过于温软的橙子，1英镑；24枚工业养殖大鸡蛋，1.5英镑。从路易逊火车站蜂拥而出的下班人群，走过路过，绝不错过，只是恨不得开拖车来，再坐热气球回家。和保守古旧的英式住宅区相比，露天市场简直是一个异域世界：滚着金黄豹纹的衣料、涂画着绿色番杏或南瓜花的橙色桌布、形状奇特的深海冻鱼、似是而非的甜点、足以令象群和斑马失色的大件首饰……从日常生活用品到虚拟世界用品，应有尽有。各种小摊，沿着中心大街（highstreet）的主干，一线排开，踮脚也望不到尽头。摊主中不乏非裔女士，眼珠黑亮、眼白澄清的黑色小孩儿，猕猴似的勾在母亲那健壮顶翘的臀部上。

打烊前10分钟，我的购物欲达到了顶峰，除了那座被鸽屎覆盖的"维多利亚女王钻禧年修的钟楼"，几乎什么都想买。无奈囊中羞涩，只好抱着两颗西班牙大白菜和一盘巨型香蕉，悻悻而归。一位戴着金项链、肩膀上有部族刺青的非裔小哥，用标准的伦敦南部口音反复告诫我，它们可不是普通的香蕉，是一种叫"普兰霆"（Plantain）的车前草大蕉，必须烤熟才能吃。没想到，第一次品尝普兰霆，我就吃到了加纳国粹"卡拉维拉"（Kelewele）。

话说我租住的阁楼底下，有一个荒草萋萋的后院，主要用来晒衣服。一楼的租客是一对小情侣，姑娘来自加纳，高挑性感，声音沙哑，在伦敦某自杀热线做接线员，她的荷兰男友通常在地铁口卖无限流量上网卡。小情侣热爱普拉提、说唱乐、涂鸦艺术和公平贸易，还不时在后院聚众烧烤。从冷冻肉铺买的便宜鱼肉，必须加神秘繁复的香料，才能去掉雪柜的怪味。所以只要我晚几分钟收床单，纤维里就会渗入一股奇异的焦香，让人饥肠辘辘，辗转难眠。好在加纳姑娘非常豪爽，不管你如何假装拒绝，她死活都能把你拽下楼来。所以很快我就成了她的常客，脖子上挂着一只相机，以"美食配美照"为名，混迹于她的烧烤档中。

　　眼见那种叫普兰霆的、任凭我如何用力也做不到皮肉彻底分离的巨型香蕉，到了她手里，三下五除二，就被剥皮去梗，剁成了小圆块，再扔进滋滋冒泡的葵花籽油里浸炸，一直炸到金黄为止，最后佐以姜丝、辣椒粉和海盐。加纳姑娘说，它叫卡拉维拉，是加纳国粹。它让我想起了我小学门口那久违的地沟油炸番薯饼。为了吃卡拉维拉，我烫伤了舌头，弄脏了领口，怕显得不善交际，还主动交代了一段狗血情史，中间那层香浓酥化的蕉甜，我至今难以忘怀。时值世界杯，满街都是随时准备决斗的人，气氛紧张热烈，加纳姑娘也难免情绪失控。

　　原来她出生在一个"足球之乡"，她是老大，底下四个弟弟，足球是她和弟弟们维系血缘关系、共同掩护罪行、一起偷鸡摸狗的纽带。家里能踢的都踢扁了，除了煮鱼的铁锅。家门口的晒鱼场是童子军的演习基地，世界杯前一个月，她和弟弟们便已疯狂备战，在屋檐上插小国旗，用废渔网搭球网，和三街六巷的孩子过招，踢得鸡飞狗叫，妈妈暴跳……据说加纳足球的乌龙城寨就是这样练成的。尽管直到2006年，加纳才好不容易挤进了世界杯决赛圈。加纳姑娘家因为鱼卖得好，所以在20世纪90年代初就有了彩电，在她那夸张动人的描述里，那可不是什么普通家什，而是一座3D影院。有渔船的开船来，没船的打五人摩的，实在什么都没有的，就砍一根普兰霆骑上去。人来齐了，辈分高又懂科技的，郑重其事地拧开电视，狂欢便开始了。加纳姑娘和弟弟们每天都兴奋得睡不着，苦的是那些妈妈们，端酒送菜，洗碗拖地，直到最后一个球入网，才总算从一场旷世的疲倦里解放出来。

几乎每个路易逊人都有一段"加纳往事"，长在黑夜的身体里。白昼是看不见的，只有月亮和夜莺，才能偶尔将它唤出来。

二

那是2010年，我初来乍到，像一只南方的壁虎，掉进了冰窟般的伦敦。我租住的"无敌街景阁楼"，是维多利亚时代的遗留建筑。租它，不是因为贪恋文物，而是因为房租便宜。便宜的原因有几点：一是老式木窗，木框已变形，且无双层玻璃，也没有家具和洗衣设备；二是中下层民宅改装的出租屋，肉小皮薄，墙里一半是砖，一半是像砖一样坚硬的寒风，外加隔壁的对话和绕梁不绝的古怪回音。暖气倒是有的，就是昂贵，连奈保尔那种级别的作家都觉得肉疼，我这种三脚猫就不用说了。当然，最终极的原因是，路易逊。

我被告知，路易逊鱼龙混杂，夜晚不要老出门，尤其是一个姑娘家。有个老朋友在通信软件Skype上听了我的描述，甚至还皱了皱眉，我理解那是出于某种对"未知事物的恐惧"。路易逊充满了肤色、样貌、服装甚至皮肤质感都与我完全相异的人，彼此的语言、文化以及成长背景也截然不同。但我并不觉得他们可怕，也不想疏远他们，因为他们也没有谁刻意疏远过我。在"陌生和未知"这个层面上，我们是平等的。这种平等观一旦建立，剩下的，就是交流问题。

"你知道去哪儿才能买到筷子吗？"我冲着一个包着头巾、感觉像是刚从骆驼上跳下来的阿拉伯人问道，他二话不说，几秒钟内，便画好了一张通往华人店的地图。而加纳姑娘却觉得根本没必要花那个钱，悠悠然打开电脑，刷出了一个叫"自由循环"（Freecycle）的物品交换网站，并盯着我完成了注册。

"自由循环"简直就是阿里巴巴的山洞，几乎什么都有，只要输入想要的物品，再输入邮编，几英里内的同类物品，新旧不一，便呼啦一下冒了出来。比如输入"洗衣机"，果然就呼啦一下十几台，写明了没有损坏，摆在物主的杂物间或洗衣房里，擦得干干净净，一副"快来认领我"的着急模样。这阵仗，"闲鱼"、鲜衣网或"贰货"都无法媲美，毕竟是免费的午餐。我在"自由循环"上认领了一台洗衣机、一个日本大海碗、一大扎竹筷、一套令时光倒流三十年的呢子西装、一棵金钱树，以及几个标注为"隐形鞋架"的收纳盒等。与其说我爱上了旧物，不如说我爱上了凭认领旧物走家串户的时光。有的物主住在超大的宅邸里，有漂亮的花园和处置不完的"新欢旧爱"，大到手风琴、钢琴、衣柜、床垫、冰箱、电视机，小到纽扣、窗帘、鞋子、碟子……网上贴出广告，依然无人问津，就在前花园摆个露天摊子，把想清走的东西放在里面，摊子上贴一张"请自取"的条子。那种连不要的相框也擦得干干净净、旧皮鞋还附上鞋盒的物主，不是有身份就是有强迫症；而那种连厕纸架或针线包也要慷慨相赠的，多是受过良好教育、热衷环保、秉信多元主义的中产阶级白人。

穷困潦倒的物主当然也随处可见，此地混不下去，必须到别处谋生，退房时捉襟见肘，甚至没有余钱将搬不走的家什家电运到郊区的大型废品回收中心，只好眼巴巴地等着我这种初来乍到的新人认领。马足车尘，搬进搬出，俨然已是路易逊的常态，那种叫"Man & Vans"

的小型搬运车加司机，因而在此过得风生水起。司机们通常是孟加拉人或土耳其人，个头不高，力气却不亚于托塔李天王，收费也挺便宜，且一旦开启话痨模式，就很难关上——毕竟又当老板又当搬运工，分身无术，免不了牢骚满腹。凭着"自由循环"，我感觉自己也一下子变成了路易逊人，和物主搭讪时，连口音都变得有那么几分路易逊了，这大概就是所谓的"潜移默化"吧？

安置好新家后，我就为自己办了一张巴士卡，它是伦敦海陆空交通里最便宜的，每周只要16.6英镑。从凌晨到午夜，随上随下，遇上地理天才，一卡在手，便可无缝隙抵达伦敦任何一个角落——尽管我从未遇到过这样的地理天才。

路易逊的双层巴士453，披着一身邮筒红，慢条斯理，摇头晃脑，半个小时的车程，可以拖上一个小时，但我还是很喜欢它，因为它可以直接把我送到市中心的特拉法加广场（Trafalgar Square）。

从广场下来，穿几个羊肠小巷，便是泰晤士河南岸，那里是戏剧的天堂。有国家大剧院和各种小型剧场，还有一座和"客家圆楼"结构相似的环形舞台，全年上演莎士比亚四大悲剧，入场券5英镑，仅唐人街一碗牛肉面的价格，却相当好看，刀光火影，水磨功夫，连盔甲据说都是按都铎王朝的织物法，一针一线穿起来的。

至今我仍记得自己站在一块黑色帆布前看《麦克白》的情景。听起来很魔幻，操作起来也未必不可行：钻进一块巨大的黑布里，经过密密麻麻的躯干，找到一个洞眼后，再将脑袋从洞眼里释放出来，继而进入首级的汪洋。《麦克白》是莎士比亚四大悲剧里最短的，对我来说，却形同中世纪一样漫长，必须睁着被舞台烟幕喷得血红的双眼，麻木地维持着某种待斩的姿态，还要大力击掌叫好，因为你不看别人，别人也会看你。

"观众也是戏"的传统，据说已经流传了很多年。观众席的灯光是永不熄灭的，这个惯例，直到20世纪后，才有所改观。翻看英国剧作家约翰·盖伊（John Gay）的名剧《乞丐歌剧》（The Beggar's Opera）1729年的铜版剧照，几十个演员，戴着怪兽面具，在砧板大的舞台上张弓射箭，管弦乐队则可怜地挤在右下角里，前后左右，全是涂脂抹粉的观众，个个堪称戏精，有过之而无不及。观众席还是一个等级社会的三维体：假发盘得又高又峭、插着各种鲜花羽毛、像顶了一幅荷兰静物画来看戏的，一般是贵族，坐在剧院顶层妖娆的包厢里，摇着扇子，表面鉴赏，暗地鄙夷；离舞台最近、吹口哨、做怪样、不时和台上的尤物斗嘴取乐的，是低中阶级，在正规戏院里，向他们开放的座票出现得最晚，据说一直等到了18世纪。即使到了今天，上流阶层的绮罗珠履，仍是前戏中的重彩或社交场合的隐形名片。低中阶级当然也会不由自主地套上他们"做礼拜才舍得穿的衣服"。寒酸是反社会的。除了印度人，几乎没人敢穿拖鞋入场。

阶级是一件金缕衣，随时代更换样式，从彰到隐，延续至今，以至于我每次去看戏，都不知该往台上看，还是该往台下看才好。但彼时住在路易逊的我，其实是根本不懂那一套的，抢到一张低等的便宜票，在背囊里塞一袋苏打饼，就满头冰碴地冲进去了，连饮用水都是趁中场休息到厕所里去蹭的。

万幸的是，好的戏剧本身是没有阶级的，比如爱尔兰剧作家马丁·麦克多纳（Martin McDonagh）的黑色家庭史诗《丽南山的美人》（*The Beauty Queen of Leenane*）。那出戏我是在英国国家大剧院看的，也许是爱尔兰俚语用出了乔伊斯的水平，满场恶笑不断，却只有我一个人悲伤不已。因为它讲的是20世纪90年代，在丽南山那样一个破村庄里，有个老姑娘40岁了，仍和她那保守、狭隘、暴躁、专制绝对、动辄上演苦情戏的母亲住在一起。村里有人要移民去美国，临行前给母女俩发了一张"告别舞会"的请帖，结果也让这位母上给烧了。经历了一番和母亲的灵肉搏击，老姑娘才总算得以偷跑出来，等她终于赶上那场舞会时，她的暗恋对象却在舞会上被一个年轻女孩拐走了。村里的人一个个离开村庄，去了美国，剩下老姑娘，在母亲去世之后，穿上了母亲的毛衣，坐进了她的摇椅。那是一出近乎极简主义的戏剧，没什么布景，道具也只是一张破摇椅和半间厨房，而老姑娘和丽南山的形象，却死死地钉进了我的大脑，有如一个出走的梦想和一个无可救药的爱尔兰。

我的心中，其实也有一个丽南山，而我的母亲，此刻正坐在遥远的客厅里，像看守着一座空旷的凉亭一样，看守着它。国王学院旁有家叫"灵感"的小酒吧，有段时间，每个周末晚间都会上演"独白剧"（Monologue）。它其实很像我们的单口相声，一个人，一只板凳，一支麦克风，一个小故事或一番宣泄，就是一场戏。专门为独白剧写剧本的作家，在某种程度上，都是30秒广告的奇才，擅长浓缩的艺术，可以把一个人的一生，用10分钟讲完。

"灵感"小酒吧里，每晚大概有十幕独白剧，也就是十个人的人生，悲喜交加，像极了《十分钟年华老去》那部电影。我曾一度是"灵感"的忠实票友，也曾一度跃跃欲试，兴奋地坐在453路双层巴士上，一边凝视着过往的车流，一边彩排着属于自己的"独白剧"。"我藏着一个不可言传的、高于生活的欲望"（伍尔芙语），多好的一句开场白啊，可不知道为什么，往往直到散场，我却连半个字都吐不出来。

三

背井离乡是一件让人心碎的事。背井离乡的人，能不露声色搬入伦敦金斯顿或里士满的，是少数中的少数。奇妙的是，回去的人，也是少数中的少数。除非谁有幸在家乡获得了更好的机会，像牛津大学人类学者项飙参与的合著《回归原生国：亚洲的跨国流动性》（*Return: Nationalizing Transnational Mobility in Asia*）里的国际移民那样，及时为稻粱谋，向水草茂盛的地方前进。在路易逊混了一段时间之后，我总算混熟了几个朋友，他们无一例外，全是移民。

曼伽是一位英籍印裔独立电影导演。我刚认识她的时候，她正在为一家社区机构工作，半职，专门寻访被人用毒品诱惑、流落街头的青少年，并为他们提供戒毒所、避难所、心理咨询之类的帮助，业余拍摄纪录片。当时我正巧也刚拍完一部纪录片，我的制片人曾在日本放送协会（NHK）工作，NHK在伦敦有个工作室，我就那样跟着到伦敦来了。我的作品反响不错，在位于路易逊的金史密斯学院还获得了放映机会，我因此认识了住在邻街的曼伽。

曼伽皮肤黝黑，浓眉大眼，轮廓粗犷，骂起人来连皮带骨，粗口连篇，令我十分敬仰。我们有时会一起去印度摊档找便宜的咖喱饭吃，有的店员显得十分手生，像是拿旅游签来的，貌似既未成年，也没有合法的工作许可证，笑起来无精打采，全无宝莱坞大片里印度人的活力。

曼伽告诉我，他们可能是黑工。黑工过得最苦了，曼伽叹道。我听了，有点触动，却也不以为然。后来我去唐人街打工，亲身接触了不少黑工，才发现他们确实很苦。不少从福建坐集装箱来的"未落档移民"（undocumented immigrants），黑了十年，还没有拿到身份，每天打十几个小时黑工，时薪不到3英镑。有个闽南话说得糍软的年轻女人，在一家中餐馆的地下室里切菠萝，皮肤白皙，动手能力也极强，还会用西方人的叉子和中国人夹油条的长筷做"不求人"，对付那几百万只肉眼不可见、藏在菠萝表皮细胞底下、被冷藏起来的痒痒虫。即便如此，她也要黑上个十年八年，才能从地下室里堂堂正正地走出来。

黑工们住在只有几张上下铺的板间房里，或者蜷缩在某个桥洞下的隐蔽处。我在唐人街资料中心做义工时，还遇见过一位女士，说话躬腰低眉，极有礼貌，穿着也相当得体，全副家当加起来，却只有一辆手推车，上面挂满了黑色塑料袋。唐人街有个叫"法兰西圣母院"（Notre Dame de France）的教堂，推门进去，里面播放着诸神的音乐，一片祥和宁静，长椅上却常年躺着零星的黑工和无家可归的人。那种做礼拜的长椅，窄如上帝的额头，天生有种苦行的意味，没有一定的信仰或技巧，别说躺着，就是坐着，都会冷不丁掉下来。

曼伽拍了很多青少年黑工的素材。有个少年，眼眶深不见底，眼白几乎完全消失，身上除了一套运动衣，一无所有。大半年前，他收到一家语言学校的录取通知书，交付了昂贵的学费和签证费，到达伦敦之后，这家学校却人间蒸发了。他自觉"无颜面对已为他耗尽一切的父母，以及家中一大堆嗷嗷待哺的弟妹"。白天，他在街上乞讨，拣垃圾吃，晚上便蜷缩在某家银行的屋檐底下。他自2009年就开始吸毒了，因为冬天的夜晚实在是太冷了。上瘾之后，他便成了廉价的贩毒工具。2010年，本地小毒贩一周的收入约450英镑。而这个少年因为是黑工，就算每天跑单，也赚不来三餐，毒瘾犯了，还得去偷去抢。他一面说，一面哭，我虽然听不懂印度英语，看着也很伤感。可好话坏话说了半天，他就是死也不肯回家。

还有来自叙利亚的难民贾迈勒（Jamal），在人均只有0.1平方米的人蛇船上，蜷至双脚近瘫，以致到达落霞满天的萨摩斯岛（Samos）时，只能像断腿的鳄鱼那样爬上沙滩。他被营救组织发现时，几乎已被晒干，全身挂满了海带和塑料垃圾。在很多人一致认为僧多粥少、低端人口须自动消失的时代，他竟然奇迹般地拿到了6个月的欧洲签证。随后一年，他把自己彻底黑掉，靠打各种黑工维持生活。如果英国的移民政策十五年保持不变的话，他将在十五年后，获得永久居留权——为了适应身份遗失带来的心理不适，他不得不在他那"一半是弹簧床一半是神龛"的陋室里，靠着真主的指引入眠。

像他们那样，不符合难民条件，无法申请庇护，只能黑在伦敦的人，仿如密林里的寒鸦，平日仿佛不见身影，枪声一响，就激起黑云一片。

"他们为什么不回去呢？"每当有人流露出类似的疑惑时，曼伽就会露出意味深长的冷笑。话说曼伽其实不算移民，而是移民工的后裔。"二战"后，英国伤亡惨重，满目疮痍，为了获取劳力，不得不向原英属殖民地（又称Commonwealth，英联邦）大面积招工，并向劳工及其家属许诺，只要肯干，便可获得英国永久居留权。当时很多年轻人，二话不说，翻出两套最好的衣服，带上梳子，拎着一个箱子就来了。他们中有的乘"帝国疾风号"（HMT Empire Windrush）轮船上岸，故而被统称为"'疾风号'移民"。

在伦敦博物馆，我戴上耳机，反复聆听萨姆·毕弗·金（Sam Beaver King）的声音。萨姆是来自牙买加的"'疾风号'移民"，他录制那段口述史时，也许已经上年纪了，他的声音在博物馆干燥的空气里伸展开来，像一张用来打磨银器而劳损过度的鹿皮。他说："1948年6月22日，一艘庞然大物停在了金斯敦海岸。她是来接英国皇家空军应征者的，顺便运走一批劳工。从金斯敦到伦敦的船票并不便宜，单程要28英镑，还是通铺，相当于牙买加当年5周的工薪，或3头牛的价钱……可我一心想让我的孩子们有朝一日能在英国接受教育，所以就上了船。那是牙买加史上第一艘携带五百人的通铺离开金斯敦的大船……"据牛津大学移民观察组织统计，像萨姆那样，在牙买加、印度、巴基斯坦、肯尼亚、南非等前英属殖民地出生，于1948到1971年抵达英国的"'疾风号'移民"约50万人。半个世纪以来，他们用汗水和泪水，一层层地渗入英国社会的精细纤维，在白人文化的边缘地带，小心翼翼地筑起自己的文化。路易逊的大街小巷，就遍布着他们的生活肌理。那是一种奇妙的肌理，绚丽、厚重而沉实，但也富含铁锈味，即使站在21世纪的和风里，仍旧能闻到一股来自17世纪的、白糖的甜腻和西印度种植园的血腥。

"'疾风号'移民"可以说是英国当代移民大军中，相当吃苦耐劳的一代，揽下了不少像修路、建房、环卫、公共交通、护理之类的体力活。他们的劳动也获得了回报，当年的工党政府欢迎他们，视他们为英国国民，他们和他们的子女们，享受着和英国国民同等的待遇，不但有全民医疗服务、国民退休金，还有从幼儿园到大学的免费教育。

然而这理所当然的回报，却遭到了白人中心主义的质疑。1964年英国大选，斯梅西克（Smethwick）选区挂出保守党竞选口号"如果你想和黑人做邻居，就选工党"（If you want a nigger for a neighbour, vote Labour），此言一出，竟大获全胜。英国的极右思潮，最早可以追溯到"二战"以前。20世纪30年代经济大萧条前后，一个叫"帝国法西斯联盟"（Imperial Fascist League）的组织就曾叱咤一时。徽章中心一枚卐字，外围一圈英国国旗，顶上是一只戴皇冠的雄狮。仇外、反犹、复兴雅利安，是他们的至高宗旨。"二战"后，英国"国民阵线党"（National Front）迫不及待地继承了这一宗旨。1973到1975年，受阿拉伯国家石油禁购的影响，西方经济撞上了冰山，大量工人失业，国民阵线党以"移民工抢饭碗"为由，公然向"有色人种"发起了挑战。路易逊作为"有色人种"的密集之地，难以避免地成了那场战争的见证地之一。

1977年8月13日下午2点，约500名国民阵线党的拥趸，挥舞着英国国旗，高喊"白人和白人的孩子第一位"的口号，浩浩荡荡，向市中心方向前进。当他们到达离我租住的"无敌街景阁楼"两街之隔的新十字路口时，反抗队伍出现了，举着"路易逊反种族主义联盟"的牌子，穿过骑马的警察，朝国民阵线党冲去。他们中除了部分"有色人种"以外，大多是穿喇叭牛仔裤、反越战、追随海盗电台、听约翰·列侬长大的英国白人左翼青年，即半个世纪以后，被中文自媒体攻击得体无完肤的"白左"先驱。

那是一场血花四溅的巷战，111人受伤，包括56名警察。最终，214人被捕。

即便如此，也几乎没有人收拾行李，打道回府。"'疾风号'移民"也好，黑工也好，不肯归国的原因，和去国的原因，大体一致。逃荒、逃难、逃婚、逃离宗教迫害，逃避原地踏步的生活……几十年来，这些初衷并无多大改变。尽管一些前英属殖民地国家，比如印度，已从多维贫困（multidimensional poverty）的泥沼中挣扎出来，变得稍微没有那么穷困了，但仍有近亿的人民，生活在极度贫困和政治动荡之中。不肯离开，就只能抗争了。因此，冷战前后的英国史，几乎也是一部针对种族歧视的抗争史。从著书立说到街头革命，从诗歌到音乐、到语言、到食物的谱系，从对抗到融合，又从融合到立异……经过了大半个世纪，英国的种族歧视现象，终于得到了巨大的改观，尤其"有色人种"占了人口近40%、所使用的语言多达300种的伦敦，俨然已是一个风情万种的世界主义之城。冷战时日常口语中司空见惯的"大黑鬼"（Nigger）、"苦力"（Coolie）、"巴基斯坦佬"（Paki）、"野人"（Savage）、"穿黑袍的穆斯林"（Batman）……今天全部成了禁用词。

伦敦还建起了不少"跨族裔青年才艺"小剧场，由社区活动俱乐部（Social Club）提供场地，组织者是一群义工，入场免费，场内有廉价酒水，两英镑就可以消费一个晚上。来演出的，大多是正在读高中的青少年。虽然没什么演出费，他们还是会冒着夜色，带着自己创作的戏剧、诗歌、喜剧小品、脱口秀，还有说唱团、杂耍、乐器……纷沓而来。我天生是那类小剧场的骨灰粉，经常握着一瓶汽水，坐在角落里，听某个像"珍宝"［电影《珍宝》（*Precious*）里的女主人公］那样肥壮勇猛的黑女孩，用尽肺叶里最后一丝氧气，朗诵她那些关于孤独的诗歌。或者一个比斯图尔特·李[1]小20岁的男孩，以老练的黑色幽默笔法，大骂政客、法西斯、恐怖分子

1　斯图尔特·李（Stewart Lee, 1968—），英国单口相声演员、作家、导演。

或资本家。让人惊艳的是，不时还有年过半百、一头鲍勃·马利式发辫的白人艺术家，穿着印花漆皮夹克，在台上扭动四肢，来几段雷鬼，为年轻人摇臂助兴。

为帮助黑人和少数族裔融入英国社会，法律也发挥了一些助推的作用，早在1965年，英国议会就通过了《种族事务法》（Race Relations Act），明文规定入学和就业等一切社会生活层面不得有种族歧视。2010年，英国高等法院还颁布了极右翼的英国国家党（BNP）废除"非白人不得入党"的条款。今天，歧视等同于政治丑闻，可以直接影响到一个议员的政途。作为一种严厉的"政治正确"，它甚至开始有了一点"走火入魔"的意味。在我用来学英语的喜剧片《小心说话》（*Mind Your Language*）里，那些让我笑得死去活来的片段，比如"印度人说话时转脖子"之类，一概成了种族歧视的经典反面教材。

尽管如此，结构性的歧视仍十分坚固。一个极右派政客的女人，偶尔放弃北欧冷淡风，改穿一条吉卜赛风格的裙子出席"窈窕淑女"之类的聚会，也许会被《时尚》（*Vogue*）杂志赞到杏脸生晕。但你若在《每日邮报》上发表一首吉卜赛礼赞（尽管《每日邮报》发表这种礼赞的概率为零），那些种族主义者一定会含沙射影，利口巧辞，把你骂到畏罪吞枪。这种针对吉卜赛（异族人）的古老敌意，直接加剧了2015年的欧洲难民危机，以及2016年的欧洲公投。在由白人中心主义者撰写的世界史中，非法闯入他国的欧洲殖民者，常被冠以"开拓者"的美称。在16世纪初到19世纪初长达300年的大西洋奴隶贸易中，那些大肆在加勒比海域贩奴的奴隶主们，就曾一度被美称为"西印度群岛拓殖人"。秉承这个传统，直到今天，到第三世界国家谋求发展的西方白人，仍被美称为"海外游子"（Expatriate），而同样背井离乡，那些低技术、无背景的第三世界族裔和东欧打工者，却只能是"移民工"。

四

当然，移民工的生活也并非全是泪。来自马来西亚的玉林，做了22年的保姆、清洁工、月嫂和看护（没有正式公司作保，伦敦华人圈子里熟人私下推荐的那种）。"零合约"，现金支付，一月休两天，没有雇员退休金。最好的时候，她曾经一周挣300镑。有时轻松，有时这薪水却来之不易 —— 某位男雇主80多岁了，躺在床上一边等死，一边看黄片，还动辄想在她身上摸一把。从工签到入籍，经年累月，她咬牙挺了过去，绿卡一到，便把女儿接了过来。现在她的女儿32岁，说一口流利英语，在伦敦的白领阶层里打拼。她却老了，手像簧片一样老是发抖，幸好有全民医疗服务。医生说不是帕金森，但也查不出其他病因。没有雇主愿意雇佣一双颤抖的手，所以每隔几个月，她就会失业几个月。政府分给她一套一居室的廉租房，每周租金50英镑，每月还要上缴80多镑的住房管理税，此外，她得等到退休年龄，才能领到国民退休金。尽管如此，她已经很感激了。2019年夏天，我去她家做客，她不但请我参观了厨房，又打开卧室和洗手间的门，从墙壁到地板，仔细地为我导览了一遍。

还有来自印度的贾伊（Jai），三十出头的样子，长得老实巴交，全身上下带着一股"拖延症是世上最美绝症"的气息，不知是通过什么方式获得居留权的。他每天开着一辆小面包车，到处兜转，修个热水器什么的，时薪30英镑。我的热水器，被他又装又拆又装，小小的厨房，到处都是不知名的碎片，就像达达主义刚刚完成了一场对现代主义的入侵，结果花了近100镑，还是没能把热水器救活过来。想起我的"北上广"时代，也曾结交过几位像贾伊那样的朋友，蜗居在城中村里，脚踏三轮车上竖块"铺地砖批灰"之类的牌子，手艺普遍不够上乘，而且经常干到一半，就连人带车轱辘一起蒸发了。可又有什么办法呢？我不也一样吗？在海洋板块上那些漂浮的丛林里，鲁莽而冒险地苟活着。

相比之下，曼伽一家则幸运多了，早早就在伦敦郊区买了房子（三十年前，在伦敦买套普通房子，只要几万英镑，远远没有今天那么高不可攀）。而曼伽就更幸运了，作为民主社会主义黄金时代的花朵，从幼儿园一路免费读到大学（虽然学前班前有几年回了印度），又拿下社工的硕士学位，为不少青少年黑工提供帮助之后，还获得了一份收入不错的长期合约。

这些故事，被打蜡抛光，再口耳相传，回到印度之后，便成了传奇。很多年轻人就是听这些传奇长大的，尤其是女孩。到英国去——对她们来说，意味着真正的摩登生活的开始，不仅不用穿纱丽，甚至还可以逃过一场包办婚姻。而在印度长大，意味着什么呢？新德里大街上，那些跟在牛群后方，向西方游客兜售身体的"神妓"（Prostitutes of God）？那本获普利策新闻奖的《美好时代的背后：孟买地下城的生活、死亡与希望》（*Behind the Beautiful Forevers: Life, Death, and Hope in a Mumbai Undercity*）里的贫民窟拾荒女皇？又或者，满怀希冀的法学院女大学生？——随着女性主义在印度的渗透，今天，已有27.2%的女性进入印度的劳工市场，印度议会中有14.5%的议员是女性。

一切皆有可能，不是吗？或许只是时间问题。艾米丽·狄金森说："希望是一种长着羽毛的东西。"

五

夏天来了，阳光像枫糖似的洒在泰晤士河上。一早醒来，我便翻箱倒柜，试图找到一套有王尔德风范的衣服：它必须是白衬衫，蝴蝶领结，绲边绒缎西装，齐膝马裤，紧身丝袜，帆船鞋，再配上一件西伯利亚"流放风"的翻毛领大衣。

类似的行头，我本来也是有的，虽然看起来有点山寨。可惜来英国之前，头脑完全被冰天雪地占据，行李箱里的衣服几乎都是北大荒风格，不仅愧对王尔德的教诲"一条精扎的领带即是严肃生活的第一步"（a well-tied tie is the first serious step in life），也愧对伦敦那鲜衣怒马的市容。电台广播开始传出时远时近的锣鼓声，而我仍沮丧地坐在一沓保暖裤上，脚趾间夹着一只形影相吊的彩色袜子，另一只袜子正在玩失踪。临近正午，气温竟突然升至28度，我只好放弃"王尔德"，随便挑了一件绿色背心，踢着一双人字拖鞋，跳上了心爱的453路。到金史密斯学院附近时，便陆续有天仙般的青年学生走上车来，个个都打扮得惊为天人，假乳和睫毛上蘸满了亮片，仿佛要去参加"最炫变装皇后"的竞选，相比之下，我那身衣服，简直令人后悔终身。

过了泰晤士河，巴士就走不动了，车窗外人山人海，感觉连动物园里的孔雀和狮子都出笼了。平日伦敦城给我的印象，多是埃舍尔铜版画里的那种，层层叠叠，鬼影幢幢，建筑空间气场之强大，以至于经常令人产生空城的幻觉。而那天却相反，眼球所摄之处全是人，各种肤色、盛装出行的人：骑在大人肩膀上、啃着奶嘴的幼儿，把自己化装成毛虫、准备化蝶的少女，披着头巾、佩戴彩虹手镯的穆斯林女人，T恤上印着"彩虹普京"的俄罗斯人……据当天《卫报》的实况报道，伦敦市中心的人流一早就已过百万。

那一天是2010年的伦敦"骄傲节"，全世界最盛大的"骄傲节"之一。曼伽在手机里对我嚷道，你一定要来，不为你自己，也要为我来！原来，除了拍摄独立电影之外，曼伽本人也是一位活跃的拉拉。游街表演从贝克大街开始，经牛津和摄政大街，一直到主秀场特拉法加广场。约好和曼伽在广场碰头的我，因为来晚了，根本连边角也挤不进去（传言有人为了和10米外的哥们儿相认，不得不英勇地游过广场中心的喷水池）。眼看表演队伍就要抵达广场了，我还像蚯蚓似的在人泥里打转，急得满头大汗，幸好手持扇子的人到处都是，而且还非常妖冶，我便索性先不去碰头了，站在脂粉的香海里，像所有人一样，踮起了脚尖。碧空里升起一座金云筑的殿堂，仿佛等待着我们的，不只是一场狂欢，而是一个即将涅槃的梵蒂冈。

那一年的主题是"回归1970"。英国所有LGBTQ+的协会和组织都出动了，许多地处伦敦的中学、大学、医院、跨国公司、警署和消防队也纷纷上阵……每个表演队伍都把"全伦敦我最酷"刻在了额头上，服装造型几乎采纳了时尚史上所有癫狂元素，间或配合"1970年"的主题，加入了松糕鞋、超短裙、嬉皮眼镜或夏娃的花冠。DJ们在花车上疯狂打碟，"鸟人们"漫天飞舞，胸口上印着"自由"（Freedom）的美男子，迈着"撩人到死不算罪"的舞步，一直跳到黄线跟前。还有穿着旱冰鞋，花样溜过斑马线的"斑马人"，以及各种变装，雌雄莫测的性别流动体（Gender Fluidity）……我平生第一次参加"骄傲节"，从未见过此类阵仗，当看到戴着白手套的"红衣主教"像国家元首那样，徐徐经过特拉法加广场大街时，激动得简直要把霍雷肖·纳尔逊[1]的手也举了起来。最后一个被我摄入的画面，是一位从头到脚用英国国旗装点的妙曼伊人，不单头戴国旗编织的"皇冠"，连嘴唇也是国旗色的——这个画面，在我的头脑中定格了将近十年。

回想起来，那年的"骄傲节"带给我的最大震撼，并非只是"眼花缭乱"，还有人类精神中某种令人瞩目的"不屈不挠"。三十年前，伦敦的"同志自由前线"（Gay Liberation Front）才刚刚组建；1972年，他们在伦敦市中心和平示威时，还被警察百般阻拦。根据当年的法律，在公共场合耳鬓厮磨被抓到的倒霉蛋，还得坐上两年牢狱。然而仅仅三十年，伦敦城还是三百年前的老样子，英国当代性别权益的推进运动却已日趋成型。2013年7月，英国议会还正式通过了同性婚姻法案。对那些历经磨难，从尼日利亚、乌干达、俄罗斯等地逃往英国并获得难民庇护的同性恋者，这份法案就是他们通往伊甸园的福音。不屈不挠，是伦敦给我的见面礼，就像路易逊给我的见面礼是那种叫"普兰霆"的非洲巨型香蕉一样。

1　霍雷肖·纳尔逊（Horatio Nelson，1758—1805），英国18世纪末19世纪初的海军指挥官，伦敦特拉法加广场上有一座他的塑像。

II 寻找同温层

老工党的逆袭和左派的困境

一

　　我穿上一条在慈善店淘的二手牛仔裤，去剑桥市的"波特兰武装酒吧"观看英国后朋乐队"The Pop Group"的演出。那是2017年早春的某个黄昏，迟迟不肯离去的冬天，像一个阴郁的巨人，在漆黑的云端，反复打磨着一把冰刀。粉丝们早已聚集在酒吧后院的天井里，重逢，叙旧，喝掺着冰碴的酒。他们中有不少人生于60年代，像The Pop Group的主唱马克·斯图尔特（Mark Stewart）一样，年过半百，看起来却和当年的愤青没什么两样，发型仍是鲍勃·马利（Bob Marley）式的，脖根上露出半截墨迹模糊的刺青；有的稍微含蓄一些，铅笔裤，浅色圆领，衬着一副霍克尼（David Hockney）蚀刻版画中常见的愁容。

演出以马克·斯图尔特喉咙深处迸出的一道爆破声开场，仿佛已凝固住的冷空气顿时被驱散。所有人都不顾一切地把自己砸入各种高分贝的声音裂片里，舞台上下融成一片肢体的火海，每一条挥向空中的手臂，仿佛都是一截上蹿的火苗。至于到底是什么在燃烧，你必须直面马克·斯图尔特的目光，才能弄清那大火的秘密。

马克·斯图尔特生于1960年的布里斯托尔，上过当地最好的私立学校，成年后却成了西方反资本主义朋克阵营里最刺眼的钉子之一。在他的成名作《我们都是妓女》（"We Are All Prostitutes"）中，他用噩梦般的嗓音咆哮道："资本主义是最野蛮的宗教，货仓是新砌的大教堂，汽车是它的殉道狂。我们的孩子必须起来反对我们，因为我们是始作俑者。他们将我们重新命名为'伪善的一代'！"——那天晚上在波特兰武装酒吧，57岁的马克·斯图尔特又唱起了这首曾用撒切尔作封面的老歌。今天，除了撒切尔被PS成了特蕾莎（Theresa May）以外，整首作品并没有太大变化，一如既往的尖锐、决绝、不可撤销。然而57岁的马克·斯图尔特却明显地老了，他膀大腰圆，失去了英伦摇滚歌手的少年体态，套着一双旧皮鞋，披着一条老年人晨运时用的白毛巾，汗珠为他那精疲力竭的宽脸庞挂上层层叠叠的水帘。他的粉丝们也老了，那些发根渐白的五六十年代人，身体恍如狱警，气喘吁吁，在一簇簇隐形的火焰里，四下追捕着出逃的灵魂。

第一次听 The Pop Group 时我才20多岁，住在中山大学后门的城中村，听的是被当成塑料垃圾进口的打口碟。那是一个麦当劳和耐克鞋引领进步的时代，把一张"白猴子"（从"外国人租赁公司"请的西方演员）的脸贴在某二线城市的售楼广告上就等于和国际接上了轨。不少和我同龄的人，一心只想"赶英超美"，恨不得大清早刚登上绿皮火车，下午就抵达高铁时代。在那样一种心照不宣的"媚外"气氛里，每天无所事事地听着塑料垃圾的我，虽然知道这些西方的后朋乐队在痛斥资本主义，也不时从身边的狗血事件里看到它的隐患，却不知道为什么它会被骂得那么狠。不是说只要熬过血腥的资本原始积累，一切就会好起来吗？

真正意识到资本主义的可怕之处，是在移居英国以后，在资本主义的发源地之一，大不列颠。在这里，资本家们早已完成了原始积累，还在全球范围内树起了新自由主义的丰碑，而现实却用它的斧头给人类凿开了一个新的困境：就增长速度而言，英国中等收入水平开始落后于经济增长，2017年的中等收入跌至2007年的水平，用英国历史学家克雷格·莫瑞（Craig Murray）的话说，"简直可以与1814到1824年之间的降幅相提并论"。与此同时，物价却直线飙升。且不说让90后屌丝绝望的房价，单说温饱水平：自2007年以来，牛肉价格涨了51%，猪肉涨了52%，家禽涨了28%，鱼类涨了41%，燃料费涨了45%（2007年，普通家庭一年的燃料账单是841英镑，2013年飙到了1217英镑），就连最基本的黄油价格也涨了67%。[1]

当这些数字被投映在惶惶不安的心理幕墙上时，便不再是抽象的数字，而变成了某种希区柯克式的悬念。你明明看到有人在桌底下放了一颗定时炸弹，可你却不知道它会在何时被引爆。有时和七年未涨工资的先生推着购物车买菜，看到精心烘培的手工面包或有机食品，我的耳边就会条件反射地冒出甘地的声音："对于世上那些饥饿的人来说，上帝是不存在的，除非他以面包的面目出现。"从文化背景上看，我俩算是中产阶级，却只消费得起 big food（工业化食品），听起来虽不像"世上那些饥饿的人"一样困顿，却也让人徒然伤感——这是一种多么卑微的经济状态。

比工资降幅更可怕的，是一股卷土重来、几乎席卷全球的右翼风暴。在美国，特朗普利用爱国主义和保守主义复兴着特权阶级的价值观，弗吉尼亚州的极右组织重举纳粹旗帜，行走在光天化日之下；在法国，仇视移

1　Caroline Davies, "Food prices 12% higher on average in real terms than in 2007", *The Guardian*, 11 December 2014.

民的大军加入了法国国民阵线党，竟然还获得了33.9%的支持率；在波兰，法律与公正党（PiS）主导的右翼政府通过了反堕胎法，女性只有身体严重残疾或在分娩中面临生命危险时才允许堕胎；在土耳其，新的"宗教"领袖埃尔多安（Recep Tayyip Erdoğan）正在把女性逼向一个《使女的故事》的世界，宣称不生育的女性是一种"残缺"；在德国，仅2016年一年，极右团体就发动了3500起针对难民的袭击，而一向持"自由主义"立场的默克尔，竟然反对同性恋婚姻草案；在俄罗斯，反世界主义、反普世主义、反女权主义、反同性恋平权运动和反伊斯兰教的普京则成了欧洲极右派的新偶像……

这是21世纪，我们总是想当然地以为世界会越变越好，日子会一天比一天惬意，过了愤青的年龄和钟点，就可以悠闲地坐在沙发上听便利之王（Kings of Convenience），或者《昆虫世界》里用来烘托螳螂交配的轻音乐，然而历史却在重复它自身最诡异和最阴暗的部分。难道一切真如艾柯（Umberto Eco）所言，"所有的事情都是重复性的，在一个圆圈中。历史是个幽灵，因为它告诉我们它并不存在"？[1]

1　Umberto Eco, *Foucault's Pendulum*, Mariner Books, 2007.

二

佛说，你会被内心的怒惩罚。愤怒显然是没有用的，于是和我的英国朋友们一样，我也一早把目光投向了选票。和六合彩不同，选票赌的不是运气，而是信念和理性。

也许真是兽困则噬，正当右翼势力试图用它那把巨大的黑伞罩住大不列颠时，英国社会突然冒出了一股强大的阻力。它就是科尔宾（Jeremy Corbyn）领导下的工党。保守党右翼政府对其态度从嗤之以鼻发展到恨之入骨，将其成员定义为"异想天开的社会主义分子""一群极端危险的激进左派"，卡梅伦甚至放言："科尔宾及其拥趸是国家安全的威胁。"——这简直为我的好奇心上了发条，保守党越将他们视如寇仇，我就越想看他们手中的法器。

我决定打入工党内部。把自己说得像个卧底，其实那里并没有暗门。门是早就设置好的，就像保加利亚艺术家克里斯托（Christo Vladimirov Javacheff）和摩洛哥艺术家珍妮-克劳德（Jeanne-Claude）在树林里设置的重重假门一样。

2016年初春的一个傍晚，我穿上我的"礼拜日盛装"，走进了一间乡村社交俱乐部。

说是俱乐部，却长得像一座旧仓库。内里一分为二，挂着平板大电视的那一半作酒吧，没挂平板大电视、看上去像20世纪80年代沈阳铁西区工厂小饭堂的那部分，则用来给退休老头老太玩宾果游戏（Bingo），据说有时也腾给村里的摇滚歌星跳迪斯科，或租给某减肥协会玩呼啦圈、做普拉提。酒吧总是被一群和桌腿有仇的黄毛小伙占据。几位被农业工业化浪潮遗弃的老农，喝着闷酒围坐一旁，脚边蹲着几条忠心耿耿的牧羊犬，一动不动地注视着偶尔冒出几只羊羔的电视荧屏。

自从搬到英格兰东安格利亚的哈德纳姆村以来，我还是第一次走进这家俱乐部，更让人不安的是，似乎只有我一个人穿着礼拜日盛装。七八位工党成员就围坐在这样一种奇葩的氛围里，讨论着国家大事。

会议时间、地点和议题公布在每月一期的《村民之声》（The Village Voice，村民印的便民月刊）上，夹在"通厕""割草"这类的广告之间，每个居民都可以参加。尽管如此，我的到来还是在这些工党成员的脸上激起了一点小涟漪。哈德纳姆村是英格兰东安格利亚有名的"ABC"（Anything but conservative：除了保守党，一切死光光）地区，政治地图为蓝色（保守党的颜色），"白左"尚且十分罕见，更别说"历来歧视白左的华人"。

"各位好，我是一名在中国长大的自由记者。我对英国的民生很感兴趣，因为这里是我和我英国爱人的家园，很可能也是我们后半生的栖身之地，所以我希望能对身边的事情有一个基本的了解，请各位多多指教。"

我的"自我介绍"似乎立刻得到了在场所有人的认

可，在某种无须费力经营的友善里，我的紧张很快得到了缓解。不出半年，我就和他们打成了一片。

老实说，这些工党成员完全没有右派媒体描绘得那么"左"，不管是表面上还是骨子里——他们既不穿列宁装也不互称"同志"，在政治光谱上，也顶多就是科尔宾自称的"自由意志社会主义[1]者"。他们态度温和，谈吐风趣。他们中有神父、政治学博士、心理学教授、跨国公司软件工程师、杂志编辑、艺术家、火险评估员、村自然小组组长、退休珠宝商等等，平均年龄50岁左右，包括一位21岁、涂着黑色指甲油、文着七彩刺青的拉拉，以及一位跳起探戈就忘了前世今生的跨性别者。

初次见面，让我印象最深刻的是吉姆·马林（Jim Mullin），我一坐下，他就举着啤酒，用浓重的苏格兰口音向我问好。那会儿我刚从剑桥搬到这个十几英里外的乡村，除了几只野鸭野狐，还没交上什么朋友。他那苏格兰式的热情简直让我如在爱丁堡。

我知道他是当地浸礼会教堂的牧师，却没想到他也是一名工党成员，也许还是哈德纳姆村工党中党龄最长的成员之一。英国有不少摇摆选民（swing voters），今天奔这个党，明天奔那个党，全凭"菜单（政策）"下注。像他那样几十年来一直没离开过工党的人据说凤毛麟角。

---

1 自由意志社会主义（libertarian socialist），是社会主义运动内的一系列反独裁政治学说，反对中央集权的国有理念和计划经济。——编者注

于是他的忠诚对我来说，成了个谜。

三

吉姆·马林牧师长着一颗南瓜般的大圆脑袋，只有在做礼拜时才套上假领和黑袍，平时穿得像一个卡车司机。由于过于平易近人，总有人深更半夜给他打电话诉苦，以前是精神病患者，现在多半是失业者。村里有一个食物银行，设在教堂里，吉姆·马林经常在里面当义工。不久之后，在他的感召下，我也加入了食物银行。

我们四处收集食品，然后把它们（多半是保质期内的黄豆罐头和意粉）送到有需要的人手里。来求助的不是非洲难民，而是抬头不见低头见的邻居。哈德纳姆村的人口不到3500人，却有85个家庭需要救济。他们中大多数人根本不愿到村里的发放点领取食物，而是长途跋涉到其他发放点，到谁也不认识他们的地方。

和我在吴哥窟撞见的破衣烂衫、追着游客讨美元的乞丐截然不同，食物银行的客人们大多穿着得体，极有礼貌，有的还开着车。他们的失业救济金以各种苛刻的理由被切断（sanction），在空荡荡的冰箱旁彻夜煎熬，让饥饿和尊严搏斗，实在熬不住，才鼓起三分勇气走进来 —— 这是一种我从未见过的、更为寒凉的、发达国家失业阶层的贫穷。

很多时候工作结束了，我那脑海里的回放机却不肯停歇：有时是一位无钱租房、住在小轿车里的女人，梳着齐整的波浪卷，抱着一条叫"香奈儿"的狗；有时是一个5岁的小女孩，牵着妈妈的手走进来，小裙子是手织的，束腰喇叭花型，用了上好的混纺羊毛线。她就穿着这么漂亮的裙子，踮着脚尖，怯怯地看着盛放食物的篮子。

目前，英国有五分之一的人口在欧盟裁定的贫困线下挣扎。我所在的伊利食物银行，单2017年，就为2428名客人发放了45吨食物。2011年1月到11月，英国因救济金被切断而去世的有10 600人[1]。波兰社会学家、哲学家鲍曼（Zygmunt Bauman）在其著作《工作、消费主义和新穷人》一书里描绘的那种"无法从事生产、也无力参与消费的新穷人"，像一个庞大的船骸，正在浮出英吉利海面。保守党却丝毫不为所动，继续实施公共开支紧缩政策（Austerity），2012年6月到2013年6月，860 000人的救济金被停。

保守党希望慈善机构多多行善，然而单靠慈善机构能解决如此大规模的贫困问题吗？为了更清晰地看待这个问题，哈德纳姆村工党邀请当地食物银行的负责人克里斯蒂娜·巴特斯比（Christine Battersby）来社交俱乐部做了一次报告。

1　Jon Stone, "The DWP won't tell anyone how many people have died after having their benefits stopped", *The Independent*, 22 June 2015.

20世纪以前，英国穷人的唯一出路是"富人的施舍"。1861年，英国拥有640家慈善机构，它们大部分由中上阶级女性打理，她们或是在"贫民窟猎奇之旅"（Slum Tourism）中被贫穷的丑相吓倒，或是出于基督徒的使命感，或是害怕穷人队伍的壮大对上流社会造成威胁，纷纷投入了当时对上流社会女性来说颇为时髦的"慈善事业"。

19世纪的英国，超过四分之一的人口处于赤贫状态。《伦敦劳工和穷人》（*London Labour and the London Poor*）一书的作者，当时的英国记者亨利·梅休（Henry Mayhew）在1849年的一篇报告中写道："行走在伦敦贫民区的巷子里，你可以看到一条通往污水池的露天小沟渠。沟渠里的水随雨季潮涨潮落，颜色和最浓的绿茶无异；其质感与其说像污水，不如说像被稀释的淤泥。而这就是贫民们的日常饮用水。"

尽管如此，并不是每个穷人都能得到救济，倘若不能顺利通过慈善家们的道德审判，磕破了头也于事无补。英国剧作家普里斯特利（J. B. Priestley）就曾抨击过当时慈善界的伪善，在他的剧本《玻璃侦探》（*An Inspector Calls*）里，未婚怀孕、走投无路的女工黛西·伦顿（Daisy Renton）被慈善机构以"撒谎""堕落"为由拒之门外，最后只好自杀身亡。这种对穷人的道德审判一直延续到奥威尔的《巴黎伦敦落魂记》，直至今天仍十分盛行。

19世纪的美国经济学家亨利·乔治（Henry George）把这种现象称为"贫穷之罪"（The Crime of Poverty）："我们鄙视贫穷，因贫穷来自穷人的过错和懒惰，听上去道理充沛。无功不受，多劳多得——假如世界按这个规则创建，我们便没有任何理由流露同情，然而现实恰恰与这个自然规律相反……最卖力的劳工，往往是最底层的穷人。"

"慈善绝不是解决之道。"克里斯蒂娜·巴特斯比总结道，"以前不是，现在更不是。"她说得没错，谁愿意回到19世纪，活在朱门的仁慈里？

"所以我们必须捍卫福利社会，"吉姆·马林闻言又激动起来，"20世纪90年代中期到21世纪初，新工党[1]对工党造成了巨大的损害。今天的工党应该响应科尔宾的倡议，言行一致，回到老工党那里去。"

在村工党成员对英国历史片段性的回顾里，我逐渐对"老工党"有了一个大致的了解。

19世纪，工人阶级占据了英国人口的80%，强大的工人队伍及其工会，要在议会上获得话语权，以期和心硬如铁的资本家抗衡，于是代表工人和低收入阶级的工党诞生了。从1900年到"二战"前后，英国工党用了近半个世纪的时间，在原本只有权贵和大资本家裂土分茅

1　新工党，指中间偏右、往撒切尔主义和新自由主义靠拢、以托尼·布莱尔为首的工党。

的政治舞台上获得了一席之地。1945年，工党创建了英国史无前例的福利社会，推行普世主义和凯恩斯干预式经济制度。1944年，它针对15岁以下的青少年和儿童，颁布了《义务教育法》（Education Act）；1945年，它通过了保障失业者或残疾人的《家庭福利法》（The Family Allowances Act）；1948年7月5日，矿工家庭出身的工党卫生部部长安奈林·贝文（Aneurin Bevan）宣布了全民医疗服务的诞生，从此再没有英国穷人因看不起病而饮恨九泉；20世纪50年代初，工党还将钢铁、燃气、煤矿、电力、通讯和铁路等基础工业国有化，大大降低了失业率。

为改进低收入人士的住宅状况，工党修建了不计其数的政府廉租房。1979年以前，42%的英国居民居住在政府廉租房里。

年过半百的帕特·弗里曼（Pat Freeman）向《卫报》记者回忆她在未搬入政府廉租房之前，在私人出租屋里生活的情景："我们只有两间房，五个人挤在一起。客厅即卧房，上厕所得跑到户外。没有洗澡间，在厨房里用水壶烧水，倒入一个锡制浴缸里，全家人轮流坐进去洗……"

20世纪60年代，帕特·弗里曼搬入了伦敦市中心一栋靠近老街（Old Street）地铁站的政府廉租房。很长时间内，她都不太敢相信那栋"带花园和浴室的、崭新的欧式建筑"是她新童年的开始。

吉姆·马林与帕特·弗里曼是同代人，享受过斯大林和毛时代人都未曾享受过的"民主社会主义"，居住在像样的政府廉租房，读书是免费的（小学时，每人每天还能分得一杯牛奶和一勺鱼肝油，后被撒切尔政府取缔了），言论自由得到了捍卫，看病也不用带上银行卡……工人阶级出身却拿到了物理学博士学位的吉姆·马林，自然把这一切归功于"老工党"。即使在制造业频频向第三国家转移，工会逐渐没落，布莱尔竭力让工党朝右翼和权贵以及金融业靠拢的20世纪90年代，很多人都走了，他却硬着头皮留了下来。他相信工党会重返江湖，他相信科尔宾被选为党魁就是"工党良心再现"的征兆。

四

如果说The Pop Group是西方朋克阵营里的反资本主义政治明星，那么科尔宾就是英国政坛的反资本主义明星。

20世纪80年代，当卡梅伦穿着黑色晨礼服和他的布灵顿俱乐部同僚在牛津大学刷存在感时，科尔宾正在南非使馆门口反种族隔离，声援曼德拉。这不是他第一次反抗暴政，他的"反骨"履历厚达三尺：他是英国LGBT平权运动的先驱，先后28次反对保守党对同性恋的制裁；他反对撒切尔政府包庇智利暴君皮诺切特

（Augusto Pinochet）；20世纪70和80年代，他反对英国和西方政府向伊拉克销售武器，他亦是萨达姆对伊拉克库尔德人大屠杀的坚决控诉者；20世纪80年代，为争取北爱和平，他和工党内阁大臣托尼·本恩（Tony Benn）一起，与北爱政要、当时的恐怖主义组织新芬党（Sinn Fein）展开谈判；"9·11"之后他开始反对西方政府对阿富汗的入侵，一直到2014年英国从阿富汗撤军为止；他不单反对其对手保守党，同时在工党里也是异端，先后617次牧野倒戈，反对布莱尔，反对伊拉克战争，反对新工党颁布大学缴费制（英国大学学费在"新工党"执政期间翻了3倍，后被保守党和自由民主党联合政府又追加3倍，造成了平民学生平均负债53 000英镑的现状）……他最出名的反抗包括反对紧缩，反对铁路、医疗和基础设施私有化，反富人偷税，反核武器。

科尔宾认为贫富的剧烈分化是当今资本主义社会最严峻的问题，要解决这个问题就必须跳出资本建制的樊笼。他还经常引用雪莱的诗句："起来，像睡醒的狮子，你们不计其数，不可征服。立刻脱掉你们的锁链吧，像抖掉沉睡中追降的寒露。你们是大多数，他们只是那几个！"

他多年的言行一致，吸引了一大波像吉姆·马林那样对"老工党"念念不忘的铁粉。2015年9月，他以60%的得票率被选为党魁。不出两年，他和他的追随者提出的那些停止紧缩政策、减免大学学费、增加富人税、发展工人联盟（workers' co-op）模式，开发以环保和再生能源为核心的实体产业等极具野心又迷人的主张，便言简意赅地印在了工党的宣言上。不单吸引了大批被天价学费拒于大学城外的青年学生，也吸引了全球129位经济学家[1]，以及像乔姆斯基、齐泽克那样的左派公知。

不少英国青年把科尔宾的头像印在T恤和袜子上，或做成像章戴在胸前。他们还将白色条纹乐队（The White Stripes）的流行曲《七国军队》（"Seven Nation Army"）改成了"Oh, Jeremy！"。科尔宾所到之处，演唱会也好，大学讲堂也好，往往全场爆满，粉丝们不得不爬到瓦顶和树桠上听他演讲。工党内部的青年为了声援他，还专门组建了一个叫"动力"（Momentum）的团体，一位负责人对我说，"动力"目前已经壮大到近3万人，其中还有十几位华人青年。

当然，科尔宾的获选，也为他招来党内党外敌人无数。保守党恨他，工党中主张向右看齐的布莱尔派，更对他恨得咬牙切齿，除了《独立报》和少数几家左翼媒体，几乎所有的主流媒体都在变着花样唱衰他。讽刺的是，工党队伍却在他上台以后史无前例地壮大起来，英国左派思潮也突然呈现出某种澎湃的逆袭之势。被誉为"今日奥威尔"的工党成员、英国左派作家欧文·琼斯

1　具体支持名单见《卫报》，2017年6月4日。

（Owen Jones），以及工党第一位黑人女议员戴安娜·阿博特（Diane Abbott）、喜剧明星罗素·布兰德（Russell Brand）等几十位左派公知纷纷加入进来，他们的自媒体点击量动辄超过10万。左派民间自媒体空前繁盛，从"金丝雀"（The Canary）到"我们支持杰里米"（We support Jeremy Corbyn），到播客诺瓦拉（Novara），到DiEM25（Democracy in Europe Movement 2025），到《双管齐下》（Double Down News）等等，不一而足。

这些左派自媒体的风格和政治光谱各有偏差，呼声却基本是一致的，他们认同科尔宾的理念，呼吁保守党停止紧缩政策，尤其是针对医疗、教育、公共维护、失业救济金和残疾人生活费的紧缩。

五

反对之声节节升高，保守党却丝毫不为所动，还搬出马尔萨斯（Thomas Malthus）的人口控制论，声称在移民为患、税收不济的年代，僧多粥少，资源有限，每投入一分钱福利，就等于增加一分钱债务。[1]

英国确实债台高筑。2015年第一季度，英国政府就负债16.63万亿，占GDP的88.2%，此外还有各种陈年旧

---

1 参见诺奖经济学家保罗·克鲁格曼和英国保守党的电视辩论，*Newsnight*，BBC，2014年8月27日。

债。没钱的时候，难道不该勒紧裤带吗？

科尔宾的工党却给出了一个相反的解释。

伊恩·扬（Ian Young）是哈德纳姆村工党成员，拥有伦敦城市大学国际关系学硕士学位，现在《政治家园》（*Politics Home*）杂志从事编辑工作，亦是英格兰东安格利亚地区工党留欧阵营的领袖之一。

"要弄清紧缩的问题，你必须了解债务的起源。"扬旋即在手机上给我找出了一条伊恩·萨维尔（Ian Saville）的笑话。萨维尔是英国当代脱口秀大师，他曾表演过一个生钱魔术的段子（Free Money Magic Show）：

萨维尔从口袋里掏出6张钞票，他说："想象一下，这6张钞票归英国各大私家银行所有，每一张代表着整个英国的年度国民生产总值，其中的3张钞票被借走了以后，还剩多少张？6减3等于3？错！还剩6张。天啊，它们是怎么做到的？原来无论它们借出去多少钱，英国央行（The Bank of England）会默许它们自动原数补上。所以它们借出去3张，央行却允许它们维系原有的6张，再追加借款利息，它们表面是借，实际上却赚了！这就叫作量化宽松货币政策（Quantitative Easing）。"

"我们再假设，私家银行手里揣着6张钞票，它们想拿出3张来赌点什么，比如现金兑换股市及其衍生金融产业之类，于是它们拿着3张钞票走进了金融赌场，尽管它们聘请的数学家们为它们算出了一个万无一失的赢局，它们却把3张钞票赌得分文不剩。猜猜它们还剩几张？6减3等于3,3张？又错！它们还剩6张！天啊，它们是怎么做到的？哦，原来办法和之前一样……"

这则"脱口秀"彻底颠覆了我此前那幼儿园大班水平的金钱观。一直以为私家银行是一只小猪罐，我存进去100元，你存进去100元，它就拥有了200元。某集团要在太空建养猪场，需要将200元全部借走，于是小猪罐就被清空了。

原来事实却是，银行的存款生意和贷款生意之间并无太大干系。私家银行只要按政府规定的现金储备比率（cash reserve ratio）向央行缴存一定的储备金，就可以合法贷款了。换句话说，私家银行只要从它那塞着200元存款的小猪罐里，拿出20元给央行作储备金（若储备比率为10%的话），就可以合法地经营放债生意了——这就是当今流行的"部分储备金制度"（Fractional Reserve Banking），它的存在前提是"假设所有往银行里存钱的人不会在同一时间要求取回所有的存款"。

其实，只要有人不断地向私家银行贷款还款，小猪罐就不会被清空，"放债"因此成了私家银行的生财之道。《德国之声》纪录片《富人怎么变得更富有：世界经济中的金钱》（How the Rich Get Richer: Money in the World Economy）用3D动画模拟了银行放债生财的过程：你向某私家银行借10 000元，为了证明你有还贷能力，国家政策规定私家银行要将一笔保证金（deposit，也叫押金）交由央行保管，如果押金是总借款的1%，那么在这笔10 000元的交易里，它就是100元。央行收到这100元之后，私家银行就可以名正言顺地"放债"了。

接下来你的账户便会跳出"恭喜你，你有10 000元入账"的字样，这不是真钞实银，只是一串数字，故而又被称为电子货币（electronic money），上文中脱口秀明星萨维尔说："无论它们借出去多少钱，英国央行会默许它们自动原数补上"——指的就是这串屏显为"10 000"的数字。不管私家银行借出多少，哪怕3000万亿，在未被归还之前，它都只不过是"电子货币"。只有当你打六份工累成狗，这串数字才经由你的劳动价值兑现为钱。当你偿还了这10 000元+附加利息之后，银行便赚了10 000元+利息，而它的成本仅仅是交给央行作保证的那100元。

德国经济学家马克斯·奥特（Max Otte）在该纪录片里总结道："银行用无中生有的方式创造了金钱。越有钱，金钱的雪球就滚得越大。"

然而不是每个人都有还债能力。2004年，51岁的英国公民德雷克·劳森（Dereck Rawson）因无力偿还16张信用卡总计10万英镑的债款而跳楼自杀。BBC还就此制作了一部纪录片，聚焦因无力还债而自杀的人群——《金钱陷阱：银行如何通过债务掌控世界》（*The Money Trap: How Banks Control the World Through Debt*）。尽管如此，银行放债的热情却有增无减。

2000年代中，美国多家银行向根本没有还债能力的人兜售次级房贷（subprime mortgages），附带多种利诱，比如无需复杂的担保文件，三年内不用还贷等等。银行家们打的算盘是，只要房价持续高涨，这些人就可以将手中的房子转卖出去，不但还了贷，还可以净赚一笔，双赢。

曾在英国央行政策委员会任职的英国劳动经济学家大卫·布兰奇弗劳尔（David Blanchflower）一早就看到了这个泡沫，结果不出所料，人人都觉得他是疯子，同时他们拒绝和他说话。在一篇与欧文·琼斯的对谈里，他透露了一部分原因："……会议上我最常听到的发言都是这样开头的，'我在牛津大学的时候''我在剑桥大学的时候'，于是我只好回应，我在博格诺尔[1]的时候。"

大卫·布兰奇弗劳尔的预见变成了现实，悲惨程度堪比20世纪30年代大萧条和1997年东南亚金融危机。房价跌断坐骨，房产泡沫破灭，很多业主不愿支付高额房贷，纷纷弃房而去，无力偿还的债款堆得简直像喜马拉雅山一般高，银行纷纷破产。受牵连的英国各大银行向当时的新工党政府呼救——用扬的话说，银行家们富得流油时，他们鼓吹新自由主义经济，要求"政府零干涉"；一旦遇到破产，他们便想到了社会主义，哭着要福利。

根据国家审计署（National Audit Office）的数据，当年的英国首相布朗旗下的新工党政府东借西凑，前后

---

1 博格诺尔（Bognor），英国一个海边小镇。

花了11.62万亿英镑来营救银行，为了支付这笔巨款，甚至动用了纳税人的退休基金。在《资本建制及其裙带关系》(*The Establishment and How They Get Away with It*)一书中，欧文·琼斯写道："2010年，英国公共债务相当于GDP的81%，比冷战后的平均水平高，却低于G7国家GDP平均水平的105%，而私人企业的私债却在2008年达到了GDP的487%，其中金融业功不可没。"

"不仅如此，英国央行还生造出一笔电子货币，用来购买政府债券，然后银行的理财机构便可向任何人出售这些债券。他们把它叫量化宽松货币政策，这种钱与通过劳动生产以及实物买卖创造的钱完全没有关系，所以很多人把它看作印钱。"艾伦·钱伯斯(Alan Chambers)说道，他是剑桥科技园一家跨国集团的计算机程序设计员，又一位科尔宾的铁粉。他通常不说话，但凡开口，必有妙语："钱是什么？钱就是债！"他边说边掏出一张印有女王头像的纸币，递到我的眼前："你看这上面写的是什么？'我承诺要向持票人偿还这张钞票的价值'，没错，在钞票等于黄金的时代，这承诺还算有诚意。可今天我们得到的却是什么？不是黄金，而是债务。"

钱伯斯的话是有事实依据的。1970年初，越战的巨大开支，加之石油出产国的出口限令引发的油价大涨，令美国捉襟见肘，于是美国抛弃了建立于1944年的布雷顿森林体系(Bretton Woods System)，开始自行印钱，从此结束了黄金和美元挂钩的历史，为西方国家带来了灾难性的通货膨胀，而这一招却似乎成了一种约定俗成。从2009到2013年，英国央行通过量化宽松货币政策，总共生造了4450亿英镑，尽管它的实施者拼命否定这是印钱，并强调此举完全是为了让金融海啸后失去信用的私家银行恢复信贷业务，但是这笔钱并没有用来促进国民生产，而是转头又进了金融业和房地产的赌场。在《资本建制及其裙带关系》一书中，琼斯写道："2013年秋，非金融企业迎来了两年半以来最大幅度的衰退，尽管如此，（像金融危机之前一样）银行继续压榨着饥肠辘辘的国民经济。"

每次提到这段历史，就有左派人士开玩笑说，这笔钱应该用直升飞机空投下来，至少捡到的人可以拿来补贴家用，而不是让银行家们转头又把它抛进赌场。科尔宾的工党则呼吁，在未来，政府应该用"人民的量化宽松货币政策"（People's Quantitative Easing），让资本远离金融业赌场，运用到实体产业中去，依靠实体产业恢复国民经济。

六

这可耻的上万亿的私债公还，不但将穷人和低中阶级收入者卷入贫困的深谷，也令全民医疗服务受到了前所未有的冲击。保守党却对全民医疗服务运行资金加大紧缩力度，还试图效仿美国的医疗模式，欲将全民医疗服务逐步私有化。

"美国模式"到底是怎样的？带着这个问题，我采访了剑桥癌症研究中心的神经生物学家萨拉·菲尔德（Sarah Field）博士。

"美国的医保系统非常复杂，通常得拥有一份4万美金左右的年薪才够资格配备像样的医保。医保单夹在工资单里，具体什么能保，什么不能保，依据雇主为员工购买的保险项目而定。很多人根本没有医保，我读博之前，曾在美国做过几年护士，说起来也很讽刺，每天救死扶伤，自己却没资格享受医保。很多美国人生病了只能自己去药店买药，先买一个疗程，待发工资时再去买下一个疗程。如果你突然晕倒在地，急救人员赶到现场后的第一件事，就是去查你的医保单。"萨拉·菲尔德博士愤愤不平地说道。她的父亲是英国人，母亲是美国人，她从小在美国长大，带着一口浓郁的美国口音。

据她说，美国的这种医保模式叫"责任制医保模式"（Accountable Care Model）。尽管美国导演迈克尔·摩尔（Michael Moore）曾拍过一部关于它的纪录片《医疗内幕》（Sicko），讲述加州的蓝盾（Blue Shield）医保公司如何千方百计地拒付某脑瘤患者诊费的经过；尽管"病人被扔在洛杉矶街头"（Patient Dumping）已成为国际丑闻；尽管美国有25%的人口因无钱买商业医保被延迟治疗，每年约有26 000人死于无钱治病，英国保守党却对它垂涎三尺，发愿要在2021年4月前从全民医疗服务的紧急运行基金中砍掉300亿英镑，并同时将国有医疗资源外包给私营公司。被割喉放血之后，全民医疗服务越来越难以为继，相比1987—1988年的297 364个床位，2019—2020年的床位只有144 455个，减幅约为51%。[1]保守党于是指着急救中心里排成长龙的病患，感叹国有医疗系统"低效""落后"，更借机鼓吹私有化医疗。

"私有化的结果是什么？是曼彻斯特恐袭的受害者就得像美国恐袭后的受害者一样，自个儿掏钱治愈伤口！此外，当医疗资源落入私营集团手里，所有低成本的药都会变得身价百倍。就像在美国那样，为了牟利，私营集团什么都做得出来。你想拷贝某个药方？不行，药有专利，资本家会在专利到期前，把药方从左到右颠倒过来，成分丝毫未变，又可再专利几十年。"菲尔德咬牙切齿地说道。

"怎样才能保住全民医疗服务？"我追问。

"选工党！"

"为什么是工党？"

"因为我相信科尔宾。"菲尔德博士边说，边从手机里刷出一张她作为专家代表出席英国议会的照片，"下次去议会，我一定要和科尔宾握手！"

1　Tom Edgington, "General election 2019: Have 17,000 NHS beds been cut in England?", *BBC News*, 10 December 2019.

七

像菲尔德博士一样，对老工党满怀信心的，还有史蒂芬·霍金（Stephen Hawking）和简·豪威尔（Jane Howell）。霍金就不用介绍了，他在《卫报》上公开表示，全民医疗服务救了他的命，作为科学家，现在他要救它，所以他要支持工党。至于简，她不是什么名人，她只是一位战斗了几十年的医权运动者，在"坚持全民医疗服务公共化"（Keep Our NHS Public）和"全民医疗服务告急"（Call 999 For the NHS）等多家民运机构里任职。

表面上看，生于"二战"前的简是一位典型的英国淑女，骨架娇小、举止优雅、作风老派，穿着朴素却十分考究，但细看，又觉得她其实隐藏着极强的战斗力，像是会被印在女性主义杂志封面上的人物。

"是什么在影响你的政治立场呢？"我问她。

"我的母亲来自爱尔兰，是家里的第十个孩子。她12岁辍学，远离家乡到伦敦做女工，挣的钱几乎全寄回老家。多年以后，母亲成了伦敦一家医院的清洁工。20世纪70年代初，她作为该医院的清洁工代表，请求政府为全英的清洁工加薪。她天性内向，十分羞涩，也没读多少年的书，却敢于在那样一个大场面中站出来，在一群有头有脸的人面前，为自己和工友的权益发言……她的行动深深地影响了我的一生，所以我很早就加入了工党。"每次豪威尔对我谈起她的母亲，她那淡绿色的双眸，就像沾上了两粒硕大的珍珠。

"你觉得你的母亲如果出生在19世纪，会是一位妇女选举权运动倡议者么？"我问她。

"那是肯定的！"她骄傲地答道。

豪威尔住在一栋艺术气息浓厚的乡村别墅里，拥有一间"可以欣赏风景"的卧室。厨房和起居室的每一件器物，都像是乘着时光机从简·奥斯汀的时代过来的。

"我年轻时做过跨国公司的高管，后来厌烦了，便辞职卖起了古董和珠宝。"她攒起一袋落了灰的钻石，漫不经心地对我说道。按当今的房价，她的房子连同花园至少值60万英镑，她的丈夫早就去世了，他们也没有孩子，以她的财力，似乎完全买得起"方便、快捷、如侍国王"的私人医保，但显然，她更乐意把退休金用在公共医疗保卫战上。她的书架上是一捆捆的文件，电脑里满是数据调查和个案分析，书桌和木地板上堆满了纸片。退休以后，她每天的工作就是参与各种个案调查，出席民间集会，以及给执政党写控诉信。

告别简，顺着乡间小路走回家，在经过村里的诊所时，隔着玻璃窗，我又看到了我的医生霍恩（Dr. Horn），一位像牧师吉姆·马林般忠诚的老工党。我想起某次生病时，他在电话里温和地向我问候。他已经退休了，并不需要一天到晚守在诊所，如果不是因为紧缩，3500多人的村庄就不会只剩下5名医生。

2016年秋，我决定正式加入工党。

莉迪娅·希尔是哈德纳姆村工党会议的组织者，也是剑桥郡索厄姆村（Soham）和哈德纳姆村地方委员长的候选人、英格兰东南部安格利亚地区的工党妇女代表。此外，她还是"剑桥郡假日管弦乐队"（Cambridgeshire Holiday Orchestra）的主席，为了缓解紧缩带来的压力，这个民间社团每年向超过350名儿童提供价格低廉的音乐辅导课，这些孩子大部分来自工薪家庭，她为这个儿童乐团义务工作了十八年。

莉迪娅中等个子，一头白霜，不施粉黛，走在英格兰的夏天里，也许并不比玫瑰耀眼，然而认识她没多久，我便为她那日本怀刀般出其不意的辩术所倾倒。有一次我们谈到克伦威尔（Oliver Cromwell），我对其弑君精神赞叹不已，她却淡淡地应了一句："但凡暴力都有后果，就连克伦威尔自己也心知肚明，他说杀死国王是要下地狱的，既然如此，就让我下地狱好了。"又有一次，我们谈到哈耶克（Friedrich Hayek）的分析是非常有道理的，她仍是一副淡淡的口吻："任何单向度的主义，给它掌权几十年，都会导向极权。"

八

得知我入党的消息，莉迪娅非常高兴，立刻请我到她家里做客。她家的房子是一栋酿酒厂改造的红砖建筑，拥有四百多年的历史，朱甍碧瓦、宽敞大气，花园里还设有鸡舍、果园和池塘。她先生是英国顶尖的地下水工程专家，精通地下水道和钢琴，退休后义务管理着一个为老年人提供助听器的民间社团。她则是诺奖得主、英国生物物理学家安德鲁·赫胥黎（Andrew Huxley）的博士生，退休前曾任教于查令十字医学院（Charing Cross Hospital Medical School）。此外，她还熟谙希伯来语、法语和小提琴，是伊利古典合唱团的首席女高音。她的四个孩子全都就读于私立学校，毕业于一流大学，其中三个拿了博士学位，各有所成。她家里还有一个牧场和几匹苏格兰小马，马儿曾是孩子们的伙伴，现在老了，孩子们又都搬出去了，她和先生太忙，便只好把马寄养在附近的牧场里。站在她的苹果树下，眺望她的牧场，我总是禁不住感叹，在我们的乡村，也许只有煤老板才有财力跑到英国来，过上这样的生活吧！

希尔显然并不满足于"这样的生活"，前工党党魁爱德华·米利班德（Edward Miliband）下台之后，她认为工党中的右翼应该大势已去，便立刻加入了工党。

"你为什么会加入工党？"我经常变着法地问莉迪娅同样的问题。我见过不少和她同龄的英国中上阶级，他们不是打高尔夫，就是在瑞士滑雪，大多都是托利党[1]的

---

1 在英国，保守党也被称为托利党（Tory Party）。

忠实拥趸。

"我是工人阶级家庭的孩子。母亲童年时一贫如洗，虽然考上了文法学校，却没钱就读，贫穷一直是母亲无法驱散的记忆。记得小时候和母亲一起去她的某位朋友家赴宴，人家秀出一只精美的蛋糕，母亲便为那只蛋糕得花掉多少银子感叹了很多天。我的父亲也是工人阶级出身，'二战'前在一个小村庄的化工用品店里当学徒，和母亲新婚后的第七天就被送到了战场，在缅甸沦为日本人的战俘，每天做苦力求生。别的战俘拿战俘补贴换香烟，他却拿来换鸡蛋，一周的补贴只够换一个鸡蛋。大半的战俘都死了，靠着这唯一的营养来源，他总算活了下来。父亲获救时正值1945年，老工党当政，鼓励归国战士重返学堂，提出学费全免制，靠此机会，父亲在几年的苦读后，终于成为爱丁堡大学的教授。父母一生都是老工党的支持者，到了我这里，也算是一脉相承……记得年少时母亲教我使用缝纫机，因为自己做衣服比较省钱，所以我就学会了缝纫。孩子们出生后，他们的小衣服都是我做的。多年来我总是提醒自己，我是工人阶级的后代，精神的世袭对我来说远比财富的世袭重要。"

也许是受母亲言传身教的影响，莉迪娅·希尔的小儿子在工党最活跃的青年团体"动力"中担任要职，二女儿也是剑桥郡某地区委员长的工党候选人。尽管在这两个孩子身上，你完全听不到工人阶级的口音，也看不到任何底层生活的痕迹——这令我仿佛看到了某种希望，一种来自中上阶级内部的动摇。至于在未来，这种动摇是否会像蝴蝶鼓翼那样，带来一场跨越阶级的龙卷风，我不知道。目前来说，只要他们不介意那种"底层人身上难闻的气味"[1]，我就不介意与这些posh（看似上流社会）的人为伍。

我和莉迪娅·希尔经常结伴出行，在一片蓝色的雷区里拉选票。我们选区不是曼彻斯特，有工会称爵的传统，它地处英格兰农业基地东安格利亚，保守党代表农庄主和大地主的利益，所以这里历来都是保守党的票仓。当传统农业败给全球化垄断资本主义，保守党的承诺变得遥不可及，于是"东欧移民工抢走了本地农民饭碗"之类的宣传，便成了保守党稳住选票的法门。科尔宾那些挺移民的政策，对本来就讨厌工党的人来说，简直就是哪壶不开提哪壶。

有时候，门好不容易敲开了，门缝里却站着一个黑影，冷冷地说："我是保守党的人，你们快滚！"有时候塞入邮箱的传单，会被某人一把抽出来，追上好几米，恶狠狠地扔还给我们；有时候遇到这一带相当罕见的华人，我热情地套近乎，试图用保守党极不人道的移民政策捕获其注意力，对方却避之不及地说："我已在此住了

---

1 George Orwell, *The Road to Wigan Pier*, Mariner Books, 1972.

三十多年，我的孩子们都是英国人，已经和移民没什么关系了。我也不懂政治，你们请回吧！"

最悲惨的一次是，我和莉迪娅·希尔去邻县参加一个声援全民医疗服务的集会，正好遇上英国残忍的腊月，寒风恨不得将草皮也连根拔起，我俩像冰棍一样，在空荡荡的集会现场苦苦等待，远远望见另一根冰棍走来，以为终于来了一位战友，结果却看到来者穿着莎士比亚时代的古装，手握长剑，若无其事地从我们身边飘走了。

又有一次，我陪希尔去某间咖啡厅，为工党候选人凯文·普赖斯（Kevin Price）角逐剑桥和彼得伯勒（Peterborough）的市长职位助阵，却总共只来了二十几个人，勉强把前几排的椅子填满，然后普赖斯就穿着红毛衣和不太时髦的黑西装进来了。他那憨厚的五官和圆圆的肚子，让我想起了我那在中国某二线城市医院食堂做厨子的舅舅，当他说他是工厂学徒出身，且在剑桥大学克莱尔学院门口当了十年门卫时，我心里顿时涌起一股悲凉。今天的英国政坛，据说几乎都是"上流社会"在玩票，放眼皆是隐形却无所不在的1%，是年收入高达百万英镑的银行高管以及一层层密不透风的裙带关系网。今天的保守党阵营里，498名议员中就有134位来自金融体系，没点家底谁敢出来玩？可环顾四周，我却完全看不到一丝失望之色。我想我小瞧了科尔宾的工党。

我确实小瞧了凯文·普赖斯，这个长得像我舅舅的人，在剑桥城市委员会担任顾问和副委员长期间，曾为公共住房协会申请到了1700万英镑的巨款，其中700万英镑用来为低收入者修建消失已久的"政府廉租房"。

遗憾的是，在2017年春季的市长选举中，普赖斯落选了，他败给了某位截去头部则剩余部位和鲍里斯（Boris Johnson）的照片看起来一模一样的保守党候选人；莉迪娅·希尔也在地方委员长的选举中惨败，她只拿到了320张选票，而保守党的候选人则拿到了1828张。希尔眼圈发红，却依然没有灰心，为确保工党成员丹尼尔·蔡克纳（Daniel Zeichner）拿下剑桥的议席，2017年6月8日英国大选当天，希尔还自告奋勇加入了"投票督促队"。

"投票督促队"的办公室设在剑桥某位工党会员退休父母的家里。大选当天早上10点左右，我搭希尔的车到场。院子里早已停满了自行车，先来的队伍从狭窄的门洞里鱼贯涌出，后到的队伍又被一股脑地吸进去。我们穿过挂满结婚照和全家福的过道，挤入了一间闹哄哄的起居室。起居室被一张大餐桌占据，上面摆放着手提电脑、打印机、饼干和零食，几位二十出头的工党青年正眼冒金星地对着键盘一顿猛敲，打印机则在一旁马不停蹄地输出。通向起居室的阳台上，挤满了等待任务的工党成员，他们来自剑桥郡各个选区，很多彼此并不认识，只好用最英式的开场白"天气"有一句没一句地尬聊。

那天晴空万里，如有神助，朵朵白云仿佛都是仙界的佛手，我们拿到任务之后，立刻出发。我们必须赶在下午3点前，在指定的街区里联系上每一位潜在的工党支持者，督促他们投票，并对无法到达投票点的老人和特殊人士提供交通援助。我们走街串巷，一户户地敲门，收到了许多鼓励和微笑，任务完成得相当漂亮。

九

我们的努力总算获得了回报。经历了两天两夜赌马般的煎熬之后，2017年的大选结果出来了。凭着总额959万英镑、不到保守党一半的捐款（保守党2500万）[1]，工党获得了大约1287万张选票，新增30个议席，议席数升至262位，位居第二。[2]选民支持率亦高达40.0%，创下了工党自1945年来的新纪录，18到24岁之间参与投票的选民中，竟有60%以上都投了工党——这不得不说是一个让人振奋的好消息！我瞥了一眼贴在玻璃窗上的竞选海报，工党那枝硕大的红玫瑰，映衬着满园的白玫瑰格外耀眼。红玫瑰，我以前不曾喜爱过它，直到某日在学习英国中世纪史时得知，它原来是反抗权威的象征。

---

1 Rowena Mason, "UK political parties received record £40m of donations in election run-up", *The Guardian*, 24 August 2017.

2 数据源自The House of Commons Library官网，"General Election 2017: full results and analysis"，2019年1月29日。

大选后3天，工党新增3.5万名会员。就连我们这片蓝色雷区，工党成员的人数也翻了近一倍，从350名增至650名。我和莉迪娅·希尔亲力声援的工党会员丹尼尔·蔡克纳，亦成功拿下了剑桥的议席。

我们都高兴坏了，简·豪威尔还兴冲冲地拿着全英35个保卫全民医疗服务团体的签名，到剑桥科学馆向霍金致谢，可惜没见到本人，只好把信交给了他的私人助理。

胜利在望的喜悦令我们脸颊红润，气宇轩昂，仿佛下一战就是敦刻尔克，而我们就是那些站在船头的平民水手。在相当长一段时间里，我们都沉浸在这种危险的乐观情绪里，我也一样。只是比起我的伙伴们，我要稍微悲观一些，也许是那些备受父母、长辈拷问责难的岁月，已将我塑造成了一个半悲观主义者。每次参加完工党的集会回来，独自走在深夜的乡村小道上，我都会产生看到了萤火虫的幻觉，这种感觉美好而温暖，就像在一片星星点点的煤的微光里徜徉。可一旦白昼袭来，我的内心又禁不住疑云四起，就算真的看到了萤火虫，它那细小的光亮，又如何比得上现实那刺眼的白？

十

当我再次拜访简·豪威尔时，已是2018年的春天了。不得不承认，我们高兴得太早了。霍金已去了天堂，全民医疗服务仍岌岌可危。豪威尔累得病倒了，身形消瘦，脸色苍白，手腕上缠着绷带，老实说，我真的不知道她是否能活到全民医疗服务彻底脱险的那一天。与此同时，工党内部更分裂了。

首当其冲的，是欧洲问题。20世纪80年代，英国左派曾有过一个活跃的小分支，带有鲜明的托洛茨基派（Trotskyite）的色彩，故被称为战斗派（militant）。支持这个小分支的工党政治家托尼·本恩，同时也是一个强硬的欧洲怀疑论（Euroscepticism）者，多年以来，一以贯之地坚持着脱欧立场。他认为英国加入欧盟，只会让撒切尔主义更国际化。"我见证过欧盟发展的进程，再清楚不过了，他们的想法是不民主的"——这句话，几乎成了托尼·本恩的座右铭，同时也插进了一部分左派人士的思维模式里。他们担心，一旦加入欧盟，英国的社会主义者就会失去民主社会主义实践的主导权。一语成谶，自从加入欧盟之后，英国与民主社会主义果然渐行渐远。

半个世纪之后，这个小分支貌似消失了（也可能融入了其他流派），而它残留在左派内的脱欧热忱却并未消减，当2016年夏天，卡梅伦把欧盟当成替罪羊，企图用"脱欧公投"，将民意对财政紧缩的怨恨转嫁到可以自由进出英国的欧洲移民身上时，许多工党成员便趁机投了脱欧。当我试图用世界主义、国际主义、自由移动（free movement）这些概念和他们辩论时，得到的答案总是这样的：全球化（globalization）和国际主义（internationalism）或世界主义（cosmopolitanism）是两码事，全球化意味着英国将万劫不复地与支持全球化垄断资本、新自由主义、全球自由市场经济的欧盟为谋，也将永远不会获得自我伸展的机会。看看欧盟是怎么对待希腊的吧，和保银行不保冻死骨的资本主义建制有什么不同？

30%的工党支持者选了脱欧。以2017年大选中工党获得的12 877 918张选票来计，约相当于3 900 000的工党支持者是脱欧派。

脱留两派的对立，制造了一种人心惶惶、草木皆兵的氛围。脱欧派被指责为"种族主义者""仇外分子""反对移民的保守右派""民粹国家主义分子""狭隘的地方保护主义者"……至于20世纪70年代以来残留在左派中的那股脱欧热忱，却时常不被提及。这种对政治正确的过度利用，造成了剑拔弩张的局面，比如当我们平时碰头或开会时，某位投了脱欧的工党会员便会不由自主地站起来，脸红脖子粗地冒出一句：我想首先声明一下，没错，我投了脱欧，但我绝不是什么种族主义者！

简·豪威尔告诉我，她也投了脱欧。她说她没想到后果会是这样，早知如此她就不投脱欧了。她说这话时，虚弱地攀着我的肩膀，仿佛在强调，你看我真的不是一个种族主义者，我们是朋友，不是么？

另一个例子是，消防员出身的工党成员保罗·恩伯里（Paul Embery），因在公投中也选了脱欧，而且还和极右派英国独立党[1]共同现身伦敦集会，便成了工党内部留欧派眼中的反动派（reactionaries）。他怒火高涨，甚至不惜借右翼媒体，比如伦敦经济事务所[2]向工党中的这种偏见开战："左派里风行一种'取消文化'（cancel culture），只要你持有一种不同的观点，或提出一个另类方案，那么你参与某项运动的资格就会遭到取消。"

我也很厌恶"取消文化"，有时候，我觉得它的破坏力甚至不亚于启蒙运动反对的那种"绝对主义"（absolutism）。它也是欧洲宗教改革时期猎巫运动和火烧异教徒运动的根源之一。就连《乌托邦》的作者，优雅博学的托马斯·莫尔（Thomas More），也因不能忍受异见，打着公正的名义，亲自烧死了六个新教徒。

科尔宾受托尼·本恩的影响，虽然勉强选了留欧，却没有在留欧阵营中高举双臂高声助阵，作为"骑墙主义"的典型，亦被一些强硬的留欧派恨铁不成钢地抛进了冷宫。

有段时间，我们在执行委员会的官方会议或筹款派

---

1 英国独立党（UK Independence Party，缩写为UKIP），英国的一个右翼民粹主义政党，主要的政治理念是推动英国脱离欧盟。——编者注

2 经济事务所（Institute of Economic Aaffairs，缩写为IEA），英国新自由主义的思想基地。

对上（彼时我已是剑桥郡东南选区工党的黑人、亚裔和其他少数族裔事务协调员），干脆刻意避开欧洲问题和科尔宾的名字，以免不小心又点燃导火线。这种表面的克制，对脱留之间的巨大裂痕，并没有起到任何修补作用。

30%的工党支持者选择了脱欧，其中有多少是出于那股带有狂想气质的左派热忱，没有确凿的统计数据；但不少历来遍插红玫瑰的英格兰北部选区，皆在公投中选了脱欧，却是有目共睹的。

行走于北部选区之间，随处可见20世纪80年代后期英国去工业化的遗迹：曾经的工人住宅区成了空屋，窗口上封着破烂的木板；高耸的工厂烟囱，向上徒张着漆黑而空洞的眼睛；许多不惜重金购买的大型机械设备，自四十年前就活埋在冷寂的空气里，在日复一日的氧化中，逐渐形成了英国的锈带。

英格兰北部去工业化的进程相当惨烈。以矿业为例，因为富有又黑又亮的煤矿，英格兰北部采煤的历史自12世纪就开始了，工业革命对燃料的旺盛需求，更点燃了煤矿生意。煤老板从庄园主或地主手中租下矿井，再雇佣廉价劳工和童工下井挖煤，银子便滚滚而来了。彼时英国上流社会的收入高达5000英镑以上，中产阶级的年收入也有125英镑到1000英镑不等，而矿工们的周薪却只有173便士，要赚够240便士，才能凑足1英镑。[1]不仅如此，矿工的收入还和煤质捆绑起来，挖的煤不够好，就赚不到这个数。就这点钱，矿工们还得跪在漆黑的地底下，帽檐前绑一根蜡烛，用锉刀和锤子一寸寸凿开煤层截面，每天凿上12小时，才能勉强拿到手。8岁左右的童工，负责开关通气门，以保证井下的空气流通。女人和稍大一点的孩子，则用绳索和铁链捆住彼此，连接成人肉推车，把新采的煤推出井面。稍有怠工，便会遭来打骂，克扣工资也是家常便饭。

20世纪以前，挖煤几乎是一项死亡作业，煤窑爆炸声时常和雷声混在一起。为了能活着回家，每天在井下吃饭时，矿工们都会朝漆黑的角落里撒点面包碎，给那些在地狱口游荡、伺机寻找同伴的鬼魂。在一首流传久远的歌谣中，矿工们唱道："你们那些呼吸着上层空气的人啊，到底知道多少？当我们爬行时，那地底下的生活。"[2]

作业条件和工薪待遇实在太恶劣，19世纪中叶，各地的矿工联盟像晶盐一样，从抗争的潮水中析了出来，并和其他工人组织一起，筑成早期工党的根基。1945年，

1　Solomon, Guy Samuel, *The living standards of Tyneside coal miners, 1836—1862*, MSc by research thesis, University of York, July 2014, p49.

2　"A Miner's Song", *The Cornish Telegraph*, 1870.

矿工联盟正式融入英国工会。"二战"后的工党政府认为，虽然工会在过去一个世纪中，积累了许多与煤老板斗智斗勇的经验，但要彻底改变矿工们的生产和生存环境，还是得将矿业国有化。

1946年7月，英国国家煤炭局（NCB）诞生了。次年1月，它正式开工，收购了近800家私有矿业公司名下958个产煤基地，收购金额高达164 666 000英镑。另外的78 457 000英镑则付给了诸如煤炉、砖窑之类的固定资产拥有者。[1] 从1947到1956年，英国国家煤炭局还花费了5500万，用于设备提升和新矿开发，矿工们的工资也比1938年提升了三倍（其他工业的工人亦只翻了两倍的工资），男性矿工的周薪达到了大约184先令（按当时的汇率，折合美金约37元），而其他产业的男工人周薪只有136先令左右。[2] 工党政府还颁布了国民最低收入标准（矿工的工资不能低于这个标准），此外，矿工们既可以享受国民带薪假期，还有每年一周专属矿工的带薪假期。

为了及时向纳税人汇报矿工们的生活近况和各项花费的去处，1947年到1980年代中期，英国国家煤炭局委

1　Alan Hill, *The South Yorkshire: Coalfield A history and Development*, Tempus, 2001.

2　J. A. Flexner, "Great Britain: Coal Mining since Nationalization", *Monthly Labor Review*, January 1950, Vol. 70, No. 1.

派专业纪录片团队，进行了主题为"矿业回顾"（Mining Review）的系列纪录片摄制，为英国战后矿业史留下了近1000部感人至深的纪录片。这些珍贵的画面，将英国矿业在国有化时期所遇到的每一个困难、每一项技术突破都真实地记录了下来。更让人惊叹的是，他们以一种人类学家挖掘亚马逊原住民史前史的专业态度，对矿工生活做了近四十年的深挖。从井下作业，到集体浴室，再到家长里短，以及矿工们如何利用周末学习铜管乐器，组建民谣乐队，参加体育比赛，跳芭蕾舞，画画，唱诗，排演戏剧等等，一应俱全，每月一期，在全英800多家电影院播放。彼时进电影院看电影，首先看到的，就是关于矿工们的一切。在这些黑白或彩色的影像里，矿工生活是立体的，他们的喜怒哀乐是英国工业国有化进程的阴晴表；他们还建构了一种坚实的英国工人阶级文化，一个从语言到服饰，从音乐到文学，从食物的风味到度假方式，从生产行为到劳作哲学的协和体。

我经常没事就会上英国电影资料馆，翻看这些珍贵的纪录片。我的童年是在矿山度过的，每当看到那些在炭黑中皲裂的微笑，便会心潮暗涌，眼前的画面仿佛被记忆的水库拦截。我看到的和我经历的是如此不同，我看到的是"民主社会主义"在特定条件下得以实现的某种可能性，我还看到了一种有别于新自由主义所定义的"激励（incentive）机制"——即使没有惨烈的竞争、内卷或互撕，额外的高额奖金或社会达尔文主义的提醒，

"激励机制"也并非全然不存在。比如为了改善矿工们的健康状况，除了全民医疗服务的全免医疗之外，矿工们还会获得每周一次的免费肺部检查。他们的住宅区（包括部分政府廉租房）也是干净漂亮的，两三居室，门前一小块公共绿地，墙壁上贴着彼时流行的墙纸，厨房里还有配色协调的瓷砖和热水管道。他们的孩子在矿区的公立学校上学，从幼儿园到大学都是免费的，他们的社区充满了浓郁的社群氛围，像采矿作业自身携带的生死与共的合作性一样，他们的社区生活也是高度凝聚的。对矿工而言，这一切都会在无形中形成某种激励机制。正如英国导演诺尔玛·沃特森（Norma Waterson）在谈到其纪录片《煤矿为王的年代》（*When Coal Was King*）时说道："在战后的英国国有企业之中，尤其在矿业里，人们有一种骄傲感。有部风靡全英的动画片叫《国王煤》（*King Coal*），就准确地体现了这种骄傲感。煤被绘成国王，在沉睡的地下旋动而出，全英的家庭和工厂都在为它的诞生欢呼。"

遗憾的是，自由市场并不认可这套激励机制。工资高，待遇好，生产成本就高，注定难以和使用廉价劳动力的血汗工厂竞争。再加上对如此庞大而纷杂的实体进行集中管理，亦注定难以避免管理层的官僚化和肥胖症。20世纪50到60年代，英国西北部关闭了近100家煤窑。1958年，比煤矿干净、便宜的燃油出现了，并很快成了发电站的新宠。1960至1965年期间担任英国国家煤炭局主席的以斯拉勋爵（Lord Ezra）沮丧地说："我们之前根本不用卖煤，我们只需分配就好。现在我们必须把煤连夜送到一个有战斗力的销售商手里。"[1]

20世纪70年代初期，西方遭遇石油危机，通货膨胀接踵而至，工人工资严重缩水，矿工们的生活自然也遭受了严重影响。事实上，20世纪60年代以后，矿工们的工资就已经算不上是工业的佼佼者了，到了20世纪70年代初期，矿工们的工资更比工业制造业的平均工资低了近3.1个百分点，连黄油、牛奶都成了许多矿工家庭的奢侈品。[2]于是大罢工便卷土重来了，那是1972年，矿工们骑着自行车，摇着车铃铛，在沉甸甸的大雾里穿行，要求27%的工资涨幅。25万矿工参加了那次罢工，其中很多是年轻人，上一次矿工罢工是1926年，他们还没有出生。

1972年大罢工取得了一定的成功，但工会内部的分歧更严重了，一方是"担心要价太高，就会失去饭碗"的保守派，另一方是"工人阶级有力量"的激进派。这种对立，也是日后工党内部兵刃相向的雏形。北爱尔兰左派作家理查德·西摩（Richard Seymour）在《工党的失效》（*Labour Isn't Working*）一书中回顾道："有的

---

1 参见纪录片《我们所有的劳作生涯：英国煤矿史》（*All Our Working Lives: The British Coal Mines History*），BBC4。

2 参见纪录片《1972年矿工罢工：约克郡矿工回应》（*The 1972 Minders Strike: Yorkshire Miners Industrial Action*），Thames TV。

事实鲜为人知，虽然很多重工业都国有化了，可直到20世纪60年代，仍有约75%的财富掌握在5%的顶级富豪手里。为了实现国有化，国家付给那些在'二战'中摇摇欲坠的企业丰厚的赔偿金，其中很多钱是借来的；实现了国有化之后，不少国有企业却仍延续着私营企业的管理方式，工人和管理阶层是分离的，管理人员大多来自资本家阶层……战后经济的复苏，与其说是凯恩斯的光环在普照，不如说是战争废墟为新的投资带来了空间。"肯·洛奇（Ken Loach）的社会现实主义影片《煤的价格》（*The Price of Coal*）也为上述这段话，下了一个完美的注脚：一边是坐直升飞机大驾光临的查尔斯王子，一边是坐轨车进入地心深处挖煤的矿工。激进派是否高估了工人阶级的议价能力？就骨感的现实来说，答案似乎是肯定的。

对私营商贾这些英国中间阶层而言，排山倒海的工会力量是令人不适的，但工党却没有及时嗅到这股怨气，反而给予工会更多权力，还让它加入到决策制定中来。1978年冬，福特汽车的工人要求17%的工资涨幅，一如蝴蝶效应，货运公司、全民医疗服务等各行各业的员工也旋即加入。环卫工人更是积极响应，不到一个月，伦敦市中心莱斯特广场的黑色垃圾袋就堆成了连绵的大山，臭气熏天，老鼠猖獗，场面壮观到只要是那个时期的电影，都不忘把它作为"时代标志"放到背景中去。直到次年2月，环卫工人获得了11%的工资升幅，这场"垃圾的盛宴"才告一段落。那个冬天于是有了一个名字"不满之冬"（The Winter of Discontent）。不单是环卫工人，连儿童医院的员工也参与了罢工。托尼·本恩说："你看这就是他们把工人推向绝境的结果。"彼时的英国首相、工党党魁，站在保守派一边的詹姆斯·卡拉汉（James Callaghan）回道："那你觉得会在儿童医院罢工的，都是些什么人？"[1]

那次罢工，间接导致了此后的十八年（1979到1997年大选前夕），工党一直没有机会赢回执政权。

十一

20世纪80年代，撒切尔在英国中产阶级的欢欣鼓舞中登上了历史舞台。她的登场，带来了英国重工业的全面私有化，也带来了矿业的终结。就连达拉谟（Durham）那样的"煤业大亨"也没能活下来。"国有化初期，达拉谟仍保留了约250 000名矿工和上百家煤窑。[2]

---

1 参见弗农·博格达诺（Vernon Bogdanor）2012年在格雷沙姆学院（Gresham College）的讲座"英国在20世纪：战后决策的解体，1964—1979"（"Britain in the 20th Century: the Collapse of the Postwar Settlement, 1964-1979"）。

2 Peter Ackers & Jonathan Payne, "Before the Storm: The Experience of Nationalization and the Prospects for Industrial Relations Partnership in the British Coal Industry, 1947-1972: Rethinking the Militant Narrative", *Social History*, Vol. 27, No. 2 (May, 2002), pp. 184-209.

私有化之后，一家不剩，全部人间蒸发。"一个明显的原因是"这套采矿成本太贵了"，彼时约克郡南部矿业总指挥乔治·海斯（George Hayes）说："要60英镑才能产出1吨，而1吨只能卖出47英镑。"[1]

有人认为，"昂贵"也是行政体系过于官僚化的结果。当时的工党议员希拉里·阿姆斯特朗（Hilary Armstrong）说："工人们有一种模棱两可的态度，出于朴素的爱国热情和责任感，从国家经济角度考量，他们既希望把活干好，又对这种一体化的模式心生厌倦，因为它坏起来，一点儿都不亚于私营垄断企业。"[2]

英国矿业的过早终结，还有一个至关重要的原因，即当时的撒切尔主义者在"你不能盗用他人钱财救济穷人"这个新自由主义理念上，和米尔顿·弗里德曼（Milton Friedman）的追随者们，迅速地达成了共识。于是矿工们便从财富的生产者，变成了需要被接济的"穷人"；而纳税人的税金，则担当起了"他人钱财"的角色。在这套话术里，民主社会主义的社会契约"工作—纳税—福利"，被完完全全地消解了。

---

1 "Miners Strike/Pit Closures/Trade unions/Showdown at Cortonwood", Thames TV, 1984.

2 Peter Ackers & Jonathan Payne, "Before the Storm: The Experience of Nationalization and the Prospects for Industrial Relations Partnership in the British Coal Industry, 1947-1972: Rethinking the Militant Narrative", *Social History*, Volume 27, 2002, pp.184-209.

1984年和1985年的矿工大罢工，比以往任何一次都更为惨烈。保守党政府为关闭那些"不再赚钱的煤窑"，出动了成百上千的警察。矿工们也不示弱，携着一股宁死不屈的倔强，与骑在马上、挥舞着警棍的警察们展开了一场场肉搏。英国历史学家拉斐尔·塞缪尔（Raphael Samuel）被矿工们深深触动，他写道："矿工们那种背水一战、豁出一切的态度，也许和'采煤'的独特性相关，那危急的前线体验，那无时无刻的最后决断，那日常的下注和死亡。"[1]

尽管如此，矿工们还是输了。发电站开始进口别国的煤，因为它们比本地煤便宜得多。

富饶的抗争史、世上最先进的生产设备、庞大的工会、高度凝聚的生活社区、风味独特的工人阶级文化……一切看似坚不可摧，却不敌一场爆破。20世纪80年代中期，撒切尔连任，人们觉得煤矿是一个夕阳产业，就像今天我们觉得实体店销售、汽油运输或传统媒体是夕阳产业一样。

何止矿业？钢铁、铁路、造船业……几乎所有的英国重工业都消失了。就连在战后英国工业体量中排第四位的纺织业，因无法和便宜37倍的亚洲人工竞争，到

---

1 Jörg Arnold, "'The Death of Sympathy.' Coal Mining, Workplace Hazards, and the Politics of Risk in Britain, ca. 1970–1990", *Historical Social Research*, 41 (2016): 91–110.

了20世纪80年代，也不得不在一块进口尸布中，宣告自己的死亡。曾密布于曼彻斯特的纺织厂被改造成了商品房，或蒙德里安（Piet Mondrian）风格的"硅谷"。英国记者尼古拉斯·康福特（Nicholas Comfort）在其著作《英国工业的缓慢死亡：一场60年自杀事件，1952—2012》（*The Slow Death of British Industry: A Sixty-Year Suicide, 1952-2012*）中写道："英国工业曾是巨人，现在是一个侏儒。"

1952年，英国大约30%的产品源于自产，英国制造业雇佣的劳动力占全英劳工市场的40%，生产的商品占全球出口市场的25%。到了2012年，英国制造业能雇佣的劳动力只占本地劳工市场的8%，生产的商品占全球出口市场的2%，仅贡献着11%的GDP。撒切尔执政时期，超过300万人失业，贫困人口飙升。数以百万计的人沦为"慢性失业者"，不断制造着靠失业救济金或食物银行生活的"贫二代"。在迈克·李（Mike Leigh）或肯·洛奇的社会现实主义电影里，他们无处不在，是一群被全球化追赶的落魂的人。

尽管如此，全球垄断资本家们仍不满足于第三世界廉价的人力供给，因为再便宜也得支付人工，所以他们正在马不停蹄地发明机器人。最近几年，机器化生产的平均成本已经低于中国工人的平均工资。2013年出品的Baxter机器人，售价仅为22 000美元，却能完成装载、卸载、分类和传递等工作，且不会要求"三保一险"，也不会搞街头罢工。美国技术革新家凯文·苏拉切（Kevin Surace）在他的TED演讲"机器人，人工智能，人类劳动的末日，文艺复兴的到来"（"Robotics, AI, the end of human work, and a coming Renaissance"）里预测："按这股趋势发展，40万生产苹果手机的工人，未来几年，很可能会被裁减到4万。"

去工业化衍生了经济上不再具有话语权的一代，即英国记者史蒂芬·阿姆斯特朗在其著作《新的贫困》中所说的英国新穷人。他们不少是北方下岗工人或其后裔，对全球化怀着一种心照不宣的天然的敌意。这种敌意，被英国独立党之类的右翼政党看在眼里，稍加佐料，便将敌意转换成了一股难以平复的爱国热情。脱欧则成了爱国、保护盎格鲁－撒克逊本土文化、终止移民入侵的捷径。

关于盎格鲁－撒克逊情结，简单地将其看作"老中青—失意—白男情结"，恐怕是有所偏颇的。我的一位朋友，巴黎大学语言学博士、亚美尼亚裔英国学者凯瑟琳·霍奇森（Katherine Hodgson），曾向我讲过一个故事：6世纪初，盎格鲁－撒克逊人（Anglo-Saxon）入侵英格兰，烧杀抢掠，原住民亚瑟王起身反击，却失败了，于是盎格鲁－撒克逊人留了下来，成了英格兰人的祖先之一。从此以后，这些原本的入侵者就一直在建立一个盎格鲁中心主义（Anglocentric）的英格兰，不太愿意承认自己身上留着移民的血，还把当年打过自己的亚瑟王尊为"爱国英雄"。

"就像英语是各种外来语的合成品，英格兰早期社会的雏形，也是由各种移民组成的。而那些企图建立盎格鲁中心主义的人，却拒绝承认这一点。这种唯我独尊、中心主义的价值观，为狭隘的民族主义（即民粹国家主义）奠定了基石，其表现形式之一是驱除外来者。对此，保守党政府表示拥护，它们之中就泛滥着中心主义。中心主义者掌控的媒体绝不会告诉你，我们的语言是各种外来语的融合，就像《每日邮报》之类的报纸，绝不会说，原来英国人的祖先也是移民。狭隘的民族主义能给统治阶级带来很多实惠，比如财富扩张、殖民，以及消灭'劣等民族'时那源源不断的兵力。"凯瑟琳·霍奇森说。

她的话，又让我想起了1964年的英国大选时，保守党向"二战"后从英属殖民地涌来、帮助英国重建家园的移民开刀，并在斯梅西克选区贴出标语，"如果你想和黑人做邻居，就选工党"，旋即，就拿下了该选区。

"如果我言行粗鲁，狭隘的民族主义者会说，凯瑟琳是一个言行粗鲁的人；如果一个罗马尼亚人言行粗鲁，狭隘的民族主义者会说，东欧移民都是一群野蛮人。"凯瑟琳·霍奇森苦笑。

今天的中心主义，比6世纪初精致多了，出于各种政治正确，它还会千方百计隐藏本色。可一旦为了某种道德上的便利——比如需要替罪羊时，它就会像鞭子一样冒出来，成为驱赶替罪羊的工具。这一点，在2008年经济危机之后，更为明显。为了让民众相信移民才是紧缩的罪魁祸首，《每日邮报》和《太阳报》之类的媒体，动辄就将"英国肥婆和土耳其帅哥相恋被骗致倾家荡产"，或"非洲裔单身猛妈生九子坐享伦敦中心廉租房六室一厅"之类的"新闻"放在报眼上。这些宣传极具神效，以致一些民粹国家主义者"见到皮肤稍黑一点的异族，就深信这些人故意把自己晒伤，前来英国申请残疾人救济金"，英国脱口秀大伽斯图尔特·李在他的一栏节目中嘲讽道。

不管怎样，对于英国的民粹国家主义者来说，盎格鲁－撒克逊文化是他们的文化本源，而本国福利也只应属于本国人所有。政治正确远不能抚平那种"仿佛已经失去一切，甚至连本土文化和本国福利也要失去"的焦虑感。"每个人年轻时都会做一番左派"，其实也不过是一个神话。打破这个神话的，除了世界范围内各种右翼复兴运动以外，还有法国2017年大选，当时在18至24岁的年轻人中，44%的人选了法国右翼政党国民阵线的玛丽娜·勒庞（Marie Le Pen）。[1]只是2017年时，我们都陶醉在某种过山车的兴奋体验中。

与此同时，"移民牌"和"爱国牌"在英国北方前工

---

1 参见《独立报》，2017年5月11日。

业地带所向披靡。英国独立党甚至放言，这一带的选民会抛弃工党，转投独立党的怀抱。结果比预言更糟，他们没有投入独立党的怀抱，而是转向了历来就对他们粗暴有加的保守党。2019年12月，英国政党和民众在欧盟问题上吵得声嘶力竭，保守党首相鲍里斯·约翰逊无法拿下议会对脱欧条约的批准权，于是决定再来一场闪电大选，为自己和保守党争取更多选票。为此，工党准备了一本厚厚的承诺，包括"再来一次欧洲公投"，以及一张张"让水、电、铁路等公共资源回归国有化"的民主社会主义蓝图。而保守党只凭一句"搞定脱欧"，就从独立党手里抢走了几乎所有的选票，外加多个从未背叛过工党的北方转投保守党，工党因此败得肝脑涂地。鲍里斯终于享受到了自1987年以来最多的议席。

一夜之间，仿佛又回到了20世纪80年代。

十二

如果说欧洲问题在工党内部造成的分裂是沟壑，以布莱尔为首的新工党和以科尔宾为首的老工党之间的分裂就是大峡谷。

早在20世纪90年代中期，这个大峡谷就已经形成了。彼时的英国在经历了近二十年的私有化、大幅减税和自由市场化之后，民主社会主义其实已经濒临灭亡，凯恩斯式的经济做派更是无力回天。一个由保守党政治家基思·约瑟夫爵士（Sir Keith Joseph）提出的概念，"共同地带"（the common ground），变得流行起来。"共同地带"指的是一种共识，即"减少政策干预（对私企）的重要性"。基思·约瑟夫爵士认为，政府应撤出微观管理，只要为需要扶持的私企控制好资金供给，并搭好骨架就可以了。对此，一些工党成员，包括布莱尔在内，都很赞同。可惜1992年大选，无论工党怎样向新自由主义靠拢，新自由主义者就是不肯相信工党会站在他们那一边。

又过了五年，到了1997年大选时，已没人再问"你们觉得哪些企业应该公有化"之类的问题了。人们问的是"你们觉得哪些企业应该私有化"——这说明撒切尔主义或"共同地带"之类的概念，已经十分深入人心了。[1]为了从撒切尔的选民（即英国的中产阶级）那里夺走选票，布莱尔借用了英国社会学家安东尼·吉登斯（Anthony Giddens）的概念"第三条道路"（the Third Way），试图将左右两派通通引到一条"中间偏右的道路"上来。这条路是，废弃自1918年定下的社会主义条款第四条（Clause IV），即"工人拥有生产资料的所有权"；支持撒切尔主义，同时也致力于实施"早期学童扶持、全民最低工资、低收入者税收信用补贴"等政策，

---

1 参见弗农·博格达诺2013年在格雷沙姆学院的讲座视频"基思·约瑟夫爵士与市场经济"（"Sir Keith Joseph and the Market Economy"）。

消灭绝对贫困（absolute poverty）；还有"为了达到某种文化上的平等，消除上流社会和底层社会的文化差异，积极提倡文化多样性和多元主义"等，仿佛只要没有绝对贫困，新自由主义就不再有遗憾。这些主张，像一张大网，恨不得将整个英吉利海峡的鱼全部一网打尽。

凭借这张大网，布莱尔赢得了1997年的大选。然而，老工党却不买账，因为他们像科尔宾一样，依然怀念那个民主社会主义的时代，他们中还有许多是清一色的反战分子，为了反对伊拉克战争，许多人曾整夜整夜地露宿伦敦街头。尽管如此，数十年在朝执政，布莱尔派的强大影响力已经形成了，他们的"新工党"对科尔宾和老工党恨之入骨，新老工党势不两立。

有一天我搭乘一位退休教授的顺风车，去参加一个英国食物银行组织的培训。退休教授是新工党多年的追随者，在科尔宾被选为党魁之后，愤然退了会费，几周之后，又重新加入进来。她对我说，她要趁党魁换届选举，把科尔宾选下去。

她成功了，2020年初春，大律师出身的基尔·斯塔默爵士（Sir Keir Starmer）上了台。拥有骑士头衔的基尔·斯塔默，长着一张冻肉般的脸，音色平稳，极少动容。左派作家欧文·琼斯在他的推特上发推文称，基尔·斯塔默热衷攻击老工党，却让托利党频频脱钩。

此言极是，基尔·斯塔默一上台，就开始了针对工党左派的大清洗，凡站在科尔宾一边的要员，一概扫地出门。2020年10月，他甚至借用"反犹主义"的罪名（在他看来，只要对"以色列政府军在巴勒斯坦的行径"稍有微词，都是反犹），把科尔宾悬置了，直到同年11月7日，才允许其复职。

　　然而一切似乎都太晚了，科尔宾被悬置期间，大量左派退出了工党。作为抗议，我和我们选区七八名工党事务官员，也先后从地方执行委员会那里辞了职。但这些动作有如无芯之笔划过白纸，对几十年大权在握的新工党来说，实在是太微不足道了。这几十年来，绝对贫困并没有被消灭，相对贫困（relative poverty）依然在那里，预计会恶化的，已经开始恶化，有如一场发生在资本主义苍老肉身里的癌变。英国左派政治家、作家乔治·加洛韦（George Galloway）在牛津工会的演讲上说："位于东伦敦的伦敦皇家医院，就是布莱尔执政时翻新的。它此后便成了地球上最昂贵的医院，100万英镑1个床位！为什么呢？因为他们请了个私营资金顾问团队，把翻新费一下搞到了1亿英镑，就这么个小小的医院！"[1]

1　参见乔治·加洛韦在牛津大学辩论社（Oxford Union）的演讲视频"布莱尔和新工党"（"Tony Blair and New Labour"），2013年10月。

结语

2020年底，我彻底离开了工党。也许是心有不甘，次年2月，我和许多退党人士先后加入了科尔宾的"和平和公正计划"（Peace & Justice Project），它的一个主要诉求是"实现绿色新合约"（Green New Deal）。这个"新合约"所幻想的世界，和我在幼儿园大班时用蜡笔画的那种未来世界高度相似，只不过它是一个鸟枪换炮的升级版，是一个关于21世纪中叶，干净、漂亮的新能源如何带动下一轮就业市场和新创事物的故事。它一出生，就遭到了铺天盖地的批评：新能源用地宽广，如何从私有土地主那里获得用地呢？新能源要用的原生资源，大多在非洲那样的发展中国家，如何保证公平贸易，避免二次殖民呢？林林总总，诸如此类，大都超出了我的智识所能理解的范围。但我还是在这个新合约后面，点了"关注"两字。其实，除了留下来继续观察，偶尔抱团取暖，我也实在没什么地方可去。齐泽克经常沮丧地说，在左派那里，他看不到一个清晰缜密的计划，一个让人们可以安全地走出垄断资本主义的计划，可这么多年过去了，他还是站在那里。The Pop Group乐队的马克·斯图尔特也一样。

英国民间观察：
附近、公共和在地的造乡

一　来自图书馆的救赎

2015年初冬，我从剑桥站出发，乘火车去看望住在伦敦近郊的好朋友长颈鹿。长颈鹿是我老公的少年伙伴，他俩曾一起玩"后朋""趴梯"，到墓地"吸鬼"，是快乐分裂（Joy Division）和公众形象公司（Public Image Ltd.）的骨灰粉。两人走到17岁的岔路口时，却迎来了一场漫长的别离，长颈鹿因进食困难进了精神病院。原因纷杂，简单说就是他被父亲打坏了头，不仅如此，那个醉醺醺的中年男人还强奸了他的一个女同学。"瘦得有棱有角，跟刚从集中营里出来似的。"每当回忆起长颈鹿在精神病院里的时光，老公就会重复这句话。

多年以来，长颈鹿独自蜗居在一间政府廉租房里，已经不记得是第几次出院了。身高两米，肢如蚁足，凹陷的胸口像一只被捶扁的皮球，人却十分爱笑，笑时全身骨节咔咔作响；还小有才华，满墙都是他自制的纸本波普版画，录音机里还有他用木吉他创作的黑暗民谣，细听起来有几分尼克·德雷克（Nick Drake）的味道。虽从不主动联系我们，可每次临别，长颈鹿都长亭相送，恋恋不舍，被他拥抱过的肩膀都是生疼的。

对于我们夫妻俩来说，长颈鹿是可触可感的，是我们友谊生活的主角。对主流社会而言，他却像个隐形人，街上也往往看不到他的影子。就连我老公这样的死党，也只有在他状态稳定时趁热打铁，用一层层含情感剂量的显影液不断涂抹擦拭，才会（让人松一口气地）让他再次显出轮廓来。

"真想放弃这一切，关上门，走到街上去，像雪一样化掉……"类似的话，长颈鹿已经说过不止一次了。2008年金融危机之后，紧缩政策就开始在英国大行其道，长颈鹿的生活费曾一度被降至每周96英镑，伙食费网费水电交通费全部包括在内。为了获得这点维持生活的钱，他要每半年一次，填一沓斧柄厚的"精神状态评估"报告，要逼迫自己露出更深的病容，找一个个部门签字画押……不幸的是，他的病情始终只是"进食困难和相关精神障碍"——虽随时有饿死或自杀的危险,却好歹还能走路,看起来也没有小儿麻痹或军工伤残那般可怜,因此不管医生们如何为他据理力争,下次获得津贴的机会,永远在上帝手中。

每填写一次报告,他的状态就恶化一次。那种报告我翻过一次,云山雾罩,迂回反复,估计谁填完都得精神失常。

当我的火车终于到达时,长颈鹿的门窗背后,几乎就只剩一缕瘦长的青烟了。他的冰箱也一样空荡,地板上堆满了杂物和揉皱的纸团,沙发上只有一小块地方可以勉强坐进去。一个畸形的坐印,乌黑发亮。一便士、两便士和五便士的硬币,垒成一座维京城墙,在窗台上闪着寒光。2011年12月到2014年2月,英国有2380名特需人士死于"可上岗"(Fit for Work)机制[1]。其间,长颈鹿的精神状况糟到了崩溃的临界点。然而,真正把他从死神府邸唤回来的,却不是残障津贴,而是图书馆。

在英国,几乎每个城区或乡镇都遍布着大大小小的图书馆。如果说公共礼堂是某地的心脏,马路是血管,那么图书馆就是脑颅。有的村子很小,小到可以蹲在村中心,闭上眼睛,用听觉丈量——即便如此,那样的村子也少不了一家图书馆。村图书馆不但流转着最新的

1　一种由保守党和自由民主党联合政府推出的机制,将特需人士强行鉴定为"可上岗",试图中止其残障津贴。

图书和资讯，还收藏着每个地区近千年的地方史和档案资料。比如我居住的村庄，位于英格兰西南水乡，自伊丽莎白一世时代以来，一直是英国重要的农业基地，因此村里的图书馆不但保留了人文史书，还藏有大量的地况资料和治水秘籍。从圈地运动圈了哪一块公共用地（Common Land），到荷兰工程师如何扬帆而来、挖渠治水，甚至哪一块湿地盛产过哪一种昆虫……都能一一查到。

档案多得足以塞满一艘渔船。遇到洪水季节，村里的人就绝望地盯着这些纸页发黄的传家宝，主意甚至打到了一座破风车上，恨不得来场众筹，从业主手里买下它。那座风车，位于一片苹果林上，年久失修，柄轴全掉了，好在砖砌的主体还在——改造成一座有旋转楼梯的圆塔图书馆也未尝不可，倘若真能解决湿气太重的问题。

四年前，我和老公从剑桥搬到这里，怀揣着城里人的好奇心，打算好好见识一番约翰·克莱尔[1]笔下的"英国乡村生活"，于是便有人推荐我买《每月村志》（一份印得密密麻麻，像黑板报那样的油墨刊物）。村图书馆的广告，夹在通下水道、修栅栏之类的电话号码之间，因"呼啸山庄"或"哈代"之类的字样，异常醒

---

[1] 约翰·克莱尔（John Clare，1793—1864），英国19世纪浪漫主义时期诗人，发表过四部诗集，第一部是《乡村生活和自然景色的描写》。——编者注

目。村图书馆不仅有年度国际读书周和各种少儿活动，还有每月一次的读书会，会员们轮流选择一本书，大家一起阅读，再集体讨论。我喜欢读书，便不假思索地加入了它。

读书会规模不大，八九个人左右。最古老的成员是布赖恩（Brian），估计已经100多岁了，戴着一副助听器，腰椎像雪压的柳枝，声音也仿佛是吸管里发出来的。但他总是一本正经地和我们一起读《发条橙》，讨论末日的着装风格和暴力美学，且几乎从不缺席，圣诞节还给每人送一张贺卡。有次他生病住院，我们都以为他不会回来了，表情凝重地在一张"祝君康复"的卡片上签了名，没想到两个月以后，他又重新出现在图书馆那狭小而局促的空间里，拄着拐杖，左扑右倒，像一只误入歧途的瘦鸟。我们当然都很高兴，只是恨不得也弄上一副助听器。

最让人神往的，是读书会里每个人的口音。休（Sue）用她那英国北方工业城市的口音讲莎士比亚，听起来像东北人唱梅艳芳的粤语歌。莎莉（Sally）是成年之后才从南非回来的，总想极力掩饰她的开普敦口音，但只要讲到"种族隔离的历史遗留问题"，就会怒不可遏地露出马脚来。我的广西英语就不说了，状态好的时候，可倒背26个字母；不好时，大家只好当BBC国际频道搭错了线，不小心被"越共"占领了。

我经常在图书馆附近瞎逛。容纳图书馆的村礼堂，一座工匠风格主义[1]的黄砖建筑，是1698年在农夫罗伯特·阿肯斯托尔（Robert Arkenstall）留下的土地上修建的。这块地本是农夫留给女儿的遗产，可惜姑娘没到21岁就去世了。根据遗嘱，若无人继承，该地便得归以农夫名字命名的教育基金会所有。基金会因地制宜，在这块地上修了一座小学堂。1723年，村里建起了一所学校，小学堂便空了下来。"二战"后，村妇女机构提议将空学堂租作村礼堂，作为村民活动基地，租金由地方政府和民间捐款支付。提议以31票赞成、2票反对顺利通过。

为了让它永久地成为公共财产，1971年，地方政府花了2000英镑，将它从产权方，即"罗伯特·阿肯斯托尔教育基金会"那里买了下来，钥匙则交到一群负责打理礼堂事务的志愿者手中。为了把这座17世纪的建筑改造得现代一些，志愿者们又不辞劳苦地折腾了半个世纪，筹款、募捐、修旧利废，总算把它变成了今天这个有玻璃顶棚、中央暖气、消毒厨房和电声舞台的样子。图书馆（即原校长室）就在它的左边，一条静谧的小径通向它的白漆木门，门口常年种着玫瑰、美人蕉、尼罗河百合或青葙。图书馆只有100多平方米，绵密的绿植和高大的法式玻璃窗，将它装扮得像一只精巧的音乐盒，只等书

1　17世纪的英国建筑经常被形容为"工匠风格主义"（Artisan Mannerist），指当地工匠虽深受文艺复兴的古典理想影响，但只能够创作出原始"大陆风格主义"的较差版本。——编者注

页上的文字启动脑海的琴键。

然而，所有的美好生活，稍不留神，都会化成幻象，图书馆的存在也一样。很快我就发现，要维持这份由书脊的微小波浪所构筑的安宁，可不是前人种树、后人乘凉那么简单。

一切得从图书馆的历史说起。按1964年颁布的《英国图书馆和博物馆法》（Public Libraries and Museums Act），地方政府必须免费为当地居民提供图书馆服务，于是同年9月，村主街道上便建起了第一座图书馆（后迁至今天的村礼堂）。弗雷达·克洛夫茨（Freda Crofts）是彼时的图书管理员，也是历史文献行业的专业级骨灰粉。档案库里有她的照片为证：一动不动地站在主街干道上，大喜过望地盯着面前的一堵砖墙——细看才发现，原来墙上挂着一截鬼面具，据说是村里某座教堂修葺时从外梁上削下来的。

弗雷达·克洛夫茨收集一切，剪报、地契、出生证、入葬记录、氧化的日记本……简单概括，就是"一个村庄的生老病死和喜怒哀乐"。1973年，她创立了"村学档案库"，里面容纳了她一生的藏品，包括近千张旧照片。每次打开它们，我的心情都十分复杂，照片里的主人公们，并不是什么名媛绅士，都是再普通不过的布衣芒履，可有的看起来，黑领巾、渔夫帽，竟也相当优雅；有的生不逢时，两次世界大战之后，再也没有回来。

弗雷达·克洛夫茨是全职图书管理员，待遇也不错，工资算英国中等收入水平。但她的时代（即英国民主社会主义的黄金时代）在撒切尔上台之后就渐渐走向了小冰期。1990年，因公共财政减缩，村图书馆开始频频收到准闭馆通知。到了1995年，村民们坐不住了，召集人马，自发创建了一个叫"图书馆之友"的民间社团，暗下决心，如有不测，"之友"绝不会让图书馆坐以待毙。

2003年9月6日，地方政府正式下达了闭馆通知。"之友"旋即召开紧急会议，以"只要纳税人愿意支付物业管理费，我们就不要一分工资"为饵反复游说，终于说服地方政府，将图书馆的管理权转到了"之友"名下。邻村的琼·亚当森（Jean Adamson）女士也参加了那场图书馆保卫战，她是英国著名的童书作家和插画家，在她的影响力下，闭馆不到一个月，图书馆又重新回到了轨道上。

立谈之间，十七年过去了。

2003年，英国有4620家公共图书馆，其中被通知关闭又在民间社团力量下重启的，难以计数。2008年金融危机，政府保银行不保冻死骨，大砍福利基金和公共服务开支，尽管如此，截至2019年，英国仍有4145家图书馆大难不死。很重要的一个原因是，民间社团不让它死。据英国图书馆特别工作小组（The Libraries Taskforce）2016年的调查报告，由社团自行打理的图书馆全英超过382家；媒体统计的数据则多达590家。单我所在的剑桥郡，47所公共图书馆中，民间社团打理的就占了11家，拥有911名志愿者。

"之友"的图书管理员们，也许没弗雷达·克洛夫茨专业，却各有所长。比如英国通史专业毕业的罗斯玛丽·戈尔曼（Rosemary Gorman），就是村里的地方史学家。

"黑草莓"和"地方史学家"是英国乡村两大土特产。地方史学家一生只书写一个地方，格局虽小，却不见得无趣，像荷兰静物画家，一生只在葡萄叶般的细小宇宙里雕琢，一抹淡彩，却能拂动夏蝉的羽翼。

罗斯玛丽·戈尔曼走家串户，采集了一箩筐的残篇断简，将村里参加过"一战"的年轻士兵和他们的成长故事汇成了一本书。她对我说，对于那些年轻的尸骨，历史不能就这样一笔带过。

莎莉·麦凯克恩（Sally MacEachern）则是一位教材编辑，同时也是读书会的负责人。她个子不高，阅读量十分惊人，总是在图书馆的脚架上高空作业，像一只啄木鸟，只要是她推荐的书，大家的期望都比较高。还有一位灰发鹰眼、长得比较严肃的女士，每次借书还书，总给我一种重返教导室的错觉。尽管如此，我还是很感激她，同时也有一点无辜负疚。按2020年全英最低时薪10英镑算，每轮一次岗，她就为纳税人节省了超过50英镑的日薪——这还是用金钱可以计算的部分。

啤酒节、古董汽车展、乡村音乐节之类的活动，对"之友"来说，都是大忙日，必须得抓紧机会卖旧书、卖蛋糕、卖捐赠品，甚至卖唱来赚钱，赚到一点是一点，物业管理费是地方政府出了，水电暖气费之类的图书馆还是要自付。每当此时，村里的玻璃艺术家安德烈娅·钱伯斯（Andrea Chambers）就会起个大早，载着"之友"们制作的糕点，奔赴某块青草地，从支棚搭架到收拾碗碟，一直忙到日落西山，火烧云天。尽管如此，图书馆还是缺钱买新书。于是小馆和大馆之间达成连锁协议，有人来借小馆没有的书，可向大馆索要，大馆定期开车送书上门。

为省地租，还有人发明了巴士图书馆。车身漆成红蓝两色，狭小，温暖，仿如儿童潜水艇，尾舱还有一块圆形玻璃窗。"驾驶"图书馆的司机同时也是图书管理员，每天开着图书馆，在蜿蜒起伏的乡村公路上巡游，遇到山旮旯和轮椅上的读书人，就停下来，驻留一会儿，也伺机犒赏一下自己，捧起一本《这个奇异世界上的10分38秒》（*10 Minutes 38 Seconds in This Strange World*），呷上一口咖啡。

图书馆之于英国人的重要性，好比《量子论》之于爱因斯坦，"世上只有一件事，你是绝对要知道的，就是图书馆的位置"。英国人不一定知道雨伞在哪里，却肯定知道图书馆的位置，它甚至是一个心理坐标。孩子们放学后会跑去看小人书，坐在小板凳上，围成小甜甜圈，一直看到家长打哈欠为止；老书虫们会不露声色，频频光顾，圣诞前两天，还能看到他们捧着某个封皮难看的版本、挑三拣四的身影；失业人士会隔三岔五进去蹭暖气上网，在几寸见方的隔离板里等候天使的垂青；流浪者们会卷起铺盖，搭上一小块毛巾，径直走进它的洗手间，慢条斯理地把自己梳洗成哈里王子脱离王室之后的样子。此外，图书馆还是社区资讯中心，小到"呼啦圈减肥协会"，大到"反抗灭绝运动"（Extinction Rebellion），都可以在它的广播墙上找到。

看到广播墙上的图书馆招募广告，有人便向长颈鹿提议，民间社团打理的图书馆不需要图书馆学专业人士的参与，他应该也可以去应聘一下。那是2019年的初春，长颈鹿被每半年一次的"病情评估"折磨得几近崩溃，什么耶稣仁波切都一概听不进，唯独那句话听进去了，整个人便死灰复燃起来。他在慈善店买了一件正式的旧外套，又去超市买了些牛奶、蔬菜和面包，还报名参加了"心智"（Mind，一家精神疾病公益机构）免费赠送的瑜伽减压课程，甚至主动去大医院治疗因长年进食困难而不断积压在腿上的血栓凝块，还去见了全民医疗服务提供的就业咨询师……他没有女朋友，从未出过国，唯一的约会对象就是书，迄今为止，去得最多的地方就是街道拐角的图书馆。如果说他这一生曾有过什么比较契合现实的理想，恐怕就是做一名图书管理员了吧！为此，他暂时打消了自杀的念头，一心一意等待身体变好。

二 一个直径30英里的圆

和土生土长的长颈鹿不同，我的焦虑是一种异乡人的焦虑，是海德格尔笔下那种"无乡"（Homelessness）的焦虑。初到英国的头两年，尤其是"伦敦漂"的那段日子，我几乎被这种焦虑吃掉了，上半身是空心的，剩下两条腿，像落叶一样，随风飘零。这种焦虑感，并没有随着和一个本土出品的人有样学样地过起了英国式的家家而消失。时不时地，它仍像腊月般袭来，趁我毫无防备，在我那亚热带的躯体上覆上一层寒霜，这令我比长颈鹿更加期待某种救赎，而图书馆显然具有一股神奇的力量。事实上，比图书馆更让我好奇的是"图书馆之友"那样的民间社团，它们身上有一种我不曾见过却心向往之的微光。发现它们，定是一个发现新大陆的过程。

怀着好奇和期待，我以居住地为中心，画了一个直径30英里的圆。圆画好了，我需要做的就是把自己缩小，缩到一朵菟葵的大小，再用蜗牛的脚步去丈量。我相信只要足够缓慢、细致，就可以一点一点地勘察到它的全貌。

村礼堂是我的"30英里"第一站。那离我的住处直线距离约1英里，除了我频繁光顾的图书馆之外，我最喜欢的公共建筑就是它了。它有三间大活动室和一个带帷幕的漂亮舞池。舞池的天花板近4米高，像教堂建筑一样，锥形天顶还附带着某种天然的音响功能。此外，它还有一间配套齐全、带消毒碗柜的现代厨房。从为村里的公共项目（比如滑板池、游乐场或政府廉租房增建）集思广益，到一年一度的祭典（"一战""二战"纪念日等）；从始于1907年的童子军（Scouts）集会，到创办于1915年的妇女机构（Women's Institute）的每月一会；从苏格兰乡村舞会，到普拉提班或童话剧（Pantomime）排演……所有这些公共活动，通通都在村礼堂举行。活动前，各个民间社团会提前预订场地，场租每小时10英镑上下，用来维持礼堂的水电暖气供应和清洁维修。表面静如白蜡的乡村生活，只要进了村礼堂里，就变成了一只只酒缸，里面豢养着各种活跃的酵母。

每周二是村里的老人活动日，村礼堂不时飘出热茶和糕点的芳香。我总是借跑步为由，不由自主地溜进去，歪着脑袋，蹭老人的时间。

在一间带天窗的活动室，老人的时间被分成三段：早茶、午餐和下午茶。桌子也被齐整地排列成两行，上面铺着长条形的白色桌布。一边是上了年纪的女士，端坐在塞满靠垫的椅子或轮椅上，小口抿着碟杯中的奶茶，不时用颤抖的手按住领口的印花手帕。她们依然是优雅的，只是像被什么按比例缩小了很多倍似的，像小人国的布偶；说话的声音，也仿佛被一只隐蔽的按钮消去了音量，我必须半跪下来，将耳朵凑近她们缩小的身体，将遗落在空气中的词语缀补起来，才能听明白。

男士们则坐在另一张长桌旁，穿着泛白的衬衣，打着谨慎的领带，有的还系着一种早就退出时尚舞台的帆布肩背带，全神贯注地玩着填字游戏、拼图或扑克牌。在与时间的角逐中，长桌上的茶点渐渐变凉。时间随记忆的鲸鱼出没，每一刻都如此珍贵。

午餐过后，是"趣味问答"（quiz），一种英国人酷爱的、百科全书式的答题游戏。老人们停下手中的棋牌，拿出纸笔，竖起耳朵，偌大的活动室，顷刻间鸦雀无声。提问的永远是一个性格活跃的人，在人群中不算太老，吐字清晰，声音洪亮，还会用眼角收集在座者的反应。答题的过程，亦是寻找盟友的过程，老人们会跨过座位，交头接耳，划掉不靠谱的答案，或寻求更坚定的认可，一来二去，渐渐地，便成了彼此的知己。

彼得（Peter）告诉我，自从他的女友去世之后，这里便成了他唯一可以找到人说话的地方。他和女友没有结婚，却在一起生活了三十多年。村里有个墓园，离村礼堂就两支烟的距离，葬着她的骨灰。"那你就可以经常去看望她了……"粗心大意的我，话一出口，便懊悔不已。对于老人来说，世上许多悲伤是无法安慰的，只能在这种热热闹闹、摩肩接踵的空间，感受到些许暖意。

每周二，从早上9点半到下午3点半，村礼堂为30多位老人供应着全天的服务。它们包括点心、茶水、餐饮，以及连同趣味问答在内的各种文娱活动。除圣诞休息两周，全年风雨不休。这些活动，貌似从容、松散，实则环环相扣，十分紧凑。老人们前往村礼堂基本都要花上二十几分钟，因此必须派专车接送。场地要交租，交接时要打扫和清理，蛋糕要提前两天烤好，午餐要提前去超市采购，食材和作料必须新鲜可口，趣味问答的题目亦要事先打印出来，且至少半年内不能重复……杂志、棋牌还得时常更新——是谁在默默地耕耘着这一切呢？

萨拉·希比（Sarah Shippey）住在村主街的一栋老宅里，是个笑容可掬的热心人，热爱声乐的她同时也是当地民间古典合唱团的女中音，我曾在伊利大教堂听过她的演唱。她的歌声，配合大教堂里管风琴般精妙的建筑回声，堪称天籁。然而此时的她，却是一个看起来再平凡不过的女服务员，穿着工装，戴着围裙，忙不迭地推着餐车。原来，全权负责老人活动日所有事项运作的，正是她。不只是她，还有她的先生，她的左邻右舍，换言之，一整条街的居民志愿者。他们自发组建了一个叫"日间中心"（Day Center）的民间社团，和村图书馆的"之友"一样，堪称百分百"附近出品"。

"日间中心"比"之友"阵容更庞大，拥有几十名义工，包括一个能捣鼓出整套圣诞大餐、堪称专业的厨师队伍。寒暑假，村里的中小学生们也会帮忙。比如一位叫路易丝·希尔（Louise Hill）的小姑娘就曾创立过"每周一蛋糕"的扶助计划，时长一年。她也在高度的热情、黄油和面粉当中，度过了一年的少女时光。现在小姑娘已经博士毕业了，经常过来帮忙的，换成了萨拉·波拉德

（Sarah Pollard）。她同时也在剑桥市的山路（Hills Road）学院攻读心理学和社会学，人长得乖巧秀气，做的蛋糕也像是从童话书里剪出来的，色彩柔美，还有波浪形的奶油花边。她忙起来跑进跑出，不断用手帕擦汗，不太忙时，就坐在小板凳上和老人们玩拼图游戏。我问她对这份工作的感受，她只是咧嘴一笑。有一次，她腼腆地告诉我，她其实有语言障碍，但不知为什么，在老人面前，这个症状就奇迹般地消失了。

"我们这个'日间中心'，1984年就开始运行了，一天都没有间断过，"萨拉·希比对我说，"圣诞节，我们还会带老人们去附近的园艺市场游览。我们的义工从青少年到退休人士，各行各业都有。有个13岁的小男孩，放学后就过来帮我们搬椅子。场租是一位过世的村民捐赠的，够用好几十年。老人们只需支付5英镑的午餐费，茶点和专车接送，全是免费的。我们的账目非常透明。"说到这里，萨拉·希比拿出一个本子，给我看上面的账单：1公斤萝卜，78便士；1袋面粉，1.25英镑；年月日、经手人签名，一样不少。8位厨师，10位茶水服务员，轮班工作，从采购到切菜，从送餐到洗碗，整个流程，像丝线一样光滑。

圣诞节前一周，是村礼堂最繁忙的日子。"日间中心"要给老人们准备一年一度的圣诞大餐，还要给每一个老人和义工派送圣诞礼物。我也趁热打铁，系上围裙，当上了洗碗工。孩子们早早就进场了，穿着漂亮的小西装，在舞台上站成三排，唱起了圣诞颂歌。他们来自村里的小学合唱队，平日的捣蛋鬼摇身一变，成了甜美的小天使。音乐老师却反过来，露出一副"修女也疯狂"的扮相，伏在村礼堂的一台古董脚踏风琴上，狂敲猛击。接下来是一年一度的居民义演，剧目是传统的喜剧或童话，像《三只小猪》之类。纸糊的面具，粉红粉绿地套在头上，露出两只滴溜溜的眼睛。台词实在脍炙人口，于是观众席上就出现了那种全场老人化身大灰狼、试图吹倒小猪的画面。

厨房此时已成了流水线军工厂，七八位义工，在首席厨师的精准指挥下，以军事化的速度传递着餐具和珍馐美味。用餐仪式极其繁复，仅是刀叉就有三四副，不同尺寸的刀叉，对付着不同的甜点咸点，似有要还原出"最传统大餐"之势。一位叫安（Ann）的老奶奶，按捺着激动的情绪，眼眶湿润地坐在我身边的一把轮椅上。和其他老人一样，她原本也住在村子里，可惜因为行动不便，不得不搬到了离村6英里的小镇上。

"我想念这里的一切。"安说。

2018年的圣诞和2019年的圣诞，安都对我说过同样的话。

安的形象，在我脑海中，就像一卷8毫米的黑白影片，挥之不去。有一天我也会老，走路也得依靠助行器，手背底下也会铺满脆弱的枯枝。这种衰老的既视感，让我迫切地感到了民间社团之于我的必要性。不像高尔夫球、帆船或红酒俱乐部，在贫富分化加剧、福利被削减的今天，没有什么比民间社团更能反映普通人的日常需要了。

打开谷歌地图，我从"需要"出发，在30英里内细细搜索，很快就发现像"图书馆之友""日间中心"那样的非营利性民间社团，竟多达近百家。此外，还有几十家半营利的"社会企业型民间社团"（Social Enterprise Community Organization）。比如输入"流浪动物庇护"，谷歌地图上就会冒出数个红色的水珠坐标。挨个点入，便可看到每个庇护所的网站、方位和用户评价。从"林绿"（Wood Green）到"蓝十字动物救助中心"（Blue Cross Rehoming Centre），再到"皇家防止动物虐待协会"（RSPCA），林林总总竟超过10家。我决定找一个对自己最有用的，于是便打下了一行字："求免费上门回收旧家具"。一个叫"以马忤斯（Emmaus）流浪者连锁之家"的红水珠便冒了出来，最近的一家，直线距离仅7英里。于是不出半小时，我就站在了以马忤斯那金波荡漾的向日葵园里。

那是一块朝南的园地，目测约5英亩，与剑桥郡繁忙的村际公路A10一篱之隔，不仅种植着高大的向日葵，还栽满了豌豆、南瓜和各种沙拉青叶菜。两头猪、若干只鸡、无数只青蛙、各种昆虫，在拥挤而繁盛的园地里，乌托邦般地和平共处着。

园地紧贴着一排排宿舍楼，踮起脚尖，可以看到用牛奶瓶插花的公共食堂。穿过园地，是"以马忤斯流浪者之家"的货仓型回收点和销售点，建材坚实，占地宽广，阳光穿过高窗斜射进来，照亮了从狄更斯时代到脱欧时代的各种宝贝。改良的古董台灯、漂亮的衣帽首饰、实用的厨具，甚至还有自行车和园艺工具，全是某个人的旧爱。经过擦拭、打磨、重新上漆的老旧桌椅，呈现出时间特有的、水纹般难以复制的质感。再加上一面墙的旧书，附带一间卖手工甜品和绿色食品的咖啡馆，让人丝毫不觉得萧条落魄。

我以每本1英镑的价格，淘了10本《格兰塔》杂志，又花了2英镑，买了一大块麦片枫糖糕，整个人便像心满意足的沙虫那样，陷入了咖啡馆的沙发。从此，"以马忤斯流浪者之家"就成了我的周末度假胜地之一。

一位在那里工作的小哥告诉我，"以马忤斯流浪者之家"是一名叫皮埃尔（Abbe Pierre）的法国神父兼前纳粹抵抗组织成员创建的。话说半个多世纪前的一个夜晚，有人敲开了皮埃尔神父的房门，将一个自杀未遂的家伙带到了神父面前。原来此人在吃了二十年牢饭刑满释放之后，发现家人已不再需要自己，无法忍受无家可归的生活，便想到了自杀。皮埃尔神父望着这个一心求死的人，心平气和地说，我帮不了你，不过，你正好可以帮我。我想在花园里修一座庇护所，给被遗弃的单身妈妈，你来修建它如何？

于是，那个花园里的庇护所，就成了第一家"以马忤斯"。

有了安身之地，"流浪者们"便开始回收、修理、翻新一切家什旧物，用卖旧物的钱养鸡养猪，种植作物，自力更生。这个理念很快传遍了欧洲。柏林墙倒塌后，罗马尼亚和波兰也建起了它的分社。今天，单英国本地，就有29家"以马忤斯"。

"以马忤斯"不过是满天繁星的英国民间社团中的一颗。前剑桥义工服务地方委员会（Cambridge Council for Voluntary Service）的主管杰兹·里夫（Jez Reeve）给我寄来了一份她亲自撰写的报道："2012年，剑桥市社区民间社团达到了近100家。每年，由当地义工创造的经济价值超过1 423 350英镑"——这还只是一个小小的剑桥城。在英国，以公益为主的民间社团超过了169 000家。[1]2018—2019年，36%的英国人不定期地义务从事着至少一份社团工作，每月定期从事义务工作的人数则高达22%；2017—2018 年，义工创造的经济价值高达182亿英镑，相当于GDP的0.9%，超过2019年英国农业0.61%的总产值。[2]

---

1 数据源自statista官网，2020年。

2 数据分别源自NCVO和statista官网，2020年。

三　民间社团的精神支柱

原来我真的发现了新大陆！这个发现令我突然有点激动。如此庞大的实体，背后必有更为庞大的精神支柱。

"传统"是这精神支柱的基石吗？英国社会历来就有赈贫济乏的传统，不是吗——表面上看，似乎也说得过去。英国最早的济慈院诞生于12世纪，大多由宗教团体创办，从贵族或富人那里得到财物支援，转头用来拯救穷人——不过这种宗教色彩浓郁的施舍（后来又在资本主义发展中成为某种补偿手段）总是难免让人起疑（不然为什么长颈鹿在领救济金时，老觉得备受侮辱呢）。

在BBC的纪录片或英国电影里，还经常可以看到：18世纪的慈善学校[1]，扫盲的同时总不忘灌输"德育"。其形式有点像《左传·僖公二十四年》中的"女德无极，妇怨无终"，只不过说教的对象从女人换成了穷人，且内容多为"穷孩子要把贫穷看作天意（God's will）"之类。在《英国慈善学校运动中的慈善和穷人的政府》（"Charity and the Government of the Poor in the English Charity-School Movement"）一文中，杜伦大学的人类地理学家杰里米·施密特（Jeremy Schmid）曾这样总结

1　慈善学校（Charity School），即民间社团和教会合作的学校。

道："彼时的社团功能，并非简单地向穷人布施，它还必须得起到一个交换作用，就算换不回爱意，也要换取穷人的谦抑、服从、尊崇和感恩。通过这种交换，等级观念才能持久不衰，不同阶层之间的纽带才能得到润滑和巩固。"

19世纪的济慈院表现得最露骨。济慈院表面为穷人提供食宿和教育，实则与监狱工厂无异。孩子们像骡子一样伏在流水线上干活。女性更惨，不能与自己的孩子关在一起，永远超时劳役，且从始到终只有一套工作服。

生存环境过于恶劣，于是便有人提出要对彼时的公益机制进行改革，比如苏格兰牧师托马斯·查默斯（Thomas Chalmers）。

19世纪中叶，托马斯·查默斯从淳朴的乡村教区被调入格拉斯哥贫民窟，旋即便被各种惨象震惊了。他深知宗教已不再是社会的黏合剂，因为当时建立在基督教福音主义之上的慈善，谁更有资格被爱，谁在认真赎罪之类，是被严厉的宗教教义规定的。因此权力机构的"善举"，像各种侮辱穷人的救济机制、慈善学校的道德课等，不过是"虚伪的慈善"（Artificial Charity）。而真正能与之抗衡的，应是"自然的慈善"（Natural Charity），即普通个体自发地伸出援手，受助者也有自救的意愿，社会力量（家庭、邻居、朋友等）再加入进来，通过家访，与穷人交朋友，帮助老人，为穷孩子提供世俗和宗教的双向教育等方式，筑起一个"贫者自助"的系统。这一观念，对后世英国民间社团的建构产生了深远的影响。[1]因此，英国的民间社团现象，与其说是基督教传统的产物，不如说它更像是古典自由主义的产物。[2]

不过，仅用"自由主义"作为英国民间社团的精神源头，似乎还是单薄了，应该还有一些别的视角——比如从地理空间上看，几乎每个民间社团都有特定的服务范围，即"在地"，这种强烈的地方性，让人不得不主动联想到英国文化中特有的"恋地情结"（Topophilia）。

"恋地"是英国诗人贝杰曼（John Betjeman）生造的词，指某种浓郁的、对某个地方的留恋与爱慕之情。词虽新造，"恋地"却是一种再古典不过的情结了。在达尔文、比威克等英国自然主义作家的作品中，在弗罗斯特、华兹华斯、雪莱、济慈等诗人的诗句中，它几乎无处不在。

以"恋地情结"闻名于世的，莫过于英国诗人克莱尔了。1832年6月，迫于生存压力，克莱尔不得不离开老家。新落脚点离他的出生地只有3英里，然而于他而言，这看似简单轻松的迁徙，却犹如一场生离死别。在一首

---

1 James Leiby, "Charity Organization Reconsidered", *Social Service Review*, December 1984.

2 John Roxborogh, "The Legacy of Thomas Chalmers", *International Bulletin of Mission Research*, first Published 1 October 1999.

告别的诗里，他这样哀嗟：

> 我已经离开了家园
>
> 绿野　和每一寸愉悦之地
>
> 今夏犹如到访的陌人
>
> 我举步不前，难辨她的脸
>
> 我多怀念那榛子树的欢绿
>
> 风信子宁静的垂吊和花开
>
> 那里　没有嫉妒
>
> 也没有恶意的目光
>
> ——摘自《克莱尔书信集》(*The Letters of John Clare*, Oxford University Press, 1986)

　　离开老家不过五年光景，克莱尔的脑海里就生出了各种幻象，最终被关进了疯人院。直到1841年，思乡心切的他，才总算从位于埃塞克斯的疯人院里逃了出来，一路狂走90英里，喝溪水，吃野草；露宿时，把躯体当成指南针，确定头朝北才躺下，就这样走了三天三夜，才终于回到了老家。可惜5个月后，他又被送回了疯人院，并在那个他称之为"英国自由精神的巴士底狱"里，度完了孤寂的余生。[1]

1　约翰·克莱尔，《克莱尔手稿选集》(*Pomes Chiefly from Manuscript*)，Archive Classics, 2003。

克莱尔的生长之地，叫赫尔普斯顿（Helpston），是一个坐落于北安普敦郡的小村庄。村子籍籍无名，却像得了神灵护佑似的，在克莱尔长大成人之前，一直未曾遭圈地运动的侵袭。迷人的英格兰湿地风光、淳朴的风土人情、与那块土地共生的劳动史，以及一场低烧似的青春期的初恋，令克莱尔认定了自己是那片土地的情人，她则是他的花草、牛羊、鸟语和河流。他说："我会摘掉帽子，抬头端详起飞的云雀，或者长久地注视停泊在夏空中的黑鹰……我会寻觅好奇的花朵，低声哼唱它们的美；我爱那牧场，爱它的绒草和刺蓟草，绵羊穿行的小径；我崇拜那野生的沼泽地，以及像隐士一样划过忧郁天空的白鹭。"[1]

随之而来的圈地运动，并没有削弱克莱尔对那片土地的依恋，恰恰相反，他对它爱得更强烈了，他把爱的絮语汇聚成诗，掺夹着愤怒和反抗，失望和希冀。在那首广为人知的《湿地情人》（"Lover of Swamps"）中，他这样写道：

> 厚垫般的莎草
> 悚惧的露营地

1　约翰·费尔斯坦纳，《它唯一的束缚是回旋的天空：约翰·克莱尔和赫尔普斯顿的圈地运动》（"Its Only Bondage Was the Circling Sky: John Clare and the enclosure of Helpston"），2009。

沼泽在莎草中伸延

缠绕着你的家园

发抖的草

自脚下传出震厄

不肯托起肉身之重

携他跨过孤独失语之地

……

　　诗中的"他"，既是诗人，据说又是沙锥鸟的化身。沙锥鸟也是那片湿地的古老居民之一，圈地运动将它们的栖息地变成了地主和贵族的打猎场，曾经保护过它们的当地农民，则被拦在了栏杆之外。克莱尔的生活似乎也一样，在圈地运动和工业革命的暴风眼中，他不过也是一只惊慌失措的沙锥鸟。耕地在消失，农民被迫涌入城市，移民被迫涌入他乡，地球表面浮动的板块上，到处都是非洲象群般的迁移，而那只是全球化移动时代的开端。

　　克莱尔抱着一块故园的碎镜，死在了疯人院。但他对自然的敬意、对乡土生活和家园的留恋、美学上的质朴主义，以及他那英式的、不张扬的忧郁，作为某种与贵族生活毫不沾亲带故的英国性，渗入了英国民间社会的骨髓。"自然写作"（Nature Writing）成了18世纪中叶到19世纪的一种新兴文学类型；以田野、花卉以及野生动物为主的"自然画派"（Wildlife Painting）也在悄然兴起。到了20世纪70年代以后，无论是盛产土豆和甜菜根的英格兰水乡，或是诺福克渔村，或是以亚麻和造船业为主的贝尔法斯特，几乎每一块英国版图上，都冒出了星罗棋布的"自然保护小组"（Conservation Society），它们是生长得最茂盛、普及度最高的民间社团，为英国当代的基层生态运动打下了坚实的基础。

我落脚的村庄，也有一个组建于1985年的自然保护小组。我和老公都是它的不定期成员。单人每年社团费7英镑，家庭12英镑。这笔钱维持着一个地方网站，一份打印在黄纸上的季刊，每年两到三次关于鸟类或野生动物的讲座，以及村自然保护区内的各种硬件和法律维护——只要有开发商在里面滴溜打转，就会有人像牧羊犬那样竖起耳朵。

1995年，村自然保护小组决定在老西河（Old West River）边种植一片9英亩的树林，心意有了，地价却不便宜，于是小组成员找到了英国林地基金会[1]，由它出面，将价格谈到了25 000英镑。尽管如此，那笔钱在当时来说，也是一笔巨款，因为1995年英国中间阶层的平均周薪只有262.55英镑。好在英国人对美景的仰慕，完全压倒了他们在柴米油盐中那点精打细算的理智，不仅村民踊跃募捐，教区委员会、地方政府、郡政府都不同程度

---

1 英国林地基金会（Woodland Trust），英国最大的林业慈善机构。

地拨了款。土地买到了，村自然保护社团又召集了200多名居民义务参与植树造林活动，一片原本只是种在脑海中的树林，终于像仙鹤那样立了起来。今年83岁的大卫·帕尔默（David Palmer）告诉我，那片林子里有三棵树就是他亲手种下的。至今他仍保留着那场造林运动的照片。照片中的他，看起来和他手中的树苗一样年轻。二十五年后，那片树林夏木沉沉，水色晴柔，却已然是当地野生动植物长久的栖息之地。

是基于这份深入骨髓的恋地情结，不愿看到家园变得荒芜、冷漠和贫穷，英国人才会如此频繁地参与在地的社团工作吧？

不过话又说回来，当我像爱尔兰人那样漂洋过海，最终在距离赫尔普斯顿40英里的这个小村庄落脚时，人类已经进入了全球化移动的全盛期。家园的概念变得前所未有地模糊起来，古典的恋地情结也迎来了更大的挑战。比如我落脚的村庄，早就在农业工业化和全球垄断经济体制下，失去了自然村原有的熟人社会风貌，其人口结构也从世代务农人口为主，向城市新迁人口和移民人口为主转化，这种转化和"工业革命时代人口纷纷涌向城市"比起来，无疑是一种"逆袭"。随着农业工业化和精细化，农民作为一种"过时的身份"退出了历史舞台，农业用地也被地产商巧取豪夺，变成了他们手中的金矿。在大城市买不起房的上班族，其蜗居范围，像蚁群一样，越扩越大，最终渗透到几十英里外的田垄。

城市上班族和外来移民，下乡养老的退休中产，以及少量原住民们……混合衍变，渐渐生出一个外表19世纪、内里21世纪的变体。资产、代际、种族和文化的大相径庭，传统亲缘、地缘关系的渐渐消失，令这个变体充满了滑向"陌生人社会"的风险。

不像赫尔普斯顿之于克莱尔，我的新落脚点对我来说，是完全陌生的——从气候到风景，从食物到方言，从生活到思维习惯……而我这样的移民，在稍大一点的地方，更比比皆是。古典的恋地情结，对陌生人社会显然是无效的。这时候，一些更当代的社群理念，比如英国纪实记者、生态作家乔治·蒙比尔特在他那本书《走出废墟：一种对付古老危机的新对策》（*Out of the Wreckage: A New Politics for An Age of Crisis*）中提到的"地理上的邻近社区"（Geographical Communities），即"附近"（vicinity），就显得十分应景起来。

乔治·蒙比尔特理解的"附近"，不只是附近，它还应该是心理位移上让人能够产生归属感的"社区"，是一个不断生长和变化的有机体。回想起来，牛津大学人类学家项飙也在一篇访谈里谈到过"附近"。他说："附近，是指跟你日常生活直接发生关系的那些地方和人。附近意味着个人与世界的真实连接。透过附近的概念，个人能够完成自己情绪、思想的投射并切实收到反馈。"

这么一比，倘若要把一个地方的居民黏合起来，让他们纷纷参与在地民间社团的建设和互动，当代的附近理念显然就比古典的恋地情结要有效多了。比如作为陌生人的我，就可以偷梁换柱地把"恋地情结"中的"地"，即"Topophilia"中的"topos"（地方），换成"附近"。

我的"附近"，和克莱尔的"附近"一样，是典型的英格兰湿地，即英国作家格雷厄姆·斯威夫特（Graham Swift）书写《水之乡》的地方。在这里，田野是舒缓而平展的，每到秋收时节，田野上就会布满一捆捆被扎成圆筒的麦秸。阳光穿过冰片般的薄云，化成金色的箭雨。马路和树林错落有致地分布在田野之间，水渠宛若无数条绿色丝带，牛羊和马群在其间徜徉。麦穗丰腴而饱满，夏天的夜晚明亮而漫长。吃过晚饭，在田野和树林中行走，每次都以为世上不会有比这更孤寂的小路了，却总是冒出绵亘的河道来。然后是船，各种颜色的船，各种生活过的痕迹，有力或无力地被刻在斜阳里。草间闪耀着白露，光是时间的晚餐。

我的附近无疑是美丽的，然而这只是它的表面。我当然也可以像贵妇爱上狐皮那样爱上这个表面，可这种爱注定不会长久，注定不会像克莱尔的爱那样长久。

四 附近的内核

搬到乡下之后，我渐渐养成了跑步的习惯。每天早上，从村头跑到村尾，不错过任何一条腊肉飘香的小径。

附近的居民恐怕早已熟悉那个忍者神龟般的身影了，隔着窗口，远远朝我挥着手。一对黑鸟，在我中场休息的某棵柳树上筑了巢。教堂附近的草坪上，还有一位不施粉黛的女园丁，总是蹲在橡胶膝垫上，鼹鼠般地刨着土。她的不远处，是穿橘色吊带裤的环卫工人，掀开小狗标识的桶盖，拎出一只黑色塑料袋，将其准确无误地甩入卡车尾厢，后视镜里闪过一张吹着口哨的大圆脸……每当看到这一切，我就会不由自主地放慢速度，让心跳慢下来，像蜗牛那样平缓。果然，一个写着"公共步道"（Public Footpaths）的路牌恍如一道守候已久的启示，闪入我的眼帘。

英国版图内有无数条公共小径，大多通向田野或自然保护区。每个城镇或村庄至少有一到两个自然保护区。英国人像守卫传家宝似的，守卫着它的每一帧风景。许多自然保护区看起来幽绿而古朴，追溯其由来，原来竟是"公共用地"的一部分。

"公共用地"本是一项英国的土地传统，历史相当久远。中世纪前后，英国的土地虽被皇家、贵族、教会和大地主所占，上面还建起了大大小小的庄园，但庄园之间却会刻意留出一片森林、牧场或荒地，作为"公共"之用，故曰"公共用地"。为庄园主劳作的佃农或农奴可随意在公共用地上采伐、狩猎或放牧，流民或穷苦人家也可以在它里面小面积地开荒，这种公共占地模式也叫"敞田制"（Open Field System）。1600年，26%的英格兰土地属于公共用地。[1]

16世纪后，许多贵族和大地主发起了"圈地运动"，致力于通过买卖兼并土地。圈后的地，被高墙和栅栏围封起来。敞田时代的公共用地逐渐消失，有的地区公共用地被圈至只剩无人垂青的穷山恶水。1700至1860年之间，500万英亩的公共用地被圈走，供贫民使用的耕地仅占全国土地的0.5%[2]，克莱尔的绝望，可想而知。

"公共用地"在消失，但"公共"（Commons）的观念却像克莱尔的诗作一样保留了下来。持这一观念的人认为，阳光、空气、水源、栖息之地、信息、思想、艺术等自然和人文资源，都应该属于公共资源，不应被国家或市场垄断。美国作家和行动派改革家大卫·博利耶尔（David Bollier），上文提到的英国纪实记者、生态作家乔治·蒙比尔特等当代西方思想界的活跃人物，都很认同这一主张。同一阵线的美国政治经济学家埃莉诺·奥斯特罗姆（Elinor Ostrom）还凭借她在此领域的研究，成为首位女性诺贝尔经济学奖得主。今天，当学界谈到"公共"，普遍沿用的就是埃莉诺·奥斯特罗姆的阐释："公共并不单纯指公共资源，它还是一种自发组

1　Gregory Clark & Anthony Clark, "Common Right in Land in England 1475–1839", *The Journal of Economic History*, Cambridge University Press, Vol. 61, No. 4, December 2001.

2　数据源自历史资料网站BK .. This and That, "英格兰份地简史"（Brief History of Allotments in England）。

织的民间社会体系，一个丰富的民间公共领域。"

伴随着平等主义的发展，"公共"的概念变得更有迹可循。比如1750到1850年工业革命期间，英国人口猛增近一倍，贫穷人口也随之飙升，一些上流人士和神职人员便借机提出了"既然圈走公共用地，那么就请出让份地"的主张，发表在18世纪60年代的《绅士杂志》上，呼吁英国社会应在圈地运动中加入对贫穷问题的考量，将部分土地廉租给贫民耕用以缓解贫困压力，减少社会犯罪和混乱。倡议者们还给廉租地起了个好听的名字，即"份地"（Allotment）。一些民间社团，比如"促进社会进步和扶贫协会"（SBCP）亦相应成型，会员包括彼时的英国社会改革家托马斯·伯纳德（Thomas Bernard）等颇有影响力的人物。

虽然倡议有理有据，宁可死后大修陵墓也不愿活时分出一杯羹的贵族和地主却大有人在。毕竟英国寸土寸金，即使是最廉价的农用地，据2020年的市价，1英亩也得至少10 000英镑。从封建世袭封地制，到敞田制、圈地运动，再到今天的土地商品化……英国的土地私有制一直不曾动摇。36 000个权贵家庭拥有全英50%的土地[1]，想染指自由主义鼻祖约翰·洛克（John Locke）心目中那"神圣而不可侵犯的私人财产"，除非法国大革命卷土重来。

1　Kevin Cahill, *Who Owns Britain*, Canongate Books, 2002.

尽管阻碍重重，第一块份地还是诞生了。1809年，在英格兰威尔特郡的大索玛福村（Great Somerford），神职人员史蒂芬·德曼布雷牧师（Rev Stephen Demainbray）向乔治三世请愿，求国王将其名下的8英亩地划作份地，并写入立法，即流芳千古的"大索玛福份地法"。立法指出，份地由地区政府负责打理，廉租给贫民耕种，不经议会讨论一律不许买卖和挪用。

1830到1840年期间，更多的人参与了份地运动。英格兰中部63个地区的800英亩耕地，以私人捐赠、地方政府购买或廉租的方式变成了份地。"东萨默塞特郡劳工之友"的创建人乔治·斯科贝尔（George Scobell）也将名下的土地捐了出来。大势所趋，贵族们也只好加入了份地运动，贝德福德（Bedford）公爵廉价出租600块份地，里士满（Richmond）公爵1500块，纽卡斯尔（Newcastle）公爵2000块……1834 年前后，英格兰和威尔士42%的教区实行了份地政策。1873年，全英已拥有243 000 块份地，平均每块1/4英亩。到了1913年，全英份地增至600 000块。"一战"期间食品短缺，政府发动全民自食其力，份地数量猛增至1 500 000块，"二战"时更暴增至1 750 000块，一跃成为英国普通民众的备战粮仓。[1]

---

1 数据源自历史资料网站BK .. This and That ，"英格兰份地简史"。

今天，英格兰份地数量大概在330 000块左右。排队等着耕种份地的人也不再局限于贫民，因为份地不单只带来食物，还捎来了一种绿色的生活方式。更重要的是，它将"公共用地"中的"公共意识"，通过公众对土地的所有权和使用权完美地传承了下来。它证明了在国有和私有之外，还存在着一个巨大的行动和想象的空间。

搬到乡下后的第二年，我也奇迹般地申请到了一块份地，它有半个篮球场大，四季朝阳，年租低于21英镑。于是我这个五谷不分的人，便疯狂地开始了耕种生涯。春寒料峭，我就已经开始了室内播种。将种子埋入5厘米高的小花盘里，底下用毛巾和旧棉裤蘸水加湿，上面盖保鲜膜保温。

除了书架，每个架子都放满了种子。土豆、抱子甘蓝、洋葱和大蒜是主力军，浩浩荡荡，分布在各种托盘上。邻家那憨厚的狗子若闯进来，看到密密麻麻的小盘子，没准还以为我在开"吃土自助餐"。

小面积有机耕种是典型的苦活。豌豆和向日葵从不辜负，番茄和小黄瓜对温度和湿度要求颇高，就经常难产。共情起来，感觉自己也在分娩，半夜起来上厕所都忍不住跑去掀保鲜膜，看有没有出芽。等到最后一场霜冻过去，春芽长到铅笔高时，满以为可以下地，却又面临着除草的问题。空置的份地，眨眼工夫就杂草丛生。匍匐冰草、羊角芹、荨麻、小旋花、马尾……林林总总几十种，都是野火烧不尽之物。有的野草横蛮如狡兔，在一米多深的土里建起迷宫，枝蔓又粗又长，绞杀纵横，不费蛮荒之力便不能斩草除根。有段时间我除草除到脑中空无一物，像是进入了冥想的最高境界。

奇妙的是，这些苦行僧式的农活，却令我和"附近"的关系一下子变得前所未有地亲密起来。尤其是当我俯下身，把手伸入黝黑而肥沃的泥土时，一种比地心引力更牢固的力量便会将我温暖地裹在其中。而当我从地里挖出第一筐土豆的时候，我觉得自己差不多就是这块土地的主人了。我不假思索地加入了村里的"份地小组"，和其他租户分享着耕种的喜悦。租户们除了来自中国的我，还有来自马来西亚、波兰和其他欧洲国家的移民。别看我们只有几十户人家，我们的公共意识可一点也不滞后。我们分享着水源、农具、丰收的果蔬和花朵，以及各种关于有机农业和生态的知识。

在英国，这种公共意识无处不在，因此仇视它的人也无处不在。1968年，人口怀疑论者、美国生态学家加勒特·哈丁（Garrett Hardin）还做过一个著名的假设，叫"公共的悲剧"（The Tragedy of the Commons）。大意是，既然谁都可以到公共用地去放羊，那么出于人类的私心，公共用地很快就会挤满了羊；也不会有人打理青草，因为打理完了也会被别家的羊吃掉；久而久之，公共用地就会被群羊耗尽，最终成为荒地——这一假设，很快便成了公共资源私有化的重要理论依据。20世纪70年代后，英国经济体制也从战后的民主社会主义，逐渐走向了新自由主义。

讽刺的是，即使人们忠于这一假设，悲剧也依然照演不误。杀伤力最大的，是土地的悲剧。在英国，因为披着一件"风吹草低见牛羊"的田园牧歌式的外衣，土地的悲剧十分隐蔽，但只要经历了洪水、碳排放量、农业工业化带来的低劣土质，你就能感受到它的摧毁力。

每次看到山坡上的羊群，我就会呼唤，狼啊，快来吧！一个没有狼的世界，是多么贫瘠啊。没有狼，庄稼地和牧区以外的野鹿数量就会呈几何级增长。在英国，野鹿一度繁殖到200万只，比上个冰川纪还要多。鹿群横扫一切，能把人脚底刺穿的小尖松叶也不放过，土地上的那点单衣都快要被它们吃没了。

但如果把狼招回来，画风就会彻底改观。狼会吃掉一些野鹿——这并不是最关键的，关键的是，狼会改变鹿的活动路径。鹿会特意避开一部分地区，尤其是容易被袭击的坡底和峡谷。鹿一走，这些低洼地带就会立刻重现生机，树木会迫不及待地长回来，在短短几年内聚成树林，尤其是易生的山杨、柳树和三角叶杨。林地的茂密，唤回一度无以为继的鸟类，爱吃叶子的海狸也会顺着美味游回来。像狼一样，海狸也是生态工程师，为其他物种催化着大量的生态位（niches）。海狸会用树枝垒起鸟巢般精密的堤坝，瞬间就可以将一个行将枯死的河岸变成麝鼠和野鸭的家园……一个生机勃勃的自然复兴就开始了！

然而，并不是每个人都眼巴巴地渴望森林。英国大部分的土地掌握在王室、贵族和大地主手里（少于1%的人口世袭着英格兰半数以上的土地）。按每英亩85英镑左右的"欧盟农业补贴"来算，拥有的土地越多，收入就越高。比如第18代诺福克公爵在萨塞克斯的农场所赚的补贴，每年就高达473 000英镑（这笔钱归根结底，来源于英国纳税人的腰包）。因此，许多地主宁可养几只羊，或干脆烧掉植被伪装出"农业用地"的样子，也不愿种树，更别提"引狼入室"了。2013年初夏，当特需人士生活津贴被大幅度裁减、长颈鹿几度精神崩溃之时，保守党环境大臣欧文·帕特森（Owen Patterson）却急匆匆地跑到欧盟议会，阻止欧盟为这一补贴设定"上限"，仿佛权贵们到手的银子还嫌太少。

今天，英国的森林覆盖面积只有13%，远低于33%的欧洲平均水平，而这种情况与这种高密度的土地世袭制，外加"二战"后的农业大工业化不无关联。在一些农场，土质差到可以将半只手臂伸进泥土的裂口，从前吃1个萝卜就能补充的养分，现在吃8个都不够；而真正的农场主们也因劣土而丧失了市场竞争力。这一切，无不是给"公共的悲剧"这种假设打脸。

此时，除了"公共意识"，恐怕再也找不到其他可以使大地回春的力量了。毕竟，人类已经彻底告别了法国大革命的时代。凭借不屈不挠的公共意识和近三十年的努力，一个叫"回归野生"（Rewilding）的民间运动正在变得强大起来。它的野心，比83岁的大卫·帕尔默曾在老西河边种过的那几棵树大多了 —— 它要将英国1/4的土地变回野生状态。为此，它几乎在英国的每一个大城小镇都设立了民间社团，频频邀请专家举办讲座，四处宣传归林的迫切性；他们上书议会，向政府施压，要求政府在脱欧之后，将此前每年投给大地主数以亿计的"农业补贴"改成"森林建设资金"；它们建立会员制，开展众筹，为有意参与该运动的小农场主和社区居民争取到启动经费……这一切，都取得了惊人的成果。

在苏格兰高地的尼斯湖（Loch Ness），一个叫"依林而生"（Trees for Life）的民间社团，用捐款购置了10 000英亩土地，又用十二年将其改造成了世界上第一个"回归野生森林中心"。在另一些地区，200 000英亩的土地亦走在归林的路上。英国生态作家伊莎贝拉·特里（Isabella Tree）是这一运动的核心人物之一。20世纪80年代，她和丈夫继承了一块祖上的土地，苦苦耕耘了近二十年，换来的却是愈加贫瘠的土壤和农场的倒闭。她随后加入了归林运动，将名下3500英亩土地交给大自然打理。今天，仅靠生态旅游一项，就给她带来了460 000英镑的年收入，差不多是农业补贴297 550英镑的两倍。

归林的观念如此深入人心 —— 2018年英国大旱，为了让蜻蜓和蝴蝶获得最大限度的庇护，有人提出了"不割草计划"。话音未落，那些原本被主人铲得青皮毕现的前园后院，画风一转，变换成了"野草当阶生""偶坐蝶成群"。

我找不到比"公共意识"更坚韧的东西了，我觉得它就是附近的内核。被地方政府买下并移交到民间社团手中的村礼堂和图书馆、份地、自然保护区、野生森林，甚至全民医疗服务、"二战"后曾为英国近半数人口提供住所的政府廉租房，以及至今遍布英国的公立学校等一切公共设施，都是这种"公共意识"的产物。

五 边界

我的"30英里"第二站，是一个叫"再想象资源中心"（Re-Imagine Resource Centre）的企业型民间社团。它在脸书上四处广告："无须食物券，任何人，只要支付2.5英镑，就可以捧走10件食品。"我将信将疑地点开照片，一件件放大侦察，竟然都是好货，除了新鲜奶制品和果蔬得马上消灭以外，包装食品大可储放一两年。10件算下来，总值 20—30英镑不等，分量还不轻。如果不是耶稣显灵，这就意味着，一个住在它附近的低收入者，只要每周骑自行车前往采购，就可以靠2.5英镑存活下来。当然，不喜生食，燃料费还是要出一点的。

我在英国食物银行工作，食物银行没有冰箱，因此只能供应超市和民众募捐的罐头食品。此外还得有"食物券"，它是当地就业中心、医院、公民咨询中心之类的机构开具的，没有它就不能证明贫穷或饥饿的程度，因此也是行政和慈善挂钩的产物，即传统救济法中"经济状况调查"中的一种。

对于英国传统救济机制里的各种小心眼，我其实是有些耿耿于怀的，因为它们正面像菩萨，反面像老虎。毕竟，那不到一英镑一听的罐头豆子、午餐肉和盒装牛奶，除非得在防空洞里躲纳粹，否则谁会将其视为饕餮大餐？把自己穿成狼外婆，拎着篮子进来招摇撞骗吗？尽管如此，很多人还是觉得这些小心眼颇有存在的必要。这些人多半秉持"劳役即赎罪"的新教主义传统，坚信"福利喂养懒惰"的新自由主义价值观，他们中的很多人也许从未领取过救济金，估计也没怎么吃过罐头食品，却认为扶贫必须严审，宁可错杀三千也不能放过一个。

所以当我看到"无须食物券"几个字时，心中那点小激动是在所难免的。埃莉诺·奥斯特罗姆在"驾驭民间公共领域"的方法梳理中，最先强调的就是"边界"，而许多公共事务也表明，单有公共意识是不够的，还得有一个让公共意识畅行的公共空间，拆掉旧有的边界，或重新定义边界，即是对这个空间的重塑。"食物券"是一条横跨在"有资格的穷人"和"没有资格的穷人"之间的边界，我早就等不及它被拆除了，正好天气也十分配合，我关了网页，二话不说便跨上了自行车，朝"再想象资源中心"驶去。时值2019年仲夏，大麦刚熟，金色的麦穗在微风里摇曳，宛如金丝牦牛光崭油亮的毛皮。大朵的白云悬浮于蓝天和村际公路之间，车辆稀少，下坡路宁静而平缓，我的目光不时和鸟羽相撞，不知不觉就到了目的地。

"再想象资源中心"坐落在"毕渠弗垃圾回收站"（Witchford Waste Recycling Centre）里，想象中的垃圾山和焚烧炉并没有出现，竖立在我面前的，是一片科技园式的现代建筑。"再想象资源中心"面对着一个小停车场，考虑周到地设置了自行车停靠点和特需人士通道。走进高阔的拉闸门，一个阿里巴巴式的藏宝洞便从脚底一路向前铺展开来。所经之处，布满了颜料、彩笔、布匹、纸张、塑料珠片和镶花挂饰……一个大型童话剧所需要的一切布景材料，似乎都能在这儿淘到。几个小孩小猴似的爬上爬下，看到有什么合适的就扔进购物篮里。那种超市标准手提购物篮，不管什么宝贝，只要装满，一律6英镑。

宣称"2.5英镑"的食品则一筐筐地摆在入口处：土豆、红萝卜、番茄之类的时令蔬菜，甚至进口香蕉和哈密瓜，一样不少。入口处转左，通向一间不大不小的厨房，里面也有几排货架，盛放着大米和面条。透过冰箱柜门，还可以看到牛肉、奶酪之类的冷藏食品。

踌躇片刻之后，伴随着加快的心跳，我掏出了两枚事先准备好的硬币，一枚2英镑、一枚50便士，递给了收银台后一位高挑黝黑、目光如炬的混血姑娘。

"我给你开个卡好吗？"混血姑娘说。她看起来正值壮年，一头浓密的非洲卷发紧紧地扎在后脑勺上，显得非常利落。"开了卡，有什么新的食品到货，我们就可以随时通知你，"她又说，"我们的食品都是赶在超市要扔掉之前从货架和货仓里打捞出来的，所以每次都不一样。"

"可这不是还有一年多才过期吗？"我顺手拿起一袋米。

"超市不单只淘汰即将过期的食品，包装有瑕疵或编码错误的食品也一概扔掉。扔的时候，还不会拆包装，导致塑料和食品一起葬身垃圾掩埋场。食品释放出毒气，塑料几百年都不降解，造成巨大的污染。想象一下，全球每年扔掉超过约13亿吨的食物，英国每年也有超过600万吨的食品被推入掩埋场……"

"你是怎么打捞食品的呢？是直接跑到超市的蓝色（不可回收）垃圾箱里，像潜泳员那样跳进去？"

"哈哈，当然不是，我这不是一个民间企业社团嘛！是经过了正式注册和审核的，所以超市有食品过剩，就会提前给我打电话，然后我就会开个货车杀过去。"

"是我们本地的超市吗？"

"对，全是附近的超市。比如过两天，我就得到附近一家绿色农场打捞几只鸡，那可不是工业养殖的鸡哦！"

"走地鸡吗？恐怕会很贵吧？"

"一样的，全在2.5英镑以内。但你要早点来，晚了就给人领走了。我们还开设了一个社区食堂（Community Larder），所有打捞食品全部免费赠送。别看它规模小，最近两年内，它可为这一带的居民提供了近35 000顿正餐呢。"

我惊叹地睁大眼睛。

"这个2.5英镑的新项目，叫社区食品室（Community Pantry），是对此前社区食堂的一个补充。目的是建起一个会员制，稳定用户源，2.5英镑就像是会员费。社区食品室开放的时间是每周五10到12点，先来先得哦。"混血姑娘边说边递给我一张崭新的会员卡，除了名字和联系方式，亦没有任何多余的填写项。

世上不少地方，谁可以、谁不可以使用公共资源，是受地方文化限制的。在一些乡村，你甚至先得有那儿的祖先，才能饮用当地的井水 —— 这么一比较，英国民间公共领域的进步性就彰显出来了。原来不仅"无须食物券"，性别、年龄、种族、国籍、学历、签证种类，是保守党还是工党，是"川粉"还是"川黑"，也一概无须考虑。边界能拆就拆，门槛低到几乎没有门槛，像圣诞前夕，全英各大教堂为孤寡人士举办的聚餐，管他总统还是乞丐，中国人还是爪哇人，订餐时一律不问来路，订好餐位就可以开吃。这种鼓励公共参与的精神之高亢，甚至完美地解释了"companionship"（陪伴）这个英语单词。根据词源学，"panis"指的是"坐在一起分享面包"的意思。

不仅参与的门槛低，运行的门槛也很低。混血姑娘告诉我她叫露丝·马利（Ruth Marley），有英国和美国双重国籍。七年前，她把脑中的想法写进了一份"申请书"，并在政府网站上按下提交键，旋即就通过了。我后来上英国政府网站查询"如何申请为民间社团"，果然挺容易，写明目的，再申请一个用来收取公益基金的银行账号，并保证其绝对的公开性和透明度就差不多完成申请了。至于兴趣小组或年收入5000英镑以下的社团，甚至不用申请，公共领域的自治权，可见一斑。

申请成功之后，下一步就是争取地方政府的支持了。露丝·马利无疑是这方面的高手，脑洞大，口才还出奇地好。由地方政府出面、与地方政府签约在先的"毕渠弗垃圾回收站"便以低廉的租金，供出了仓库和铺面。附近商家更是积极捐赠，各种装饰材料的边角料，一箱箱地送过来，再在脸书上打个广告，急于搞舞台剧的老师们就带着学生跑过来了。至于打捞的食品，一部分来自附近超市，另一部分则源自与"公平分享"（FareShare）的合作。

"公平分享"是一家大型连锁打捞食品货仓，专事收集过剩食品。在露丝·马利的描述中，它像是有几个篮球场那么大，英国所有的大型超市都和它签了约：条件只有一个，从它那里流出的食品，必须无偿赠出，不能进入任何售卖环节。第一家"公平分享"建于1994年，是在"危机"（Crisis，一家帮助无家可归人士的慈善机构）名下创立的，旋即便以伦敦为中心遍地开花，为全英1000多个致力于"食物救济"的民间社团提供着食品。

这些民间社团，像水母的触手，游弋于一个宽广而幽暗的底层社会。二十五年来，通过这些触手，"公平分享"为穷人和低收入者供应了23.68亿顿餐食，总值17.99亿英镑，"再想象资源中心"就是它那为之骄傲的触手之一。

这套"打捞—收集—分发—享用"的行动，露丝·马利将它归根于"飞根主义"（Freeganism），即通过消费回收的食品和物资，改善恶化的环境，同时也为消除贫困开拓新的可能。

由于参与和运行的门槛都很低，飞根主义者便逐年增多起来。不单露丝·马利的社团在分发打捞食品，附近小镇上，做同类工作的，还有一个叫"灯塔"的社区食堂（Lighthouse Pantry）。成为其会员的程序也同样简单，只需在一张表格上留下姓名和联系方式即可。会员费每周3.5英镑，可任意领取10件食品，外加4种免费水果或蔬菜。新科技也被利用起来，2016年，一个叫"Too good to go"（天物不可弃）的应用软件新鲜出炉，下载后输入地名，就可以联系到各种超低价或免费送出处理食品的餐馆。在伦敦的闹市区，不论是卡姆登区（Camden），科文特花园（Covent Garden），抑或苏活区，刷一下手机，便可像嗅觉灵敏的猫一样，一路顺着谷歌地图，找到那些餐馆。至今，已有15个国家的2970万飞根主义者在使用这个软件，合作商家多达75 000家。

还有什么可犹豫的呢？我迅速填好了会员卡，将我最喜欢的印度袋装米饭还有久违的哈密瓜扛到了自行车上。

在走访社区食堂的同时，我还专程趁着每周一天的公众开放日，去参观了一趟附近的垃圾掩埋场，它离我家竟然不到7英里。庞大而不可降解的垃圾坟地，远看像一座座连绵起伏的人造山丘，机器爪一刻不停地刨土挖埋。挖得太深，没有氧气，埋了十年的报纸，展开来还可以品读；太浅，臭气熏天，海鸥循味而来，叼啄潜在的藏尸。不管埋多少米，不可降解就是不可降解。在足以让恐高症患者昏厥的分类车间上空，工人们像分散于太空的星体，各自戴着面具，穿着连体防护服，孤零零地站在高耸的电动传送带一端，连续不断地将不可降解垃圾从普通可回收垃圾里挑拣出来，每天8小时，如此重复——这个画面，让我对食用打捞食品的身体充满了敬意。

不仅如此，寻觅打捞食品的体验，也比超市买菜的体验好多了。在超市里，物欲的满足感消失得像德国艺术家克里斯蒂安·扬科夫斯基（Christian Jankowski）的箭一样飞快（《超市狩猎》，*The Hunt*，1992）。自动售货机更将人与人之间的互动体验消解至零。与此相反，到民间社团里觅食，却伴随着一股持久的幸福感。额外的骑行、体力的消耗、被延迟的欲望等，似乎都不能消解这种幸福感——它包含了惊喜（陈列柜里的食品每次都不尽相同）、小确幸（对不济的命运和瘪小钱包的掌握）、感激（对陌生人的仁慈以及参与者的艰辛付出）、正义（不让地球毁于垃圾和毒气的坑洼）……在所有这些丰富性当中，还掺夹了一种平淡而柔韧的友谊，一种多于熟人和水果小贩之间的古老默契，与其说它是"友谊"（friendship），不如说它更像是一种来自同温层内的"抱团"（solidarity），一种在地的点赞——而这一点，对我这个"陌生人"来说，实在是太重要了。它的在地性、附近性、现场感，它所提供的关于"融入"的即刻体验……一切都正是我所需要的。

带着一股日新月异的融入感，我起了个大早，来到了我的"30英里"第三站，它是位于剑桥大学的西路音乐厅（West Road Concert Hall）。据说那里有为少年儿童开设的音乐课，每个暑假都会定期开放。

不到8点，孩子们就已鱼贯入内，在接待大厅里等待报到了，放眼望去，百多个萌头萌脑的小人儿。看装备，大部分来自工薪家庭，乐器算不上牌子货，背着那种平凡的、印有卡通画的书包。

接待大厅径直通往中央演奏厅，它阔大、高耸，像梯田一样向四周延展，音响效果和伦敦最好的歌剧院不相上下。围绕着它的，是一间间装有隔音设备的排练室。一整个早上，我像隐形虫一样，轻轻挤进一道门，又悄悄溜出一道门，从一个排练室钻到另一个排练室，在巴赫的钢琴曲、皮亚佐拉（A. Piazzolla）的探戈舞曲或弗兰德斯与斯旺[1]的喜剧音乐里穿梭往来。当孩子们拿出乐

---

1 弗兰德斯与斯旺（Flanders & Swann），英国歌唱喜剧二人组。

器，像驯马师跳上马背那样闪出一道亮丽的音符时，他们身上那些平凡的假象便消失了，取而代之的，是一股真挚的童真和专注，像射入冰块的阳光，出其不意地征服着我。

音乐课的筹划委员会主席莉迪娅·希尔告诉我，这里的音乐课总共分三期，暑假、复活节、圣诞节各一期，每期约一周，全天上课，周末聚演。听起来相当具有吸引力，可我还是不由自主地问了一个克莱尔式的问题："在这么高大上的空间里，和专业素养一流的老师学习，恐怕得不少银子吧？"英国穷人的生活普遍比克莱尔的时代有所改善，感谢民主社会主义时期制定的劳工法和福利制度，但全英依然有140万学童因为出身贫寒，必须申请免费午餐。果腹尚成问题，就不要说那些动辄每小时30英镑的文艺补习班了。

"哦，不贵。"莉迪娅·希尔边说边递给我一份报名表，上面印着：每期80英镑。来自同一家庭的孩子还可享受优惠，两孩150英镑，三孩210英镑等。此外，针对特别贫困的孩子，亦有不同程度的奖励和减免。我瞪大眼睛，简直难以置信。更令人惊叹的是，所有学费全部用来支付场租和音乐老师的工薪，至于幕后运营团队则分文不取。

这支运营团队叫"剑桥郡假日管弦乐队"，是本地工薪家庭中知名的企业型民间社团之一，靠廉价的学费和优异的师资，它每期都能招到数百名学生。而它的执行人员加起来却只有7位，分管宣传、招生、招聘、课程统筹、演出安排各种事宜。切除了行政管理的赘肉，省去了各种繁文缛节，7个人各司其职，神速又高效，至于那些戴着胸花、在幼小的孩子中帮忙维持秩序的则是每期临时招募的志愿者。

如此规模庞大、师资雄厚的音乐课，谁会想到它的发源地竟是一间普通居民的客厅呢？

莉迪娅·希尔告诉我，"剑桥郡假日管弦乐队"在20世纪50年代就诞生了。那也是英国社会真正脱胎换骨的年代，年轻人正迫不及待地打破帝国殖民时代的各种陈腐，莫莉·吉尔摩（Molly Gilmour）就是其中的一员。作为剑桥本地的一位音乐家，出生于1913年的她，不仅是两次大战的见证者，也是战后重建的见证者。她在自家的客厅里开设了一个小型排练室，和朋友们一起授课，对象是"热爱音乐的孩子"，且一概不论出身，势必要将属于上流社会的高雅音乐普及开来，于是"剑桥郡假日管弦乐队"的雏形便出来了。1956年，它获得了一些捐款，从莫莉·吉尔摩的客厅移到了剑桥植物园（Botanical Gardens）。此后的半个多世纪里，它不断升级场地，扩大生源和师资，最终搬进了西路音乐厅。在没有任何政府资金支持的年代，它靠捐款购买了大量的乐器，提供给买不起乐器的学生。在艺术教育资金被大幅削减的今天，它靠廉价的学费和一以贯之的平等主义活了下来。

趁午间休息，我拿出录音笔，逮住了一位叫保罗·加纳（Paul Garner）的小号老师。他看上去五十出头，高大健壮，挥起手臂来，气势蓬勃，像一股招纳百川的疾风。他出身音乐世家，毕业于伯明翰音乐学院，最辉煌的时候，曾作为英国国家铜管乐团的一员在皇家阿尔伯特音乐厅角逐过全英管铜乐的冠军。他还到过全世界许多国家巡演，其中也包括中国。

一番寒暄过后，我单刀直入："如果遇到家境特别贫寒却天赋过人的学生，你会如何对待他呢？"

他不假思索地说："我会额外鼓励他，教给他我所知道的关于音乐的一切。"

"如果他穷到连买乐器的钱都没有呢？"

"那我会给他买乐器，并为他全力争取奖学金。"

保罗·加纳的采访录音，我反复听了好几次，每一次都很感动。倘若可怜的克莱尔能活到今天，想必也会感动不已吧！遥想那个在拿破仑战争时代出生的诗人，之所以有机会上学，全凭他的三个姊妹的夭折——毕竟，少了三张嘴吃饭。但他也只是上到了12岁就辍学了。[1]没办法，太穷了，一家老小挤在破旧的瓦房里，靠院子里的一株苹果树贴补房租。当他那做了一辈子雇农

1　Simon Kovesi, "John Clare's Deaths: Poverty, Education and Poetry", *New Essays on John Clare Poetry: Culture and Community*, Cambridge University Press, 2015.

的父亲体力不支、终于累倒后，苹果树无人料理，房租问题便立刻迫在眉睫。房租像一头狼，自克莱尔的幼年起，就对他穷追不舍，直到他进了精神病院为止。短暂的成名也没有为他带来稳定的收入，彼时伦敦的上流社会还不时以拜访的名义，"组团"到赫尔普斯顿，像一群窥穷癖者，不知疲倦地窥视着这个被他们称为"农民诗人"（Peasant Poet）的穷苦人。

在所有的边界中，最难拆除的，恐怕就是阶级的边界了。而"剑桥郡假日管弦乐队"却"霸王硬上弓"，一试就是七十年。其实何止它一家？图书馆、自然保护小组、份地小组、老年活动中心、回归野生森林小组、社区食堂……至今，我所走访过的任何一家民间社团，无不做着相同的尝试。分享（commoning）公共空间最大的困难之一，也许就是"如何在分享它的同时，不加进某种领地感（sense of territoriality）或不赋予其某种特定身份"了。当有人说（哪怕出于政治正确的考量，并不真正开口）"这个空间属于富人，这个空间属于穷人，或这个空间属于黑人，这个空间属于白人"时，这个空间就已经伤痕累累了。而民间社团这种停留在附近和邻舍关系上的浅层尝试，或许依然触不到制度性歧视的根源，但它却展现了一种公共空间的可能性：当底层的邻居和中产的邻居为了某种共同的、切身的、在地的利益（比如共同抵御环境恶化，或合奏同一首曲子）而齐心协力时，一个个开启平行宇宙的对话框就打开了。

六 联结之美

自从以居住地为中心，画了一个直径"30英里"的圆之后，我的生活就挂在自行车上了。2019年的整个夏天，我都在彩蝶翩跹的英格兰湿地里穿梭。风吹芦苇的声音、雨水滑过荷叶的声音、野马在硬度适中的黑土上奔跑的声音……这些美妙的声音，被大自然的梭织机织入空间的纤维，带给我一种奇异的时间感。和生活里那些被量化的时间比起来，我体验到的仿佛是另一种时间，一种被法国哲学家亨利·柏格森（Henri Bergson）称为"纯时间"（Pure Time）的时间。与切割成刻度的数学时间（Mathematical Time）不同，"纯时间"充满了流动性，并与意识的延绵融合在一起。在意识的延绵中，历史和过去渗入此刻的每一个细胞，并更新出新的细胞，时间便打开了新的可能性。[1]

"附近"，用可量化的时间来丈量，或许就只是一个"开车1小时31分零3秒"即可横跨南北的地理空间而已，

---

1 Henri Bergson, "Pure Duration: Henri Bergson examines the time of the mind", *Lapham's Quarterly*, 1889; Henri Bergson. "The Multiplicity of Conscious States; The Idea of Duration", Chapter 2 in *Time and Free Will: An Essay on the Immediate Data of Consciousness*, translated by F. L. Pogson, M. A., London: George Allen and Unwin (1910): 75–139; Henri Bergson, *The Creative Mind: An Introduction to Metaphysics*, New York: Kensington Publishing Corp., 1946, p. 129.

倘若用"纯时间"来丈量，它顿时就变得无限广阔起来。每一片土壤的"此刻"都涌动着历史和过去，每一朵花的开放和凋谢都意味着改变和发生。在一个叫威肯（Wicken）的湿地自然保护区里，这种时间感尤为明显。而它的空间，也不再是一幅地表生出的风景静帧，而是住在它附近的人，在千百年来漫长的意识的延绵里，在每一个互相联结的时间点上，对它不断地进行塑造和改变的结果。此时此刻，它仍在改变之中——威肯保护区的义工们告诉我，几年前，他们引进了野马，野马那不含毒素的粪便为屎壳郎提供了永久的搬家合约。屎壳郎驮着野马的粪便，在原本贫瘠的泥土里大造行宫，土壤变得养料充足起来，土壤的改变加速着生态的改变，昆虫开始大量繁殖，鸟类也循食而来，宁静的天空底下，四处涌动着蓬勃的生机。

威肯通往一个叫瑞奇（Reach）的村庄，那里有一家专门为特需人士打造的绿色农场，它是我的"30英里"第四站。每年，露丝·马利的"再想象资源中心"都会为该农场的节日和庆典提供食品或装饰材料，这一行动上的呼应，让我欣喜地看到了两个形态不同的点，在同一个公共空间里的联结。

穿过威肯的芦苇丛，骑至一片草场地，我很快就发现，这种联结似乎不止一个。比如我脚下的"自行车和特殊人士通道"，它宽约两米，在草场地中央划出一条平缓的细砂小路，一路蜿蜒向前，融入远方的地平线。车道口竖着一块木牌，上面印着"国民自行车道网"（The National Cycle Network）的字样。打开手机一查，原来英国"国民自行车道网"也是一个民间社团，它是由一个叫"可持续交通"（Sustrans）的慈善机构，在获得了一笔4250万英镑的国家彩票（National Lottery）基金之后筹建的。它自1984年开始修建自行车和轮椅车道，截至2020年，总计完成的车道超过12 739英里，其中1/3是无汽车车道。它们像细密的白色织网，连接起田野、河流、树林、村庄与市镇，并运用大自然的天然屏障，将闹市和空气污染巧妙地隔绝开来。

英国的自然保护区大多隶属当地自然保护小组的义务管辖区。自行车道的修建将对野生动植物的侵扰降至最低限度，故而是自然保护小组们的首选。至于在哪里修，怎样才能不伤及生灵，则完全取决于自然保护小组与"国民自行车道网"之间的合作。显然，这两个功能各异的民间社团都没有一官半职，却心有联结，并全心全意致力于一种永恒的美。

骑行大约17英里之后，那个叫瑞奇的村庄便从一片金边云里冒了出来。我拿出笔记本，打算先采访一下在村里散步的老人。哦，那个农场啊，一个老人说，有好几十年了！本来是块荒地，土质差得很，翻几层就见石灰，后来一群年轻人去建棚开荒，硬是把它种出来了。另一个老人说，我们经常去它家的店里买菜，能帮一点是一点吧，这年头的幸运者太少了，而且它也不远，走个600来步就到了。

我道了谢，蹬上自行车，一溜烟就到了农场。刚把车停好，一个只有几截竹笋高的迷你小哥就扑哧扑哧地迎了上来，热情地要和我击掌。农场经理汉娜·奥斯丁（Hannah Austin）紧跟其后，用一种幼儿园老师的口吻，把我两介绍给了对方："Hello，这是吉姆（Jim），这是梆（Bang）。"

"吉姆，你几岁了啊？"汉娜代我问道。

吉姆叽里咕噜地应了一句什么，我没听清。汉娜把头转向我，代他回答："吉姆已经28岁了哦，是我们的老学员了哦！是吧，吉姆？"

吉姆咧嘴笑了起来，开心得跟秋天的南瓜似的，嘴角也像顺溜的瓜藤一样，几乎勾到了耳根。就这样摇头晃脑，一直走到养鸡场，他才渐渐沉静下来，脸贴在栏杆上，专心致志地数起了鸡，很快便进入了那种看小人书的状态。

汉娜告诉我，农场只有18英亩，土质太差，几个世纪里一直闲置。1989年，住在附近的一群热心人异想天开，要用它来"种菜育人"，将特需人士培育成有一技之长的劳动者。出乎意料的是，该土地的产权拥有者，地方政府名下的剑桥郡农场（Cambridge County Farms）竟也一口答应了这项合作，并以几乎几十年不变的低廉租金，将这块地交到了这群理想主义者的手里。

每周两到三天，吉姆都会持特需人士乘车卡，坐村际巴士来到这里。刚开始,村际巴士公司还嫌绕道,不愿经过这家农场,在一次农场发起的签名请愿之后,它妥协了,从此成为方圆几十里将特需人士和农场连接在一起的交通纽带。农场的规模也逐渐扩大,不单有大棚暖房,还有恒温粮库、舞台和木工作坊。每周,超过100名特需人士分批到此学习农艺、养鸡和木工工艺,地方政府按约定付给农场一定的栽培费,即每人每天41.5英镑。这笔钱用来支付看护和指导员的工资,购买农机装置,添置营养土和交纳冬季取暖费。看护和指导员的工资,老实说实在不高,也就和当地平均工资齐平,打开英国慈善机构工资报表,具体到小数点后的两位数都可以一一查到。好处就是,这样一来,农场的开支基本能达到一个持平状态了。能"持平",就是"永续"(Sustainable),农场因而活了下来,还有了一个可爱的名字,"蛇廊农场"(Snakehall Farm)。

农场还开设了两家便民蔬菜商店,一家在农场的大门口,一家在附近小镇上,由上文中提到的那个叫"灯塔"的社区食堂提供店面,一切遵循绿色农业、环保或飞根主义原则,名字也生态味十足,叫"不包装"(Unwrapped)。此前我还专程去了这家店的开幕式,挂着金色颈链的胖镇长亲自到场,和一脸憨笑的特需人士合了影。因为自磨的咖啡和手工甜点比一般的咖啡馆便宜,那家店一直生意奇好。小镇居民们还经常提着藤篮子,自带空瓶子到那里去买菜,顺便补充洗发水。农场如果有剩余产品，则批发给剑桥郡的几家工人合作社零售点。抛弃了杀虫药和催长剂，依赖传统农业自然平衡法生长的果蔬，个头大小不一，色泽却是极好的，搁超市眼里，好比雅利安人种主义者眼中的残障儿，都是废品，搁工人合作社的货架上则都是宝贝。

参观完暖房，汉娜带着我走进了木工室。几位看上去有先天学习障碍的青年工匠正在指导员的辅助下，有说有笑地用砂纸打磨着"驯鹿"。两截原木，一截脑袋，一截鹿身，弯曲的树枝做鹿角，再涂上橘红色，便是炙手可热的圣诞礼品了，放在小镇的圣诞露天集市出售。买家通常不是游客，而是每天互相点头致意的街坊邻里，即"附近"的创建者和受益者。

除了"再想象资源中心"，附近的许多民间社团，也都不遗余力地与农场进行着各种合作。屹立在农场中心的一架崭新的多功能农耕机，就包含着我的挚爱"以马忤斯流浪者中心"的6000英镑捐款——相当于售卖100个旧衣柜，或500件旧衣服和1000套旧餐具所得的收入总和。

汉娜指着农场的办公设备对我说，"你看，这全都是附近的装修公司免费安装的，我们只付了一点材料费"。在公共厨房里，汉娜按下炉灶上的遥控器，它就像升降机那样，平稳流畅地降了下来，一直降到轮椅使用者得心应手的高度——这个让我瞠目结舌的装置同样也来自捐赠。捐赠者从以马忤斯那样的所谓弱势群体，到玛莎百货公司，"英版星巴克"咖世家（Costa）之类的大型连锁企业，不一而足。整个农场的运行体系，像深远而清冽的星空。附近居民、地方政府、民间社团、国民自行车和残疾人通道、巴士公司、社区食堂、工人合作社、圣诞露天集市、各家赞助公司等等皆是它的小行星。行星之间纵横交错的联结，以及这些联结迸发的新关系和可能性，构成了民间公共领域的生态系统。在某种程度上，它与大自然的生态系统是多么相似啊，由野马引出屎壳郎，又由屎壳郎带动起泥土、昆虫和鸟类乃至整片湿地的复兴。

2019年9月14日是蛇廊农场30周年大庆，方圆几十里的民间社团和公益组织几乎都来了，搭棚支架，卖起了甜点、书籍、玩具和各种手工制品。以马忤斯更是一早到场，在南瓜地旁摆起了旧货摊，安静的农场瞬间变成了热闹的墟市。两位扎着头巾的小提琴手，站在葡萄藤底下，用爱尔兰的乡村音乐为这一幕伴奏。我则在农场的另一头，手中牢牢地握着一根擀面杖粗的木棒，和一群农场学员们跳起了莫里斯舞[1]。木棒替代热烈的击掌，在手风琴的伴奏下，发出清脆的欢响。我们在旋转中频繁地交换着位置和舞伴，像鸟群般变换着图形。

这是我第一次学跳这种15世纪的舞蹈，很快便被它

1　莫里斯舞（Morris dancing），一种从中世纪流传下来的英国民间舞蹈。

那简洁明快的节奏俘获，有那么一刻，我甚至觉得自己苦练三年，说不定也能掌握它的秘诀。在此之前，我一直以为，只有地道的英格兰人才具有把它跳成"天鹅湖"的潜质。此时我又想起了克莱尔，想起了他那超凡的恋地情结，那些让他魂牵梦绕的关于成长地的细节：穿上未经漂染的米色衬衣跳莫里斯舞，和好朋友一起拔豌豆荚子，将两颗有天然洞眼的石头穿起来，制作象征好运的护身符……这一切，对我这个异乡人来说，显然是陌生的。然而是否一定要像克莱尔那样土生土长，才能融入这一切，变成"这里"和"此刻"的一部分呢？我在舞伴们眼中的倒影告诉我，不，这并不是绝对的。

七　在地的造乡

在我的居住地附近，民间公共领域的生态区比比皆是。即使是2020年的疫情，也没有斩断它们的根基。恰恰相反，它们似乎比从前更有活力了。

疫情像一道旷日持久的闪电，照亮了各种不良制度酿成的坑洼。自由主义和算法极权主义、地方保护主义和早已变异的全球化之间的矛盾，更加剧了一种近乎返祖的、猎巫时代的两极化。再坚硬的事物，也抵不过各种巧言令色、阴谋论或假新闻的滴水侵蚀。尤其在线上，大数据自带的偏见、互联网的虚拟人设、网络自身的陌生人社会属性、低廉的社交成本……都在迫不及待地把人类变成彼此眼中的异教徒。

然而在线下，疫情又势不可挡地变成了一道神奇的黏合剂，末世般的惶恐和无法排遣的孤独感催促着人们尽快地联结起来。无法进行肢体接触，人们便在窗台上放置联络信物。为了吸睛，有人还在4月就挂出了圣诞彩灯。我们的份地小组，竟在疫情的高峰期，丧心病狂地搞了一个"稻草人比赛"。一夜之间，耕地上冒出二十几个奇形怪状的稻草人，有的长得像胖乎乎的向日葵，有的像中世纪的骑士，就这样披星戴月地站着，一直站到了圣诞。至今，没有一个稻草人因为主人不同的政治倾向而遭到另一个稻草人的殴打。

凭借在民间社团那里积累的丰富经验，我落脚的村庄，仅在10天之内就建起了一个近百人的"志愿者"团队，我也迅速成了该团队的一员。简单填了一份自我介绍之后，我便收到了一张工作地图，其中黄点为志愿者，红线范围内为每个黄点的负责区域，每个区域用绿色字母划分开来——我属于Z区。Z区内有五户老人，其中三户为独居寡妇。接下来的工作是印制表格：志愿者将自己的联系电话和负责事项，像帮忙去药房取药、遛狗、去超市买菜之类，一一填入表格之中。完了再将表格投入各区居民信箱。整个过程，描述起来像洗衣机说明书一样枯燥，实践起来却其乐无穷。当2020年的秋天来临的时候，我已经和负责区内的三位独居寡妇建立了患难与共的友情。

同样的模式，心照不宣地在整个英国迅速蔓延开来，我们把它叫作"共助模式"（Mutual Aid）。单剑桥郡本地的共助小组就有5300名志愿者。我们在脸书上发布各种求助、捐款或支援信息，除了救人，也救宠物和野生动物，我们还征求上书议会的签名，对各种不合理的决策提出异议。高科技也在帮忙，在英国新冠共助网（Covid-19 Mutual Aid）上，只需输入邮编就可以立刻找到附近的每一个共助小组，它们像细密的渔网一样，均匀地分布在英国的版图上。

至今，我还记得自己推着自行车到附近农家门口收集土豆的情景。一大麻袋沾满泥土的土豆，重达百公斤，自行车运，要分三次才能运到我的工作地点，即本地食物银行的配发中心，而我只是随便招了招手，就有开着汽车的街坊停下来，三下五除二，为我将土豆送达目的地。整个疫情期间，在全英救济食品需求量猛增三倍的情况下，附近居民马不停蹄地为我们送来了总量以万吨计的食品，从而断绝了路有冻死骨这种情况的发生。每一个小物件——罐头食品的味道、香皂的味道、草纸的味道……构成了某个特定时期的物质生活。这种生活充满了匮乏和焦虑，却也隐含着淡淡的温情和希望。每一件物品，都是通过一个具体的人、一段具体的地理距离传递的。

我的邻居和朋友乔·菲茨帕特里克（Jo Fitzpatrick），自疫情以来，也几乎片刻未歇。疫情最严重的时候，她在路上义务跑了三个月，行程超过2000英里。原来，自疫情爆发后，成千上万的人因感染或有感染嫌疑，接到了医院的隔离通知。不能出门，怎么解决吃饭问题呢？于是中央财务部便给每个地方政府定期打进一笔钱，让地方政府购买食品并分发给隔离者。但地方政府根本没有足够的人手进行实际分发，于是民间社团进场了，先由红十字会的义工进驻食品仓库，整理打包，将食品按人口配额、营养以及素食需要装箱，再由英国搜救队（Search and Rescue Teams）的志愿者以及各种在地民间社团的成员，将标注好的纸箱亲自运送到每一个隔离者的手中。

乔就是英国搜救队的志愿者之一，除了派送食品，她也派送药品和PPE[1]，地方政府为此支付她每英里45便士的汽油费。整整三个月，她学会了怎样安排路线，知道哪片密林可以抄近道，甚至还研发出了一套为保护隔离者隐私而设置的接头暗号系统，简直是"二战"时期抵抗组织（Resistance）的最佳人选。

村图书馆的"之友"也没闲着。封城并不意味着"图书馆之死"。"之友"很快便推出了网上借书、再由义工送书上门的服务。被指定的书，用报纸包好，放在用户门口，进了门再隔离三天，以确保安全。我经常在

1　PPE，即"Personal Protective Equipment"的缩写，意为"个人防护装备"。

村主街上撞见"之友"的义工们，拎着一沓厚厚的书，脸上挂着邮差的微笑。露丝·马利的"再想象资源中心"则每周六为附近的穷困户送菜上门，一直送到第一波疫情解封的那天为止；她还赶制了400多个口罩，免费送给了前线工人。

疫情之初，蛇廊农场就把特殊学员送回了家，但这并不等于歇业，鸡要喂养，果蔬也要除草浇灌，种植和收割的重任落在了农场的教员和志愿者身上。奇妙的是，2020年的天气格外地好，风调雨顺，为农场的"不包装"绿色生态店提供了充足的货源，"不包装"因此得以推出社交距离内的送菜服务，前线工人成为优先投送的对象。就连"剑桥郡假日管弦乐队"也没有全面停课，它随机应变，推出了在线音乐课——这响应了历史学家尤瓦尔·赫拉利（Yuval Harari）的观点，科技应该服务于人类的福祉。

一心等待图书馆开门的长颈鹿，疫情期间则加入了精神疾病公益机构"心智"组织的Zoom会议。每周两次，每次两小时，和"心智"的志愿者们一起，通过Zoom为附近的精神类疾病患者提供陪伴和心理解压服务。2020年是Zoom元年，因为它彻底打开了一个全新的数字民间公共空间。此前活跃于线下的本地民间社团，连同五光十色的兴趣爱好小组，像"斯多葛哲学研究组""AI研究组""冥想小组""西班牙语小组""瑜伽小组"之类，也几乎全都把家搬到了Zoom上。有个叫"国际诗歌小组"

的，还标明了从开普敦到洛杉矶再到伦敦的时差，打开Zoom窗探头进去，里面果然端坐着各种奇装异服的国际友人。整个2020年，只要不工作，我就会泡在Zoom上。穿着棉拖鞋，抱着暖手器，坐在Zoom前参加读书会；或者捧着一杯水果茶，歪着脖子，看野生菌类专家在Zoom上展示那种5秒内能把人毒死的本地蘑菇。

关于公共意识、民间公共空间和凝聚力的讨论，也比以往任何一个时候都多了起来。在我的附近，一个叫"剑桥民间公共领域"（The Cambridge Commons）的民间社团横空出世。每周三的晚上，它通过Zoom把本地居民聚在一起，讨论如何从地方事务着手，改变疫情引发的社会问题——细想一下，这也是环境使然，英国纪实记者、生态作家乔治·蒙比尔特就不止一次地说过，那种以工厂和作业基地为核心的劳工聚合/抵抗模式，早已随工会的式微、零工经济、SOHO（Small Office Home Office）经济的出现而日趋瓦解了，人类的工作也变得越来越只剩糊口的意义。民间公共领域因此成了人类仅剩不多的宝藏，它的公共意识、在地性、无边界、联结性……它的所有特质都让它天然地具有一股自下而上的力量。

所有这一切，都发生在一个叫"附近"的小世界里。每当我对现实感到绝望的时候，它们就像热带雨林中的金丝猴一样，从树枝上跳下来，在我的后背轻拍一下。听说20世纪60到70年代，许多北美人不满现实，抱着锅碗瓢盆跑到偏远地带，为了造出一个理想的栖息之地回归自然，建生态村，发展一种A. C. 麦金泰尔（A. C. MacIntyre）认可的社群主义，当然也没什么不好，只是路径有些非凡。如果类似的"造乡"（Placemaking）在附近就能展开，那就再好不过了。通过对地方记忆的挖掘，对社会关系的深耕，对身份认同的培育——就像法国人类学家马克·奥热（Marc Augé）所设想的那样[1]，将公共意识，这一源自敞田制时代的思想遗产秉承下来，再将自己变成一颗小行星，通过与其他行星的联结，进入民间公共领域的生态区，继而一起分享公共资源，改进公共空间，最终将附近变成"恋地之地"。

这一切，听起来很宏大，却绝非一个缔造个人里程碑的过程。对我来说，它是陌生的个体与在地建立私密关系的过程，是化解"无乡的焦虑感"的过程，是一个雨滴与溪流的汇合过程。尽管雨滴汇入溪流的运动，较之于时代的电闪雷鸣，是如此微乎其微，但我却偏爱它的微小。英国文化历史学家大卫·弗莱明曾说过一番意味深长的话："大问题并不需要大规模的解决方案，一个行动上的基本框架，外加无数微小的对策就足够了。"[2]

---

1 马克·奥热定义的"地方"是指：对地方记忆的挖掘，对社会关系的深耕，对身份认同的培育。这些理念出自其著作《非地方：超现代性人类学导论》（*Non-place: An Introduction to Supermodernity*, Verso, 2009）。

2 David Fleming, *Lean Logic: A Dictionary for the Future and How to Survive It*, Chelsea Green Publishing, 2016.

疫情中的英国社会：
最糟糕的人管制着最坏的时代

一 恐慌是不对等的

恐慌是不对等的，你并不需要去印度，就能感受这一点。5月中旬以后，每天的新增新冠病毒感染人数仍保持在3000到4000不等[1]，新鲜的尸体依然可以让死神搬得喘不过气来，执政党却已经迫不及待地放松了封锁。收音机里传来"在湖区的长椅上小憩，感染几率有多大"

1　数据源自Statista官网，"Cumulative number of coronavirus（COVID-19）cases in the United Kingdom（UK）since January 2020"。

的讨论。与此同时，工会、权益机构、自媒体和各种民间组织，像伤痕累累的罗马斗兽一样，正在为医护人员的防护服、高峰时段公共交通的安全距离、低年级的教师们能否在"更有安全保障的环境下复课"等议题，与决策者们斗得死去活来。

恐慌从一开始就是不对等的。在有机肉店门口排队买鹿肉的行列里，在某个大花园的古老砖墙内，在被草坪上的洒水器浇湿后的愉悦尖叫里，悠然的气氛随处可见。只要轮不到自己去上班，只要丰厚的家底仍足以支付园丁和清洁工的开支，就没有必要活得像捕鼠器下的老鼠——这似乎是一种英国中上阶级秘而不宣的共识。若将它印在茶杯上，便是那句"Keep Calm & Carry On"（保持镇静，砥砺前行）的玉律，据说来自强调隐忍的罗马的希腊化时期（Hellenistic period）哲学，被维多利亚时代的英国社会砌成行为典范，代表着某种紧锁上唇、冷静应对、处变不惊的处世哲学，又被"二战"时的丘吉尔政府制成传单，在伊丽莎白公主演说辞的强大感染力下，携带着落日熔金的帝国风范，从布满弹孔的云朵撒向了人间，且一口气撒了245万份。

有人专门从网上买了"Keep Calm & Carry On"的全套杯盘，有人在如厕时，手握毛巾吊环，假装低头读报，做出"即使在家办公，也要保持通勤感"的励志样子；有人花式晒狗，还有人在花园里升起了"Keep Calm & Carry On"的彩旗。脸书和Instagram成了瘟疫时代的私人影院和家庭T台，其荒诞性与点赞数恰成正比。天气也十分配合，封城之后，几乎每天都是"今天真是个死而无憾的好日子"（Today is a Good Day to Die）的那种好，蓝天白云，没有一处败笔。许多大户人家的花园被担心失业的园丁们打理得更仔细了，每块草坪都像用梳子精心梳过似的，玫瑰也开得恍若1939年的薇拉·林恩（Vera Lynn）。林恩是"二战"期间英国当红的女歌手、作曲家、女演员，她最有名的曲目之一是《我们会再相会》（"We'll Meet Again"），脸书上亦充斥着《我们会再相会》的各种版本：和外祖父母，和情人，和度假胜地爱琴海，和一只叫玃玃的狗，和唐人街的粤菜，和意大利熏蛋，和法式大餐……

窗台上挂满了儿童绘画作品，那种"骄傲节"才有的彩虹，此刻成了民众与全民医疗服务的定情信物。与此配搭的，是一只只从箱底扒出来的泰迪熊，又或圣诞节才能看到的灯花。一连八周，BBC各台不遗余力地释放着同一个信号，"Stay Home, Save Lives"（居家，保命）。"Keep Calm & Carry On"一族们也非常耐心地配合：遛狗时，眼观八方，绝不抢道；在户外吸取维他命D时，远远避开行人；买菜时，踩准超市门口两米一距的黄线。不开游艇聚会，不去瑞士滑雪，不去南非看珠鸡……皆成了一项项英勇的牺牲。每个礼拜四晚上8点，大街小巷就会爆发一片经久不息的掌声，人们站在各自的花园中央，举起双手，为NHS的全体员工击掌鼓气，眼含热泪，情真意切，就像"二战"时为频频发射"大满贯炸弹"（Grand Slam）的英国皇家空军鼓气一样。

即使如此，放松封锁之后，一些人却终于还是经不起艳阳的挑拨，纷纷带上野餐设备，驾车出行了。于是电台里便出现了那种"在湖区的长椅上小憩，感染几率有多大"的热议。因为景区仍处于感染率的风暴中心，景区居民频频央求游人止步。

游人不觉有碍，决策者也不见得分外上心。3月23日英国封城之前，鲍里斯·约翰逊还在大大咧咧地和新冠病人握手，秀亲民照片，全然无视防疫学家们刚刚颁布的"社交禁令"——彼时是2020年3月3日，离疫情在武汉的爆发已过了整整两月。超市里几乎没人戴口罩，市场上也没有口罩，口罩已被华人买走支援灾区去了。重症病房内亦没有足量的PPE和呼吸机，边境关口畅通无阻，没人检测从疫区到达的蜂拥人潮；大型聚会亦照常不误，酒吧和娱乐场所也咬紧牙关死撑到底——没有官方的禁开令，关门后就拿不到商业保险的赔付。租金像脚镣一样沉重，每张嘴都要吃饭。

与此同时，我们被告知要"勤洗手"。洗手时要洗20秒，要有宗教感、仪式感，要虔诚，有人还恶搞式地配上了"最佳洗手歌谣"，比如A-ha乐队的《接受我》（"Take on Me"），还有《祝你生日快乐》（"Happy Birthday to You"），约翰·凯奇的《4分33秒》（"4'33"）等等。"二战"口号"Keep Calm & Carry On"被再次频繁提起，仿佛只要边洗手，边唱歌，平民草芥也可以像鲍里斯·约翰逊那样万寿无疆。

母亲节，卖花的小贩仍冒着感染风险，站在露天市场里苦苦叫卖。花卖不出去，花种和肥料钱，以及昂贵的地租，便将化作泡影。次日，电视上便出现了鲍里斯·约翰逊指鹿为马，责骂卖花人"不负责任"的评论。

直到封城前的最后一周，我们村里的小酒吧仍照例挂出"今日特价"的小招牌；我因为断然谢绝了一块从朋友手中递过来的蛋糕，而被怀疑因连日关注武汉疫情而染上了躁狂症；我所认识的每一个活动策划者，都在一丝不苟地谋划着6月份的假日管弦音乐会，或一年一度的乡村啤酒节……我挨家挨户地敲门，像清教传教士一样，鼓动我的邻居们少去人多的地方，保持社交距离，自制口罩，但听进去的人却少得可怜——因为新闻里每天都在说，英国已经做好了充足的准备，全民医疗服务完全有能力应付，养老院不会出现群体感染，医院不会出现群体感染，监狱不会出现群体感染……

当"群体免疫"的概念被一些科学家提出来之后，决策者更兴奋了。还有什么比让瘟神做主，拿着花名册自行点名更轻松（廉价）的应对方式吗？自由主义的先驱之一威廉·格雷厄姆·萨姆纳（William Graham Sumner）早就说过，人类不能废止"适者生存"的法则（the law of survival of the fittest），何况直至今天，依旧没有任何一种理论和实践能反驳群体免疫的科学性。不仅如此，它还得到了不少心怀抗战情怀的科学家们的支持，比如战后一代的环境科学家、剑桥大学的博士、2007年诺贝尔和平奖获得者之一的克里斯·霍普（Chris Hope）就大胆建议："自愿感染，应作为隔离策略之外的另一种可选途径，当自愿感染者结束隔离并获得一定的抗体之后，他们便可回归正常生活，而不会对其他人带来伤害"。[1]于是我们便看到了那种小年轻一窝蜂到海边玩耍的画面。不少青少年还断章取义地将此视为"义举"，与"二战"时的主动出击混为一谈。

恐慌（Panic）是可耻的，许多英国人至今还在为1979年和2012年的"汽油抢购事件"而汗颜。如果你看到穿得像银行家模样的人，在杀完人之后踮脚逃跑，还不忘用地铁出故障时播音员的平稳语气请人让道，"不好意思，刚刚杀了几个人，此刻正在跑路，麻烦借过"——这一定是在英国；如果你看到汽油、面粉和厕纸竟全被抢光，超市空空如也，一个老头拎着一只可怜的空篮子，向货架抛去绝望的凝视，这也是在英国。"Hypocrisy"（虚伪），一直都是英式英语中使用率颇高的一个词。

1　Shivali Best, "Brits 'should be allowed to volunteer to be infected with coronavirus'", *Mirror*, 29 April 2020.

二 "新冠死"还是"贫穷死"？

3月23日，封锁开始了。我尝试了很多种方法，包括增加晨跑公里数，适当减少给门把手消毒的次数，每日只刷两次马桶等，却仍旧无法做到"Keep Calm & Carry On"。一夜之间，街道变得荒凉起来。除了超市以外，所有的商铺都关门了，包括穷人们经常光顾的慈善店和旧货市场。四季商人遍布的露天市场，此时成了鸽子的聚集地，我甚至还在某个夜晚看到了野狐。厄运将至，城市无暇顾及它清冷的外表，唯有死神和夏花争夺着呼吸。

电视里不时闪现开着漂亮私家车的美国人，在食物银行门口排成狭长车龙的画面。4月11日的华盛顿，160万人食不果腹，不得不靠食物银行度过饥荒，这个数字是平时的两倍。到了5月28日，在过去10周的封城中失去了工作的美国居民，达到了4000万人；5月最后一周，有210万人填写了失业救济申请……不幸的是，这并不是一场隔岸观火。全球化时代，没有与世隔绝的桃花源。

封城不到两周，因疫情而失业的英国人口就达到了200万。[1] 一旦失业，除了一种叫"统一福利"（Universal Credit）的低保，基本别无选择。25岁以上的单身人士，

1　Tim Wallace, "Two million people lose their jobs in record plunge", *The Telegraph*, 8 April 2020.

每月411.51英镑，一对夫妻596.58英镑。这笔钱需要用来支付住房之外的所有开支——若有幸能申请到"政府廉租房"或"住房津贴"的话。从填表到入账，是一个望穿秋水的过程，最长可达5周。而很多人等不到第5天，就已经断粮了。[1]

在我工作的英国食物银行，领取食物的人数持续暴涨，我们不得不减少每份配额的分量，甚至狠心送走没有"食物券"的客人。"食物券"是地区委员会、公民服务中心、就业中心或医院等机构发放的，没有它，就不能证明"领取食物的合法性"。这是19世纪就已经开始使用的伎俩，《济贫法》中所谓经济状况调查的一种。我们都很不喜欢它，但我们都没有办法，尤其在瘟疫蔓延的时代。我们每天必须在"有券"和"无券"中做一个选择，就像我们必须在"新冠死"和"贫困死"之间做选择一样。这种选择题让人脊背发凉，我觉得有一天我也会被一根不相识的手指按下删除键，像一个多余的标点。虽然我的工作不过是闷声不响地戴上手套，将捐赠的食品安检、称重、打包，转交到饥饿的人手里。

本能地担心基本的生存问题，我怀着一颗忐忑不安的心，和每个好朋友都通了视频电话。凯特是剑桥某学院古籍处的一位兼职图书管理员，她在三年前的一次分

---

1 数据源自英国政府官网，2020年。

娩之中，染上了严重的膝关节病，必须依靠频繁的注射和物理治疗才能维持行走能力。她的丈夫是一位工地电工，顾客多为小型公司和工厂。他俩当中只要有一人失业，他们一家三口就得搁浅，像礁石丛里一艘满是补丁的船。

"还好，封锁期间，我们有80%的工资拿。"凯特说，手中捏着一只橡皮玩具，他们的儿子，一个3岁的骑士，正骑着塑料木马，在凌乱的地板上冲锋陷阵。我还来不及舒气，凯特又说："可谁知道这80%能拿多久呢，一个月？两个月？三个月？"我意识到她已不是七年前我们刚认识时，那个妙语连珠的单口相声演员。慢性疾病、昂贵的房贷、一场意料之外的难产、对全民医疗服务是否能存活的担忧……已经把她变成了一个愁绪满怀的人。

"80%"，是一种叫"休业工薪"（Furlough）的疫期应急机制，它是英国工人自工业革命伊始，与资本家斗智斗勇的结果 —— 依据《1996年就业权利法》第44条（Section 44 of the Employment Right Act 1996），雇员有权拒绝进入危险的工作环境并获得经济补偿。于是疫情初期，包括工党在内的反对党、工会和各种权益机构，就开始不断地对执政党施压，最终赢得了这项急救措施。受疫情影响，当大部分经济活动被冻结，雇主付不起员工工资，又不想解雇员工时，"国家"便暂时替代雇主的角色，为其员工发放80%的月薪，上限为2500英镑。另

20%，如果条件允许的话，则由雇主自行支付。

"80%"一出台，那些口口声声爱国爱保守党的大老板们，立刻把赡养自己员工的义务推给了"国家"。至少63位顶级富豪，包括25位女性亿万富翁，理所当然地，把工资支付单扔进了"休业工薪"的大口袋。

维珍航空公司的老板之一，身家47亿英镑的理查德·布兰森（Richard Branson），不仅是全球排名312位的富豪，还是一位爱国爱得十分投入的企业家，身穿国旗西装，飞机上印着国旗女郎，据说连最喜欢的食物，也是英国最传统的牧羊人派（Shepherds Pie）和礼拜日的烤肉午餐，最喜爱的乐队则是性手枪（Sex Pistols）——不过避起税来，他可能也会表现得十分爽快。他的避税天堂是内克岛（Necker），一个他在20世纪70年代就买下的加勒比海小岛（如对外出租，它每天的租金可达37 000英镑）。十四年前，他就把家搬到了那里（据说纯粹出于健康原因），作为不在英国长住者，他只需交纳他在英国部分的收入所得税即可，至于国境以外赚的钱，则无须交纳任何税收。疫情爆发之后，他声称"难以为继"，乞求执政党拨给他5亿英镑贷款——如果政府想要保住维珍大西洋航空（Virgin Atlantic）近三分之一的工作岗位的话。

与此同时，英国航空（British Airways）也将准备炒掉近12 000名员工；瑞安航空（Ryanair）则计划砍掉15%的岗位，劳斯莱斯也宣布了8000个岗位的裁减计划。

迫于失业大潮的高压，保守党最终同意给维珍大西洋航空8000名员工发放80%的工资。巨富菲利普·格林爵士（Sir Philip Green）的"阿卡迪亚帝国"旗下的时尚产业，亦有14 500名员工获得了此项援助；时尚品牌大咖维多利亚·贝克汉姆也毫不犹豫地把自己员工的生计交给了"国家"，尽管她极为富有。

目前，全英有超过840万企业员工，靠"国家"颁发的"80%"的月薪为生。看起来很慷慨，这笔钱却并非真的出自"国家"或任何一位政府议员的口袋，最终还得纳税人慢慢偿还。至于要还多久，有人说是十年，有人说是几代。

三　处境堪虞的前线工人

疫情把一个原本就泾渭分明的世界，切割得更彻底了。一部分人过上了在家办公的生活，线上开会，线下遛狗，摄取每日必需的维他命D。另一部分人，被一个稍嫌陌生的单词托出了水面，"Key Workers"（前线工人）。

"全凭这些勤劳勇敢无畏的'前线工人'，我们的社会才得以在如此特殊的时期，维持着正常的秩序。"——自封城之后，针对"前线工人"的赞美就开始层出不穷，人们称他们为"英雄"，门窗上也前所未有地冒出了"Thank You"（感谢你们）的字样。然而，现实对于

"前线工人"来说却一如既往地冷峻骨感。"前线工人"的死亡率远高于在家办公的雇员，在医护、餐饮、服务、食品加工等行业中，仅2020年3月到12月，男性雇员平均每10万人，就有64.1—66.3人死亡；女性死亡数，则为27.3—33.7不等。[1]

在英国人民集会（The People's Assembly）2020年5月6日剑桥的Zoom会议，我遇到了一位坐在轮椅上的中年母亲尼基·迈耶斯（Nicki Myers），她仿佛肉身被捆绑在礁石上，看起来焦虑极了，那是一种任何语言都无法慰藉的、近乎永恒的绝望。

"我的儿子是一位看护。"她边说，边揉着湿润的眼睛，"他做看护很久了，直到最近，因为疫情的缘故，才获得了加薪。说是加薪，也只是加到了每小时9.22英镑而已，这点钱，根本就不足以维持他在剑桥市的基本生活。"

"看护"是"前线工人"的工种之一，肯·洛奇的社会写实主义电影《对不起，我们错过了你》（*Sorry, We Missed You*）中的女主人公艾比从事的营生，即每天一起床，整个身体就仿佛被分割成一块块的魔方，必须一刻不停地转动，试图把自己按时按量地转进不同的街区和房间，以期在30分钟内，顺利地完成从洗漱、喂食到

1　关于英格兰2020年3月9日到2020年12月28日与职业相关的新冠死亡数据，参见英国国家统计局官网。

清洁到精神抚慰等一连串高强度任务。英国内政部却将其视为"低技能工种"，反映在移民政策上，年薪达不到25 600英镑的看护，根本不予引进。

我婆婆的看护费高达每月4000英镑，每天为她洗漱、擦身、换尿片的看护们真正到手的却只有国民最低时薪。设想她们也获得了加薪，按每小时9.22英镑计算，每次实际工作时间为半小时，其实也不过只有4.61英镑，而一趟单程巴士就得花掉至少2.5英镑，就算是自己开车，汽油费也不是个小数字。不仅如此，他们还不能生病，不能打盹。看护公司在他们的腰上拴了一根隐形的绳子，有单不接，咔嚓一声，这根绳子就没有了。在投100份简历也得不到一个回复的时代，这根"绳子"，对很多人来说，就是救命稻草。

一位新冠重症病人对媒体说，这个病非常恐怖，咳起来就像"喉咙被碎玻璃卡住一样"。然而直到4月25日，"'前线工人'必须获得检测"的条例才终于被决策者写进议程，照顾婆婆的看护们才总算拿到了检测排期。对此，执政党的解释是，看护毕竟不是NHS的员工，不应什么都由国家负担。

4月中旬，英国疫情进入高峰期。每人每天只能户外锻炼一次，和自家住户以外的人碰头或买菜看病之外的出行，都属违法行为。警察们像秃鹰一样，盯着公路沿线，无人机也不断地盘旋在各个城市上空。一切努力，只为一个目的："活下去"（Save Lives）。

我的脸书好友、在伊丽莎白女王医院工作的泰裔护士纳帕可·莫利纽克斯（Napak Molyneux），在其结婚周年纪念日上写道："他说只要我每天都能活着回家，就是最好的礼物。"

　　因决策者没有和武汉或意大利同步采购PPE，20世纪80年代开始的去工业化和全球化亦把这个曾经举世无双的工业大国打到了"连技术要求较低的PPE也无法生产"的境地，再加上连续十年对全民医疗服务运行经费的削减，2020年3月1日起的整一年间，英格兰至少有77 735名NHS的医护人员感染了新冠。[1]

　　悲歌易水，葬钟萧瑟，鲍里斯·约翰逊的首席顾问多米尼克·卡明斯（Dominic Cummings）却带着夫人孩子，以"怕夫妻双双生病，孩子没人管，不得不求助父母"为由，驾车260英里，回了一趟爹妈家。次日又以"测试视力是否适合开车"为由，在返回伦敦的路上，绕道一个多小时，带着夫人孩子去逛了一趟城堡。

　　与此同时，在滨海利（Leigh-on-Sea），英格兰东南部的一个小城，菲律宾裔护士阿依恩（Ayen）正穿着透明垃圾袋做的防护服，戴着太阳眼镜，奋战在阻击新冠的前线。四年前，阿依恩经历了一场持续几天几夜的

1　Anna Bawden & Denis Campbell, "More than 77,000 NHS staff in England have caught Covid, shows research", *The Guardian*, 25 May 2021.

难产，留下了产后高血压等各种后遗症。作为感染几率极大的高危群体，她本不该被派往前线。当她的丈夫，一个愤怒的波兰移民，通过脸书给我发来她的"工作照"时，我简直不敢相信，武汉和意大利医护人员用感染和死亡书写的前车之鉴，对这个"Keep Calm & Carry On"的大英政府来说，竟丝毫没有任何警醒作用。

那么多的眼泪，全化成了干涩的数据和纸灰。

两周以后，阿依恩果然被感染了，NHS没有专门为她准备的隔离病房，作为轻症患者，她被告知"回家休息"。她在家里待了3周，不敢和丈夫孩子接触，只能把自己关在小房间里。她的丈夫，穿着DIY的"防护服"，像给囚犯送饭一样，小心翼翼地把食物放入半掩的门道。3周以后，阿依恩又重新回到了前线。

鲍里斯·约翰逊和大卫·卡梅伦1987年在布灵顿俱乐部门口的那张合影，之所以让人印象深刻，不是因为被摄对象的燕尾服剪裁得有多到位，也不是它那贵族气十足的假领，而是人物眼神中的傲慢。那是一种世袭和被授权的傲慢。他们的同窗，今日英国贵族学校的倡议者托比·扬（Toby Young）曾如是说："当你看到这张照片时，你看到的是一群上流社会的男孩，口含生而为王的资格，对自己在二十五年后，必将成为统治者的宿命心知肚明。"

在独立纪录片《当鲍里斯遇上卡梅伦》（*When Boris Met Dave*, 2009）中，弗朗西丝卡·弗格森（Francesca

Ferguson），当年萨默维尔学院（Somerville College）的一位学姐，还向观众们讲述过一个奇异的伊顿校园生活事实："如果你家有很多很多的钱，你又正好来自北不列颠，你就可以扮演一个社会主义者，还可以来点口音。当年每个人都假装自己是黑人，听詹姆斯·布朗（James Brown）……"鲍里斯·约翰逊的妹妹瑞秋·约翰逊（Rachel Johnson）觉得那张合影"就像它所展示的那样，一脸无知，一脸特权，对进不了伊顿学院的穷人及其生活一无所知"。

不管执政党声称自己有多自由主义（liberalism），他们对苦难的想象力却是有限的。别说抵达那个"人们把行李顶在头上，冒着烈日，像象群一样走路回家"的印度，就是抵达他们自己的领土，恐怕都有一定困难。

如果这种想象力的匮乏是天生的，如果这种匮乏又得到了至高权力的喂养，将会饲育出一个怎样的怪物呢？

在感染新冠被救活之后，鲍里斯·约翰逊曾黄发蓬乱、眼含热泪地发表过一番感人至深的演讲，向照顾了他七天七夜的圣托马斯医院的医护工作者们致以最高的敬意。两位拥有移民身份的护士——从新西兰来的詹妮，以及从葡萄牙来的露伊，还分别获得了他的礼赞。讽刺的是，向移民医护大献爱心是他，鼓吹民族主义和爱国主义，带领脱欧派欺瞒拐骗，在悬崖上纵身一跳的也是他，2017年，投票反对给全英护士加薪的还是他。

他所代言的保守党，反对护士加薪的票数高达313票，一举压倒了支持方（工党256票，苏格兰国家党35票，自由民主党12票，绿党1票），护士们的薪水因此不得不维持自2012年以来每年低于1%的涨幅[1]，相比承星履草的付出和不断上涨的菜价——这个惨状，直到2018年夏天，保守党为赢回2017年大选中被工党抢走的民心时，才勉强得以改观。

保守党不愿为全民医疗服务付出，早已不是什么新闻。十年前甚至更早，它就已经在打私有化全民医疗服务的主意，其方式和当年的铁路私有化如出一辙：先加大紧缩，让全民医疗服务变得低效，再找机会切割变卖[2]。今天，全民医疗服务因缺少经费，贫血缺钙，行动越来越迟缓，还面临着44 000个护士职位的严重空缺。

在如此严峻的医疗资源空缺面前，保守党的回答始终如一："2008年经济危机后，国库负债累累，哪来的摇钱树啊？"而鲍里斯·约翰逊的个人投票记录却显示，他曾8次反对针对大集团、大公司和银行的增税，4次反对追查"避税港"的避税（另有一次缺席）。不仅对资本家分外慷慨，鲍里斯·约翰逊对自己也很慷慨，以

---

1 Dan Bloom, "All MPs who voted against a full pay rise for nurses in 2017-and why they did", *Mirror*, 15 April 2020.

2 Helen Buckingham & Mark Dayan, "Privatisation in the English NHS: fact or fiction?" Nuffield Trust, 15 November 2019.

"平衡通胀"（inflation-busting）为名的《2020年议员加薪提案》，他眼不眨就通过了。自2020年4月1日起，议员们的年薪便从79 468英镑，升到了81 932英镑，[1]是资深护士的3倍。

四　作为新冠并发症的现代奴役制

以赛亚·伯林说："英格兰就像是一个古老的慢性病，每天下午左膝盖和膝盖骨下方的左腿，恼人地疼，但又不至于疼到必须躺倒的地步，很可能无药可治，也足以让人抓狂，但又不至于引发真正严重的危机，除非所有的并发症都搅和在一起。"[2]

一语成谶，新冠把英国所有的并发症都搅在了一起。而最为隐秘的并发症，莫过于被资本主义文明走私进来的现代奴役制了。

打开广播，几乎每天都是前一天的重演。有段时间，我干脆关闭了所有的新闻通道，但"清洁工之死"的消息还是刺破了纸背，像白骨那样伸了出来。那位清洁工叫伊曼纽尔·戈麦斯（Emanuel Gomes），看起来60多

1　Andrew Woodcock, "MPs handed above-inflation pay rise to £82,000", *The Independent*, 5 March 2020.

2　Isaiah Berlin, "To Angus Malcolm, 20 February 1946", *Letters, 1928–1946*, Cambridge University Press, 2004.

岁，黑皮肤，几年前从几内亚比绍共和国来到伦敦，成了一名清洁工，其工地包括威斯敏斯特的英国司法部。疫情期间，偌大的司法部一片冷寂，全无打扫必要，他却每天乘坐公交车，准时来到司法部。没有人知道他几时染上的新冠，只知道他在发着高烧、食欲锐减、昏昏沉沉的状态下，继续打扫了5天，后来被一位同事送回住所，当天就去世了。那是4月23日，英国疫情的高峰时段。死亡数字像白色的花粉，在空气里悬浮。

好心人为伊曼纽尔·戈麦斯网筹了10 000英镑，心绪难平地把他的骨灰送回了家乡。[1]

清洁工不敢请假就医的原因很简单，他请不起假。因为他的公司，OCS，英国一家大型国际保洁维护服务集团，不愿为其雇员发放病假工资。如果他生病了，只能领到英国统一发放的"法定病假补贴"（Statutory Sick Pay）。疫情期间，这笔补贴比平时稍微提高了一丁点，即每周95.85英镑。卡洛斯·阿尔贝托（Carlos Alberto），一位来自巴西的61岁清洁工，因不敢冒险上班，3月18日到4月19日期间仅仅拿到了420英镑。这点钱，在单间月租金至少700英镑的伦敦，根本无法生存，尽管疫情一开始，政府就宣布了"可缓交租金"的政策。但"缓交"不等于"不用交"。为了9.08英镑的时薪，伊曼纽尔·戈麦斯只

---

1 "Justice for Emanuel", United Voices of the World, 23 April 2020.

能继续工作，孤独地打扫着空荡荡的司法部。生前，他曾两次旷工，参加"世界联合声音"（United Voices of the World）的罢工，要求OCS发放"病假工资"，其间分文无收，却两次都以失败告终，感谢被撒切尔政府制服的工会。

尽管保守党常用"又来挑起阶级斗争"回应左派的批评，但"清洁工之死"却显而易见是一个现代奴隶制的标本。那些每日进出司法部的衣冠楚楚的人，没有一个曾过问"清洁工"的存在。"清洁工"是隐形的，如同和他命运相似的数以百万计的"前线工人"：保育员、看护、厨工、烘焙工、食品检测员、巴士司机、地铁调配工、超市搬运工、环卫工……他们无声劳作，拖着疲惫的影子，像拖着一个几近融化的黄色问号：谁为亚当·斯密烹调晚餐？[1]

5月15日，我参加了由工党主持的在线会议"不成比例的感染者"（Disproportionately Affected）。萨拉·欧文（Sarah Owen），中英混血的工会会员和工党议员，再一次以肯定的语气说道："封城对低薪阶层的影响是巨大

---

1 卡特里内·马卡尔（Katrine Marçal）在《谁为亚当·斯密烹调晚餐：女性与经济学的故事》（*Who Cooked Adam Smith's Dinner: A Story About Women and Economics*，2015）一书中对传统经济学使用单一"经济人"假设解释社会经济发展提出质疑，并从亚当·斯密的餐桌开始，讲述"经济人"诞生的故事，追溯"经济人"的神话，回顾了"经济人"在2008年全球金融危机事件中扮演的角色。

的，死亡率在贫困人口中的比例超出在富裕人口中的两倍，这就是不容置疑的阶级问题。"

"清洁工之死"因具备司法部这一戏剧性背景而可见，更大规模、更为普遍性的现代奴役，却往往是隐性的、不易觉察的，像集装箱上的寄生物，被面积庞大的标识和彩漆掩盖着。

马来西亚凭借丰裕的橡胶资源，供应着全球三分之二的医用手套。顶级手套（Top Glove），世上最大的医用手套工厂，是马来西亚橡胶手套之王，拥有每分钟115 000只、每天1660万只手套的生产力，因此成了瘟疫时代的最大赢家。

欧洲告急，顶级手套的利润在过去的3个月内猛增了366%，股票价格比2020年1月翻了3倍。而它的19 000名工人，包括从周边穷国（比如孟加拉、缅甸和尼泊尔）漂来的移民工，却过着非人的生活。为了保证工厂24小时不间歇作业，他们每天必须工作12小时，每周上岗6天，每天必须提前半小时到工厂门口验体温，还经常被要求加班，且即使迟到一分钟都会被克扣工资。

这些工人本来拿的就是当地最低工资，即每月225英镑，此外还要偿还"招工中介"约5000美金的招工费，以及每月10英镑的住宿费，而他们的居住环境简直就是新冠的温床：24人小通间，没有厨房，铁架床全挤在一起，所有人共用一个厕所。在新加坡，同等恶劣的居住环境，已经导致过一次新冠大爆发，顶级手套却不为所动。我们在英国超市里享受的社交距离，在这些移民工聚集的血汗工厂里，根本就是个笑话。在顶级手套的生产地，吉隆坡或泰国的分工厂里，第四频道都拍到了工人们鱼贯涌入厂区的画面。

英国最大的医疗用品经销商之一Polyco Healthline曾向全民医疗服务出售过无数由顶级手套生产的手套。2020年4月，280万只防护手套从顶级手套的工厂抵达英国，其英国经销商是Polyco Healthline的子公司BM Polyco。在残酷的视频面前，该子公司的发言人称不会把这280万只手套卖给NHS，并表示"卖给全民医疗服务的手套，全部来自一家A级别的顶级手套子工厂"。[1]

20世纪80年代去工业化以前，英国有过工人阶级的黄金时代。结实精工的劳保鞋、上等皮革制造的安全带、体面的工资、整齐的住宅区和门口的小花园、铜管乐队……皆是彼时的生活写照。一支叫Grimethorpe Colliery的矿工铜管乐队还曾西装革履地上过国家音乐厅的舞台，并摘下了全英铜管乐比赛的桂冠。随着资本向全球廉价劳力地区的转移，这些画面很快就被鬼城般的空气氧化了，不到十年，许多工业胜地就成了锈带。新冠的入侵，以极其不平等的方式，激活着这段屈辱的历史。尽管如此，在工人被批量下岗，工会被斩断了胫骨，

---

1 Jonathan Miller, "Revealed: Shocking conditions in PPE factories supplying UK", Channel 4, 16 June 2020.

几乎所有的日用品，甚至连PPE或呼吸机都有可能来自血汗工厂的当下，谈论工人的社交距离是奢侈的。在英国，42 336名前线工人和其家属中，就有4.8%被测为阳性，而20 620名医院和实验室受试者中，9.3%为阳性，其实际人数要少于前者。[1]单伦敦一地，就有33名巴士司机死于新冠并发症。愤怒的巴士司机们在新闻讣告上写道，我们像柴油一样被对待。

1863年，古典自由主义者引领了废奴运动，并获得了巨大的成功；全球化后，新自由主义者却将蓄奴主义重新包装，戴上"自由市场"的花冠，巧言令色，又不动声色地运回了历史舞台，且丝毫不觉有任何道德负担。在他们的眼中，现代奴隶制是不存在的，因为雇主和雇工之间，不存在奴隶主和奴隶之间那种板上钉钉般的产权关系。

人是自由的，自由市场给予了一个个体所需要的最大的自由度。就像韩国经济学家、剑桥大学教授张夏准（Ha-Joon Chang）借"童工制"讽刺的那样："工业革命时代，数百万计的儿童，因其矮小的体格优势，成为挖煤工、烟囱清扫工或纺织工。所有的工种中，以棉纺最为危险，因为棉纺中产生的空气污染，令很多儿童活不到成人的那一天。于是有人提出要修改劳动法，将9

---

1 Ben Quinn, "Number of key workers getting Covid-19 overtakes positive tests in hospitals", *The Guardian*, 5 May 2020.

岁以下的儿童视为非法童工，9到16岁才有上岗资格，且每天不能上岗超过12个小时——这就比成人的工作时间一下子少了4到5个小时。于是那些议员们，那些工厂老板们、那些推崇自由市场的经济学家们，便为此吵翻了天，其中最强有力的反驳是：'这项修改根本性地颠覆了自由市场的原则'，即'订立合约的自由'（the freedom of contract）。孩子们需要工作，工厂老板们也有意雇佣他们，何罪之有呢？"[1]

换言之，你若嫌做清洁工太苦，手套生产线过于密集，开公交车享受不到社交距离，那么你可以去读书，去拿学位，去考律师执照……自由市场里并不存在那根叫铁链的东西，不是么？

五　反封城运动

在右翼主导的"反封城运动"中，亦隐约透露着对现代奴役制的默许。事实上，自疫情初始，右翼中"反对封城"的声音就一直比左翼高亢。4月20日，病毒横扫美国，纽约风声鹤唳，茶党画风的一群中产右翼，却打着"不自由毋宁新冠死"（Give me liberty or Covid-19）和"我们要求理发"（We demand Haircuts）之类的口

1　"Five Reasons why Economics is Political", *New Economic Thinking*, 11 December 2019.

号，呼吁解除封锁，与此同时，他们也支持特朗普连任。在英国，反封城运动也一点没耽搁地上了街，在与警察的对峙下，还表现得相当勇猛。执政党表面阻拦，内里却是渴望尽快解封的——毕竟，每封一秒，都是在损失真金白银，单"休业工薪"一项支出，就是每月140亿英镑。尽管这笔钱还是远远少于2008年经济危机时，纳税人欠下银行的1370亿英镑巨额债款。[1]

5月4日，英国的每日感染人数仍在四位数以上，保守党要员格雷厄姆·布雷迪爵士（Sir Graham Brady）就已经失去了耐性："全民医疗服务已经脱险了，它没有被病毒击垮，所以我们应该尽快解封。相信我不是那个唯一听到雇主抱怨的人，许多迹象表明，人们似乎不情愿听从复工指令。让人放弃80%的休业工薪，想必是有难度的，民众显然更情愿赖在家里。"

5月5日，英国死亡人数过32 000人，达到了全欧最高[2]，"复工计划"却已公然进入议会议程。为"复工"做铺垫的"复课"首当其冲，执反对立场的工会，提出只有以下5个条件得到满足之后，才会支持教师复工：

---

1 Rachael Krishna, "Some of these figures comparing the cost of the government job retention scheme to other government spending are wrong", Full Fact, 10 June 2020.

2 Thomas Colson, "The UK has now suffered the highest number of coronavirus deaths in Europe", *Bussiness Insider*, 5 May 2020.

· 超低感染数；

· 充裕的防护措施：包括设定公共空间以及校园空间的社交距离，为教职员工发放合格的PPE等；

· 大批量检测；

· 一旦出现感染案例，与之相应的紧急隔离措施；

· 有疾病史的教职员工必须留家办公。

工会因此再次成了右翼的众矢之的。"可恶的工会""一个死亡率只有0.28%的病毒，就把整个世界吓成了这样""有如此胆小的老师，才有如此怯弱的国民"……保守党支持者的脸书页面上，类似的言论，随处可见。

右翼抵触"封城"的原因，可以用北爱尔兰作家理查德·西摩发表在《新政治家》（*New Statesman*）上的评论概括："鲍里斯·约翰逊不会说我们要为资本主义而死……但他的政府却反复强调，4个礼拜的封城就是3%的GDP降幅。他们历来如此，他们对疫情严重性的否定，与社会达尔文主义传统和阶级歧视一脉相承，就像历史学家理查德·J. 埃文斯（Richard J. Evans）在《汉堡的死亡：1830—1910年霍乱时期的社会与政治》（*Death in Hamburg: Society and Politics in the Cholera Years, 1830–1910*）里呈现的那样，同样的意识形态，导致了10 000人死于19世纪一场暴发在汉堡的霍乱。"[1]

历史重复上演，右翼中的反封派们却不为所动。保守党的时评人、私立学校的倡导者托比·扬甚至还为此建了一个网站"封城怀疑论者"（lockdownsceptics.org）。他常挂在嘴边的一句话是："当我们计算新冠死亡时，封城导致的经济危机所带来的贫困人口的死亡算不算？"彼得·希钦斯（Peter Hitchens），另一位右翼作家，也几乎从封城的第一天起，就在各种媒体上大声疾呼："英国必须赶紧解除封锁，恢复商业，否则就太晚了。我们在花那些不存在的钱，我们此刻发给民众的休业工薪是一种变相的高利贷，几代纳税人的钱可能都还不清。"

"给人民发钱"无异于"培养懒汉"，这是新自由主义右翼的共识。在马克斯·韦伯的理论里，"劳役是一种天职，工作即苦修"的偏见，甚至可以追溯到资本主义精神推动新教改革的时代。1910年，英格兰西部小镇克拉德利希思（Cradley Heath）的铁链女工，用了整整3个月的时间罢工，3个月分文无收，牵萝补屋，连祖母们都参与了，主动面对镜头，拉下领巾，露出被劳役榨干的瘦小身影，上了全国大大小小的报纸，才总算争取到了加倍的时薪，即22先令，仍远不及男工。涨薪尚且如

---

1 Richard Seymour, "Give them liberty, or give them Covid-19: Why the Hard Right is Fighting Lockdown", *The New Statesman*, 3 June 2020.

此艰难，就不要说"发钱"了——即使这笔钱，最终还是羊毛出在羊身上。

反封派的理由还包括，如果短时间内研制不出疫苗，或未来始终不会有疫苗，那么所有针对病毒的极端措施，包括对个人自由和信息自主权的让渡，本应陪父母度过的临终时光，最适宜儿童大脑发育的早教时光等等，所有这些经济生活以外的巨大牺牲，都将化为泡影。与其如此，不如在温和地采纳一些防护措施的同时，坦然接受病毒的洗礼，就像2013年的诺贝尔化学奖得主迈克尔·莱维特（Michael Levitt）说的那样："如果封城的经济代价是零，社会代价也是零，那就封吧！但现在的问题是，封城的代价太大了，因其他疾病得不到及时救治而出现的额外死亡，隔离导致的儿童心理创伤，以及'二战'以来最高的失业率等等，如果无法平衡这一切，封城的弊害便将远远大于依赖封城而获得的防疫成绩……死亡是一个敏感地带。但你若把它交给经济学家，他们则有一个独特的看待死亡的方法。他们不算死亡率，他们是这样计算的：如果你20岁就死了，这是很大的损失；如果你已经85岁了，尽管依然难舍人世，但在某种程度上，在对未来潜力的估算上，20岁的生命，显然就比85岁的生命更有价值，这就是统计学中的'失能调整生命年'（disability-adjusted life years）。"

迈克尔·莱维特的话有道理么？从数据上看，它仿佛是无可挑剔的。截至2020年5月5日，英格兰和威尔士境内的32 143名死者当中，95%的死亡与过往病史有关，老年痴呆症患者的死亡率最高，占了20.4%。[1]又据4月2日全民医疗服务的统计数据，80岁以上者占了新冠死亡人口的53%，60—79岁者占39%，40—59岁者为7%，20—39岁者则不到0.1%。也就是说，死于新冠并发症的，绝大多数是老人。英国每年平均死亡人数60万，其中大部分也是老人。[2]剑桥大学统计学教授大卫·斯皮格哈尔特（David Spiegelhalter）说，在80岁以上的老人中，每年因其他疾病死亡和感染新冠去世的概率是一样的，都在10%左右。

相比之下，贫穷的杀伤力，确实一点儿都不亚于新冠。在英国，每个冬天就有约9700人因为没钱支付暖气费受寒而死。[3]而封城正以火箭般的速度，加速着本就已经深不可测的贫富分化。

但这是否就注定了"老人"和"穷人"之间，二者必取其一呢？美国左派时评人以斯拉·克莱恩（Ezra Klein）在推特上回应道："这是一种可怕的政治想象力的缺乏。"这条推特，眨眼间被转发了16.9万次，大致代

---

1 数据源自英国国家统计署，"Deaths involving COVID-19, England and Wales: deaths occurring in April 2020"。

2 Harrison Jones, "Coronavirus deaths by age in England", *Metro*, 3 April 2020.

3 Owen Jones, "Thousands of people in the UK are dying from the cold, and fuel poverty is to blame", *The Guardian*, 27 February 2020.

表了左派针对疫情的普遍立场：1. 绝不在风险下复工；2. 以类似"休业工薪"的形式，保证每个公民的基本生活；3. 增加公共卫生投入，等待疫苗的出现。它的道义性，在马克思主义者大卫·哈维（David Harvey）的论述里，亦得到了充分的体现："病毒在地域和经济生活中的扩散，依赖着霸权经济模式中那些早已存在的裂缝与缺陷。"[1]

细想起来，大卫·哈维的理论的确很有见地。如果不是2008年经济危机，政府保银行不保冻死骨，就不会导致长达10年的公共福利紧缩；如果不是紧缩，全民医疗服务就不会大量失血，以至于到处拆东墙补西墙。而正是这万不得已的东拆西补，导致了数万老人的死亡。最强有力的证据之一是，3月7日，为给新冠病人挪出床位，在无法一一做病毒检测的条件下，全民医疗服务狠心下达了15 000份出院通知，其中包括许多老人，他们刚露出一丝好转的征兆，就被迫不及待地送回了养老院。彼时，英国的感染案例已经超过了200起，安迪·琼斯（Andy Jones），我的一位在精神病养老院工作的医护朋友，仍得在没有防护用品的情况下，像平常一样硬着头皮继续上班。

根据英国国家统计局的数据，4月中，英格兰和威尔

1　David Harvey, "Anti-Capitalist Politics in an Age of Covid-19", *Tribune*, 23 March 2020.

士的养老院内有7316人去世，其中死于新冠并发症的就有2050人——这只是短短一周内的数据。耄耋之年，人终有一死，但因传染病而死却是世上最孤独的死亡之一，别说吻别，就是见上最后一面恐怕也十分困难。第四频道拍到了"父亲在养老院中感染去世，女儿站在门外，伤心欲绝地敲打着双层玻璃窗"的画面，此中代价，是"失能调整生命年"无法衡量的。

英国左派自媒体播客诺瓦拉的几个血气方刚的年轻人，自疫情开始后，就在书房里支起了一只麦克风，每天准时讨伐执政党的错误决策，每次长达一个多小时，雷打不动。6月初，英国新冠死亡人数超过50 000，全球第二，仅次于美国。诺瓦拉悲愤地发表悼词："想象一下，如果我们在空气里放置一个计时器或节拍器，每一声'嘀嗒'代表一个生命，要多久才能到达50 000？要从早上9点到晚上10点30分，要每一秒淌过每一个个体的存在与遗留，要如此之久。"[1]

六 最糟糕的人管制着最坏的时代

6月19日，感染人数1218，大部分的商店却已经开门了。逐步解封的方案包括：公共场合要戴口罩，恢复

---

1 数据源自诺瓦拉官网，2020年6月3日。

足球赛事（在现场观众为零的情况下），两户或多户人家可以在保持人均社交距离两米的前提下聚会，户外锻炼取消"粮票"制，想锻炼多少次都可以等等。

湖区的游人越来越多，三家豪华酒店预定7月4日重新营业。商店重开的第一天，普利马克（Primark）服装超市门口人山人海。人类显然无法控制生而为人的Akrasia[1]。在瘟疫或后瘟疫时代，如此茁壮的消费欲望，不知是好事还是坏事。

本来就充满分歧和两极化的世界更分裂了，漂浮的大洋板块上，满目都是燧石的硬块。6月，成千上万的人走上街头，为乔治·弗洛伊德（George Floyd）的惨死鸣冤。从明尼阿波利斯市到纽约，从纽约到伦敦，从伦敦到柏林……"我不能呼吸"的呐喊瞬间淹没了大城小镇。游行队伍像推倒舍甫琴科大街上的雕像一样，将布里斯托尔奴隶贩子的雕像拖到了几米之外的港口，抛进了大海。也有人在一旁冷峻地说，不，这不是单纯的"黑人的命也是命"（Black Lives Matter）运动，这是日积月累的阶级矛盾和生存恐慌，在瘟疫助燃下的一场激化。至少齐泽克也所见略同，他的原话是："健康危机和

---

1 Akrasia，希腊语，意为"意志中的薄弱点"，即消费社会中，剁手也抑制不住的欲望。比如，即使身在处处是风景的英格兰，也非得到湖区才能找到度假感。

其他危机混合在一起，成就了这场完美的风暴。"[1]

我最喜欢的英国调查记者之一乔治·蒙比尔特，认为这场灾难的根源是"最糟糕的人管制着最坏的时代"。我忍不住重温了那部叫《大白鲨》的灾难片，里面那位市长，因其下令"不许关闭海滩"的壮举，曾一度成为鲍里斯·约翰逊的英雄偶像。

对，没错，鲍里斯·约翰逊的偶像。首相是这样说的："我们需要更多像那位市长一样的政客，当纳税人面对巨大的阴谋时，我们通常是谣言的唯一宿敌。"[2]尽管许多证据表明，大白鲨正在附近，笃定地，等待着它的晚餐。尽管尼尔·弗格森（Neil Ferguson），帝国学院的数学生物学教授，事后诸葛亮地说："假如封城早上一个星期，半数以上的人可能就不会死了。"[3]好吧，即使是半数，也不少于25 000人。

当人们咒骂政客们缺少共情、缺乏对苦难的想象力时，似乎忘了一点，这世上恐怕有三分之一的人都拥护和赞美新自由主义的合法性。比如在一个回顾撒切

---

1 参见齐泽克演讲"新冠、'黑人的命也是命'与革命"（Coronavirus, Black Lives Matter, and Revolution），2020年6月。

2 Rachael O'Connor, "Old Boris Johnson quote on how 'Jaws' mayor is a hero'resurfaces amid coronavirus crisis", *The Irish Post*, 12 March 2020.

3 Abigail Gillibrand, "'Professor Neil Ferguson is right'insists Dr Hilary Jones as he weighs in on lockdown debate: 'We could have saved lives'", *Metro*, 11 June 2020.

尔的演讲中，鲍里斯·约翰逊就曾情不自禁地赞道，她让无数人从政府廉租房里获得了私人产权，她制服了工会，她把水电交通等几乎所有的公共资源归还到私企手中……谁也不该因发家致富而羞耻："当我们谈到公平，这世上16%的人智商低于85，仅仅不过2%的人智商达到130。这就好比筛玉米粒，筛得越厉害，掉下的碎末就越多，只有极少数优质的玉米粒能留在最上面……冷静想一下，今天富人交的税比撒切尔时代高得多，我们的0.1%，也就不过29 000人，贡献了全英14%的税收。换言之，很多学校、医院的开支都是富人们支付的。所以我要问，在所谓的智识界眼中，凭什么富人就被描绘得那么卑劣？难道他们（富人）不应像那些在俄国斯大林时代参与了斯塔赫维奇运动（Stakhanovites）的劳工一样，被致敬吗——那些以人民的名义，超负荷挖矿，因而半数过劳而死的人？富人们应该被宴请，被授勋，我们应该开创一个税金英雄的新阶层，最顶上的那10%，都应该自动获得骑士勋章。"[1]

鲍里斯·约翰逊赞美撒切尔主义并不出奇，早在布灵顿俱乐部时代，约翰逊就是撒切尔的死忠粉，不只他，所有伊顿学霸基本上都是她的死忠粉。他们喜欢她，她也提携他们。她一鼓作气，以鲤鱼跳龙门的蛮力，让大

1　参见玛格丽特·撒切尔演讲，政策研究中心，2013年11月28日。

半个英国褪去了战后的民主社会主义传统，回到了自由市场和大资本家的怀抱。二十多年后，这群男孩从小贵族长成了财团守门人，他们的信念更坚定了。因为2008年经济危机之后，底层阶级的生活跌到了谷底，工薪阶级只迎来了0.4%的工薪涨幅，而"1%"的收入，却涨了31.4%。[1]

吊诡的是，许多被侮辱和损害的人，也把持着同样神圣的道德优越感：自由市场是完美的市场，完美的市场中没有不义，只有不幸。穷人是不幸的，因为他们天生智商低下。富人是自然界优胜劣汰的产物，富人创造财富，缴纳税金，所有人（包括穷人）都因此而受益。

只要一有机会，这些被侮辱和损害的人，就会像为圣诞节投票的火鸡那样，向"那位市长一样的政客们"投出真情实感的一票。因此我们有理由相信，假如新冠卷土重来，最糟糕的人依然管制着最坏的时代。

1　Nin-Hai Tseng, "The rich got a lot richer since the financial crisis", *Fortune*, 12 September 2013.

III 英国历史文化外两篇

寻找替罪羊之旅：
英国猎巫运动一瞥

一

午后一阵疾风，烈阳涂在圣抹大拉的马利亚（St. Mary Magdalene）教堂上的亮块突然消失了，教堂沉入浩荡的阴影，连同它那13世纪的、尖峭得能捅伤鸽子的钟楼。我把自己藏在一块墓碑后面，对准紧挨着教堂的一栋红砖宅邸，嚓嚓按下快门。镜头里，原本幽暗的一切更幽暗了。

这是一栋有私家树林和马场的庄园大宅，建于伊丽莎白一世时代，三面高墙，尽头一条浅河，几株苍老的须柳，跟跟跄跄地映在水中。水光也是暗昧的，蒙着一层芦苇的断枝。连接教堂和庄园的，是一条花园小径，很短，像被削掉半截的小蛇。入口一扇矮门，从矮门到大宅仅一步之遥，教堂的钟声，犹如爬山虎的多足，牢牢地贴着大宅的墙缝，绕着白色的门窗，围剿着简·思罗克莫顿（Jane Throckmorton）的每一个失眠的夜晚。

搬进这座庄园不到6周，不到10岁的简，就染上了一种怪病。据随后的法庭笔录记载，她不停地打着震耳的喷嚏，有时持续半小时；躺下时肚子高高顶起，没人可将它压平；左右腿轮番哆嗦，小脑袋也晃得像雨打的水涡一样，还伴随手臂抽筋。那是1589年深秋，圣抹大拉的马利亚教堂恐怕和此时一模一样，只是它所在的小村庄沃博伊斯（Warboys），还披着中世纪式的灰袍子，没有路灯，满目泥泞。

英格兰东安格利亚湿地上，散落着许多这样的小村庄，青铜时代就有人迹出没，圈地运动前以农耕为主，一座占地至少1000英亩以上的瑰丽庄园，是小村庄的大动脉，佃农和雇农们世代为庄园主劳作，此外还有几块谁都可以垦荒或放牧的公共用地，外加一间教堂，饲养着不同阶级的灵魂。16世纪后，航海技术发展迅猛，庄园主们发现羊毛比农作物有利可图，之前断断续续的圈地运动，便开始进入集中阶段。成千上万的农民被赶出农庄，公共地也多被圈入羊毛出口业，永久失去土地的人，形成了一个新兴的劳工或赤贫阶层，怨声载道，暴乱此起彼伏，乞丐在晨雾中出没，而14世纪那场夺去欧洲近半数人口的黑死病，仍不肯罢休地拖着尚未结痂的血尾，四处晃荡。单1557年，沃博伊斯村就被它卷走了118条人命……在那样一个灾难汹涌的年代，即使没生这场怪病，简在沃博伊斯村的生活，也未必就一定岁月静好，鸡犬桑麻。

简的父亲罗伯特·思罗克莫顿（Robert Throckmorton），是一位富裕的乡绅和虔诚的清教徒，从他父亲手中继承了这座紧挨教堂的庄园。1589年夏末，他带着妻儿，从外地迁入沃博伊斯村，打算从此以它为家。为了向邻居们显示他的友善，自抵达之日，他家的大门就是敞开的。英国历史学家莫伊拉·泰特姆（Moira Tatem）曾描述过那车马盈门的场景：阔大的厅堂、旺盛的炉火、有礼有节的女主人、一行女仆、简和她那正值豆蔻年华的四个姐妹。思罗克莫顿一家人脉很广，罗伯特和英国顶级巨富亨利·克伦威尔（Henry Cromwell，即奥利弗·克伦威尔的祖父）是好朋友；剑桥大学里，那些有名望的学者和医生们，也和他家过从甚密。

简的怪病，让村民们十分迷惑。在忠于上帝这件事上，思罗克莫顿家自认为已经做得很好了。早上晚间，餐前餐后，必做祷告，孩子们的日常读物以《圣经》为主，出生后也全都在圣抹大拉的马利亚教堂受过洗，洗礼仪式还是罗伯特的姐夫——沃博伊斯村的牧师，亲自操持的。当时的人坚信孩童来自魔鬼的污水坑，只有受过了洗，才堪比打过了疫苗。

在圣抹大拉的马利亚教堂，我第一次仔细观察了洗礼台，它看起来像一座深长的石井，井盖是金字塔形的，榉木和工艺都堪称上乘。揭开来，下面是一只厚重古朴的陶盘，三条青花釉鱼，游戏着那一盘"点石成金"的圣水。

简染上怪病后，某村民为教堂捐了3先令4便士，修复了一只之前受损的钟铃。钟声又亮丽起来，却依然于事无补。这时候，爱丽丝·塞缪尔（Alice Samuel）出现了。她家在那栋红砖大宅的北面，虽是邻居，却属于全然不同的阶级，房子是租的，家徒四壁，还极有可能是外地人（在沃博伊斯村教区人口档案里，既查不到爱丽丝和丈夫约翰的结婚证词，也没有他们唯一的女儿艾格尼斯的受洗记录）；在做礼拜上，这家人也显得不够热情，当然也不敢缺席。那年头，少参加一次礼拜，就得罚上20英镑的款（相当于今天的17 163.73英镑）。

也许只想问候一下病中的简，爱丽丝也敲响了思罗克莫顿家的房门。简的母亲伊丽莎白让门房把爱丽丝请了进来。虽然贫富差异悬殊，作为基督徒，拒人门外，怎么说都是不够地道的。然而随着爱丽丝的脚步逐渐向壁炉靠拢，侧卧火旁、养神调息的简，却突然变得情绪激动起来，当爱丽丝终于在壁炉边上落座时，简转头尖叫道："看那老女巫，谁见过比她更像女巫的吗？把她的黑帽子掀掉！我可受不了她那副模样！"

今天，没人知道爱丽丝长什么样，英国宗教学家菲利普·C. 阿尔蒙德（Philip C. Almond）说，她可能长得正好符合孩童们对女巫的想象：干瘪消瘦，黑裙子，黑色的松饼帽。16到17世纪，长得像女巫是危险的，因为那是一个火烧女巫的时节。

伊丽莎白并没把那场会面当一回事，可不久之后，简的尿检结果出来了。来自剑桥大学名医巴罗的报告，上面写着：小儿蛔虫病，不碍事。然而吃药之后的简却不见好，于是剑桥大学克莱尔学院的名医巴特勒（据说此人是当时英国最顶尖的医生）发话了，看来这孩子被女巫给缠住了！巴特勒的诊断书下来不到一个月，简的妹妹们也接二连三地生病了，然后是她们的姐姐，思罗克莫顿家15岁的长女，琼（Joan），病征如出一辙。也许是年长力大的缘故，琼的症状最为猛烈：双眼翻白，四肢扭曲，仿佛正在和一场来自四面八方的飓风搏斗，持续时间有时一两小时，有时半天或全天。

怪病犹如狂犬，四处撕咬着思罗克莫顿家的每一位少女，五姐妹悉数染病，连年轻女仆也未幸免，共有12人都得上了怪病，全家哭天抢地，一致声称爱丽丝是女巫。

身为父母的罗伯特和伊丽莎白再也坐不住了，孩子们的叔叔也闻讯赶来助阵。这位叔叔，脾气暴虐，坚信只要像杀鸡一样，一刀下去，给爱丽丝放血，就能解除女巫的咒语；另一位赶来支援的是亨利·克伦威尔之妻，尊贵的克伦威尔夫人。克伦威尔夫人一下马车，便立刻传唤爱丽丝，逼问无果，狂暴中，她剪下了爱丽丝的头发和发带，交与伊丽莎白和她的女儿们，并令其立刻烧毁。爱丽丝终于忍无可忍，哭叫起来："夫人，您为什么这么对我啊！我可从未伤害过您，至少目前为止"——这句话，随后便成了针对爱丽丝最有力的呈堂证供。

克伦威尔夫人当晚驱车回家，梦见自己被爱丽丝的猫（虽然爱丽丝根本没有猫）抓挠虐待，要活剥她的人皮，次年就病死了。

1593年春，爱丽丝和丈夫被关入亨廷顿监狱。他俩的独女，25岁的艾格尼斯，与思罗克莫顿家15岁的长女琼，作为正反方证人，则住进了监狱旁边的一家旅馆。近五百群众跑来围观，怀着恐惧和兴奋，目睹了琼发病的全过程。最终，爱丽丝的丈夫招供了，接着是爱丽丝。

尽管夫妻俩竭尽全力为女儿的清白辩护，但法官和陪审团却一致认为，只有判艾格尼斯同谋罪，才能彻底歼灭咒语。定罪果然生效了，艾格尼斯被判为女巫之后，琼和其余11个病得手舞足蹈的女孩们，便从此恢复了正常。

爱丽丝的丈夫在被吊死前最后一刻，一边推翻供词，一边破口大骂给全家人带来灭顶之灾的妻子，然而不管他怎样拼着老命和妻子划清界限，还是被吊死了。爱丽丝则在一旁声嘶力竭地哭喊，求众人放过她的女儿。有人劝处女之身的艾格尼斯想办法怀孕，按当时法律，孕妇可获缓刑，但艾格尼斯说，我才不愿背负女巫和荡妇的双重罪名呢！从始至终，她坚持和母亲站在一起，拒绝认罪，一直坚持到断气为止。

二

思罗克莫顿家的闺女们，最大的不过15岁，要说她们集体装疯，陷害一个素不相识的邻家老女人，说不过去。况且她们的病情断断续续，持续了近三年半，直到爱丽丝一家被吊死才平息。生理上的病理学无法解释成因，所以后世的诸多学者，在此加入了精神病学的考量。

"前现代时期，孩童被魔鬼上身，是一种独特的英国现象。孩子们从小就读《新约》，对邪灵附体的故事耳熟能详，它们像食尸魔一样，浸淫着每一个人的童年。当大人们讨论思罗克莫顿家的闺女们是否被上身，并不断提供'上身症状'、为自己的结论编织论据时，在一旁的孩童耳听心受，便愈发深陷其中。"[1]

诚然，这类怪病，在当时被视为魔鬼上身，在今天的学者们看来，却很可能只是一起"巫术恐慌"引起的

1 Phlip C. Almond, *The Witches of Warboys*, I B Tauris & Co Ltd., 24 October 2007, p36.

集体歇斯底里（Mass hysteria），而那栋每天人进人出、呼吸着流言蜚语的红砖大宅，仿如一个幽灵丛生的微型社会，即此症的完美舞台。[1]

果真如此的话，是什么，在可怜的孩童身后，用看不见的钢丝，操纵人偶般地，操纵着这"巫术恐慌"呢？用"医学落后，民众愚蒙"——正如把一切人为灾难笼统地归结于"愚蠢"一样，似乎只粗浅地解释了其表象。

巫术自古有之，巫师中，既有萨满巫医似的灵媒，又有占卜师、魔术师和炼金术士等等，此外还有相当一部分是游医。游医们有过一个好听的名字"白巫医"（White Witches），在英格兰的某些地区，他们又被称为"民间高手"（Cunning Folk）。对白巫医来说，巫术，不过是些祖传草药方、流传久远的咒语、神秘学，以及对未知事物的敬仰。白巫医们用它治病救人、占卜、驱邪、寻找丢失的牲畜和物件。从事巫术行业是不讨好的，因为人们既迷信它的超能力，又惧怕它的危害。一场治疗失误，或一次接生失败，便很容易让人把"白巫术"与邪恶的"黑巫术"混淆起来。

不管人们对巫术如何若即若离，但视巫师为全民公敌，大规模猎杀女巫，在15世纪以前的欧洲是不存在的。

1　Barbara Rosen, ed. "Possession", *Witchcraft in England 1558–1618*, University of Massachusetts Press, 1991, p231.

比如在古希腊和古罗马时期，只有动机不纯的巫师才会受到惩罚。[1]当欧洲落到天主教廷手里时，巫术罪也仅仅是用来对付确凿无疑的异教徒，绝不会在平民中滥用。1258年，罗马教皇亚历山大四世还颁布了《禁猎巫法》。苏格兰的某些天主教神职人员，亦曾视巫术为骗子的把戏，根本不相信它的"法力"，所以不会以巫术罪起诉某位巫师。

15世纪初，随着航海技术的发展，资本主义渐渐现出雏形，欧洲进入了早期城市化和原始资本积累的阶段。新兴资产阶级自觉在认知上超过了"狂征宗教税，贩卖赎罪券"（马丁·路德语）的神职人员，许多人在马丁·路德的召唤下，开始推行新教改革。奉行新教主义（Protestantism）的新教徒认为，每个人都可以和上帝直接沟通，不需要一个穿红衣的权威中介机构。在经济生活中，新教的不少观点也和罗马天主教相左。比如天主教认为"放贷"是一种罪，为此迫害了许多放债收息的犹太人；但对新兴资产阶级来说，"债务"是资本主义的润滑剂，封锁债务，就等于杀死了牟利来源。

16到17世纪，天主教和新教为了在各自的意识形态上站稳脚跟，成了对方眼中的异教徒，口诛笔伐，甚至陷入了火拼。比如写作《浮士德医生的悲剧》（*Doctor*

---

1 Nigel Cawthorne, *Witch Hunt: History of a Persecution*, Castle, 2004, p33.

Faust）的英国剧作家克里斯多弗·马洛（Christopher Marlowe），被游走于天主教和新教之间的双重间谍理查德·贝恩斯（Richard Baines）盯梢，怀疑其"具有同情天主教的倾向"，便成了新教迫害的对象。

"人们被两种敌对势力同时绑架，一个城市，或一整片地区，一夜之间，便可堕入另一教派的手中，有时还不止堕入一次。这种大面积的不确定性，为集体性的歇斯底里铺好了病床。"[1]

苏格兰就曾是这场社会大变动的一只台风眼。16世纪以前，绝大部分苏格兰人都是天主教的忠诚信徒。天主教渗入苏格兰人日常生活的每一个角落。没受过天主教的洗礼，活着不能结婚，死后也不能入葬。教区不但提供信仰的归属，还提供医院、养老院、麻风病院、劳改工厂和各种慈善机构。

苏格兰岛屿丛生，峡湾将陆地切分成无数碎块，陆上踽行，仿佛用渺小之躯，重复画着"之"字，无穷无尽，教区因此开发出渡轮生意。就连啤酒厂、食品厂、学校和大学也属教区所有。将生意转到新教名下，将《圣经》等著作从拉丁文译成人人都读得懂的英语，不但将令财路受阻，上层精英的特权也将受到威胁。所以，当路德教会的书秘密登陆苏格兰时，天主教徒们内心的

---

1 Nigel Cawthorne, *Witch Hunt: History of a Persecution*, Castle, 2004, p53.

抵触和愤怒，是不难想象的。

英格兰也一样，英格兰教会（Church of England，1534年从罗马大公教独立）初建时，推出了八项重大的宗教改革，四项教义反转，不从者死。

旧有的精神支柱突然被折断，头脑中频繁地上演怀疑和两难，世界突然变得非黑即白，非善即恶，撒旦，也就开始显形了。

除了时刻担心自己被异教徒迫害，或被当成异教徒迫害，彼时的人们还不得不与小冰期（1300—1850）的冰雹、洪水和霜冻做斗争，还有老鼠和毛虫捎来的瘟疫、黑死病、粮食减产、饥荒、牲畜暴毙，高发的难产、死婴和小儿身亡……在如此纤毫毕现的信仰和生存压力之下，无论是天主教还是新教的掌权者，想必都嗅到了民众中那股蓄势待发的"被迫害妄想症"的气息。当务之急，得找到一枚灵丹，或一只替罪羊。

"撒旦"永远是最佳人选，可惜来去无形，于是传说中撒旦的密使（Emissaries）——巫师，便成了人间的替罪羊。替罪羊不单能疏导祸水的流向，还能有效地打击异教徒。12世纪，天主教对瓦勒度教派（Waldensians）的打击，12到14世纪，天主教对清洁派（Catharism）的打击等，都是以巫术罪打击异教徒的成功案例。掌权者们还相信，酷刑之下，必能成招。当囚犯们再也招架不住，神志不清地吐出"施展巫术的经过"时，那些魔幻现实主义式的描绘，便成了"黑巫术"存在的合法声明。

为了在猎巫运动和屠杀异教徒之间找到关联，美国经济学家彼得·利森（Peter Leeson）和雅各布·拉斯（Jacob Russ）通过大数据，做了一番统计：三分之二的猎巫暴行，爆发于1550到1650年之间，即90%的宗教战争爆发期；在位于新教改革中心的德意志地区，猎巫运动最为如火如荼。根据最保守的统计（大部分死刑档案早已被销毁），从1450到1750年，欧洲约有60万人死于猎杀，其中德意志就包揽了40%的"巫尸"。在天主教越显式微，新教改革越迅疾的地区（德意志、法国、瑞士等），猎巫运动就越猖獗。两位经济学家还嘲讽道，猎巫这种手段，今天的政客们也在广泛使用，比如共和党和民主党之类。没什么比"利用某种所谓的外来威胁，引爆民众恐慌"更有效的拉票手段了。先找出外来威胁，然后为民除害，最后再收保护费。

猎巫，于是成了铲除"外来威胁"的重要手段，还成了一个争夺人心的秀场。无论是天主教，还是新教，都曾把它作为一项社会福利，半卖半送，呈递给自己的信徒，仿佛哪家教派猎杀的女巫越多，就越有可能买到人心。可见，爱丽丝一家的悲剧，首先不在于医学落后，民众愚蒙，而在于掌权者热烈拥抱民众的愚蒙。

三

巫师中也有男性，为什么猎巫运动中，85%的受害者都是女性呢?(在英国,这个比例是90%。)[1]因此,猎巫运动又被称为某种意义上的Gendercide,即性别屠杀。[2]有些答案是显而易见的:比如绝大多数女性不会读写,已婚女性没有财产权、经营权和上诉权,所以女人们招兵买马、聚众起义的可能性几乎为零等;再往下深挖,便不难发现,原来,它还有一个强大的厌女文化作为基础。

1487年,德国神职人员和审判官海因里希·克拉默(Heinrich Kramer)出版了一本彼时销量仅次于《圣经》的书《女巫之槌》(*Malleus Maleficarum*),书中列出了辨识女巫的各种方法论。他写道:女人除了是男人之间友谊的祸害,还能是什么?她是惩罚,是至恶,是蛊惑,是欲壑的祸水,是家藏的危险品,是美味的弊端……而这邪物,竟涂着鲜亮的外表!又,女人比男人更淫荡,且永不知足;如果魔鬼是上帝的对立面,那么女人就是男人的对立面……类似的论调,在书中不一而足。

其实,这番言论也算不上标新立异,亚里士多德就曾认为,女人的体液是湿冷的,不像干热的男性;女人是不完美的孵化品,比起正常值,她们总是存在偏差。

---

1 Nachman Ben-Yehuda, "The European Witch Graze of the 14th to 17th Centuries", *American Journal of Sociology*, July 1980.

2 Steven T. Katz, *The Holocaust in Historical Context*, Oxford University Press, 1994, Vol, 1, p433.

古希腊人还认为，经期阻滞，会令经血倒流，渗入心脏，造成发烧、呕吐、情绪起伏、抑郁并触发自杀倾向。19世纪，该症状被冠以一个术语"歇斯底里"（Hysteria），这个词源于古希腊语uterus（子宫），意在暗示，只有女性才会歇斯底里。19世纪之前，由男性主宰的医学界，一直找不到月经和排卵的关系，以为女人必须通过流血，才能缓解其天性中的"歇斯底里"。而歇斯底里，即"魔鬼钻入子宫后，在女体内漫游，释放邪气"的明证。除了歇斯底里，癫痫、亵渎神明、忧郁症、自杀倾向等，彼时都是一种"魔鬼上身"（Demonic Possession）。

经血流通，之所以被认为如此重要，与其说它"保全了女人的神志"，不如说它标榜了女人的生育价值。失去生育价值的女人，在当时一文不值。因此，比起年轻女人，老女人更容易被当成女巫送审。英国议员雷金纳德·斯科特（Reginald Scot）在他1548年出版的《巫术的发现》（*The Discoverie of Witchcraft*）中得出结论：停经让女人饱受幻象折磨，变得疯疯癫癫，因此更易被撒旦诱拐，变成女巫。在英格兰切姆斯福德（Chelmsford）的一起女巫审判中，某项证词亦写道："女人之中，不管是谁，只要有一张皱脸，斜眼秃眉，嘴上一圈绒毛，嗓音尖锐，语气中含责备，戴黑帽子，手持纺锤，有一只猫或一只狗作为共谋者（familiars）紧随其后，就定是女巫无疑。"法律上，也只有怀孕的女巫才能求来死缓。

意大利女性主义学者西尔维娅·费德里奇（Silvia Federici）认为，将邪恶定位在老女人中，除了她们不再具有生育价值之外，还有其经济原因。比如在英格兰，圈地运动以前，英国庄园有一套救济机制，寡妇可继承亡夫的部分财产，从四分之一到全部，因地而异；还可在收割后拾遗，并允许在教堂寄宿等。圈地运动展开之后，物价飞涨，贫困人口飙升，大量佃农失去土地，上面那些女性的习俗性权利（Customary Rights）也全都被剥夺了。许多年老妇女，尤其是寡妇，沦为乞丐和统治阶级力图甩掉的经济负担。与圈地运动同时展开的新教改革，却不提倡慈善，乞讨必须在权威机构拿到执照，否则将被视为非法乞讨处理。那些没有乞讨证、潜伏在树林或深巷里、冷不防伸出一只枯手的老女人，因此就变得"甚为可疑"，欲求不满时，她们还会发出低声的诅咒。而诅咒，在人人相信撒旦的年代，通常被认为是灵验的。

当然，身为女性，不婚或守寡，衰老或贫穷，仍无法构成判处一个女人死刑的全部理由，她肯定还得有些"与众不同之处"。传说魔鬼舔过女巫的身体之后，会留下印记，这枚印记藏匿在身体的某处，看起来像一颗痣，或一枚胎记，或一粒小疣，或一片肤斑。于是，把"女巫印记"作为物证的历史便开始了。

史上沉迷于"女巫印记"的人里面，身份最显赫的，是一个国王。我在苏格兰国家美术馆仔细端详过他

的一幅画像。那是荷兰画家阿诺尔德·布朗克霍斯特
（Arnold Bronckorst）的作品，画中的国王约八九岁，嘴
唇窄扁，目光冷漠，戴一顶镶钻的黑贝雷帽，小脸扎入
高耸的花边竖领，肤色是药沫的白，且处处呈现出干裂
迹象；一根金色权杖在黑衣里凸显出来，上面立着一只
褐色的鸟，目光也和主人一样阴冷。

　　这位国王的母亲，是苏格兰国王詹姆斯五世的女儿
玛丽，像当时诸多苏格兰人一样，玛丽也是一个虔诚的
天主教徒。彼时新教改革已席卷苏格兰，天主教的弥撒
是非法的，但她不愿皈依新教，还和一位天主教徒结了
婚，因此成了一个危险的女人。新教主义者怕她把苏格
兰扭回天主教，天主教徒们则觉得她是个叛徒，没为天
主教的复兴尽全力。她在两面夹壁间，偻步潜行，百死
一生。

　　在英格兰，她的堂姊妹、新教徒伊丽莎白一世也不
喜欢她。伊丽莎白一世终身不嫁，因此玛丽的子嗣必将
继承英格兰王室，若这位继承人也是天主教徒，对英格
兰的新教改革将十分不利。1566年，玛丽生下一个男孩，
第二年，孩子的父亲就被暗杀了。男孩13个月大时，玛
丽被迫交出王位，并被囚禁起来，当她好不容易逃出生
天，向英格兰求救时，伊丽莎白一世却担心她会篡位，
以叛国罪名砍了她的头。

　　这位13个月大的男孩，就是日后的苏格兰国王詹姆
斯六世 —— 史上最著名的女巫猎手。在爱丁堡城堡，我

　　　　　　　　　　　　Ⅲ　英国历史文化外两篇

走进这个男孩出生的房间。它小得像一只橱柜，阴暗至极，除了一座冰凉的壁炉、一把硬椅、三面高墙、两扇长窗，再无它物。詹姆斯六世在他的老师约翰·诺克斯（John Knox）的严厉教诲下长大，这位老师不仅是苏格兰新教改革的领袖人物，还仇恨全天下的女巫，整天向小国王灌输其母玛丽如何邪恶，女人全都经不起魔鬼诱惑之类的厌女思想。

1589年的一天，詹姆斯六世站在苏格兰海边，迎接他的准王后、丹麦公主安娜，然而公主却没有如期出现。过了很多天，信使捎来坏消息，丹麦舰队遇上了暴风雨，几百水手和船只丧身海底，安娜也差点死掉。詹姆斯六世闻言后，也许是想显示一下男子气概，立刻亲自动身，上了去丹麦迎亲的大船。同样，他也遇上了暴风雨，几乎死掉。九死一生漂到丹麦的他，亲自目睹了焚烧女巫的盛况，深受震动，觉得自己肯定是被下咒了。

回到苏格兰之后，他马不停蹄，囚禁了70个嫌疑犯，吉莉·邓肯（Gilly Duncan）便是其中一位。邓肯本来住在距爱丁堡东边9英里的一个叫特拉嫩特（Tranent）的小镇上，白天是副镇长家的年轻女仆，夜晚是小有名气的游医，据说还治了不少疑难杂症。那个年代，几乎每个村镇都有一两位女游医，帮忙接生，治些妇女病之类。她们没有正规的医学背景，却有不少祖传的草药和妇女知识。

猎巫运动中，继老女人之后，女游医首当其冲，成为被猎杀的对象。美国作家芭芭拉·艾伦瑞克（Barbara Ehrenrich）和戴德丽·英格利希（Deidre English）曾发表专著，论证这与男医生们对她们的嫉恨有关。意大利女性主义学者西尔维娅·费德里奇则认为，与其说那是一种职业嫉妒，不如说是男性本位主义畏惧女性力量（Power of Women）的一种表现。

女游医们不是甜美柔顺的邻家女孩，她们通常有一定社会阅历，掌握着祖传秘方，能炼制出让男人堕入情网的神药（春药），熟稔咒语，还私下传授避孕技巧和发放堕胎药等……这些都与资本主义萌芽期对女性行为的期待格格不入。资本主义萌芽期需要"无性无脑、对男人绝对顺从，并不断创造生产力（婴儿）"的女人，女游医式的、精通世事的女性群体，必然对它的权力结构形成挑战。[1]

所以当有人举报女游医吉莉·邓肯"夜间外出行医"时，这姑娘立刻就被抓了起来。她被施以一系列酷刑，检查官还在她的喉咙上找到了"女巫印记"。物证面前，逃无可逃，她被迫供出了一串"同谋"的名字，包括另一位女游医、民间助产士阿格尼丝·桑普森（Agnes Sampson）。

阿格尼丝·桑普森是一位年长寡妇，受过良好教育，

---

1 Silvia Federici, *Witches, Witch-Hunting & Women*, PM Press, 2018, pp32-33.

在爱丁堡城颇有声望。彼时受过良好教育的女巫不多，詹姆斯六世带着浓厚的窥视欲和虐待狂的执着，亲自刑讯了她。

最初阶段，阿格尼丝·桑普森否认了一切指控。为了找到女巫印记，她被剃光了毛发，继而被一种像马辔头般的铁制笼具（witch's bridle）固定在石墙上，这个笼具附带的一个扩张装置撬开了她的双唇，两根尖利的铁叉刺伤她的口舌，另外两根铁叉刺穿了她的面颊。她一刻不能瞌睡，否则捆住颈脖的绳索就会绞成一团，绳索再放开时，会导致笼具里的脑袋像皮球一样弹来弹去，被铁叉刺入的部位即捣成肉泥。在经历了这番酷刑之后，她仍不肯认罪，直到一枚"女巫印记"从她的私处中被挑了出来。也许是出于女性本能的不堪受辱之心，她终于招供了。

因此针对她的54项指控全部成立，包括"蛊惑了一只叫埃尔瓦的狗，让它住在一口深井里，每天捣鼓邪恶的汤药"之类。她还"溜到'老教堂的草地'那里（即今天苏格兰的北贝里克海港），参加了一个信魔者的夜半集会（Sabbat）"，其情景，像观众们在1922年的瑞典/丹麦纪录片《女巫：历代的巫术》（Heksen）里看到的那样：一群长角魔兽聚集在一轮猎人月下，群魔乱舞，火光冲天；女巫们前来接受魔鬼的洗礼，迫不及待地和魔鬼交媾；不知从哪里偷来的婴儿，被倒吊起来，沥干血，扔进煮沸的浓汤。

"总共有6个男人和90个女人，参加了魔鬼的集会，年轻的女游医吉莉·邓肯也去了，她还奏响了犹太竖琴……"阿格尼丝·桑普森招供道，"我们一起点燃了黑色蜡烛，以亲吻魔鬼屁股的举动，完成了献忠仪式。此外我们还商讨了如何弑君，以及如何在国王去往丹麦的海上制造风暴等……"

不少后世英国历史学家，比如特蕾西·博尔曼（Tracy Borman）等，都认为这些"供词"是受害者的精神和肉体被摧残至临界点的情况下，跟着指控书复读的结果，而詹姆斯六世却对它们如获至宝，痴迷不已，他甚至让被折磨得面目全非的吉莉·邓肯为他弹起了犹太竖琴——尽管在人前，这位23岁的国王看起来并不残暴。他创建了英国最早的邮递系统，组织翻译了至今仍在使用的钦定本《圣经》，酷爱狩猎，据说还有过男宠。

从此，詹姆斯六世像爱上猎牡鹿一样，爱上了猎巫。他宣称："法官们认为单凭女巫的供词不足以治罪，但常理告诉我们，这些臭名昭著的女巫们是不可能有正常的证人的，与她们狼狈为奸的，都是异教徒和弑君者"[1]；当时的媒体《苏格兰新闻》（*News From Scotland*），亦绘声绘色地描述了阿格尼丝·桑普森的刑讯奇观："……她甚至能一字不漏地说出国王和丹麦公主圆房初夜的枕

---

1 James VI, King of Scotland, "The Tollbooth Speech of 1591".

边对话！"

1603年，伊丽莎白一世驾崩，詹姆斯六世成为英国国王詹姆斯一世，旋即便在伦敦再版了他著名的"学术著作"《魔鬼学》（*Demonology*）。书中，他强调道，没有其他证据不要紧，重要的是在嫌疑人身上找到女巫印记，只要有印记，便足以定罪；此外，他还极力推荐"水淹法"，他相信，真正的女巫即使被浸入水中，也不会下沉，因为女巫诞生时，内心抗拒教廷洗礼，因此必将被水排斥。该书措辞严整，形式生动，引经据典，最重要的是，它出自一位国王的手笔，因此一跃成为当年英格兰甚至整个欧洲的畅销书，被翻译成多国文字，成了最权威的"猎巫指南"。它几乎把英国变成了巫术传染病院，单苏格兰，1590到1662年，就有约4000名"女巫"成了它的实验品。还有很多人靠猎巫生意发了横财：20车泥炭燃料，40先令；4桶猪油，26先令；杉木和铁桶，16先令；24英尺长的吊颈绳，4先令……这还是1596年的标价，到了1636年，10车木炭升至3英镑。此外，女巫们还得自行支付烧巫费，比如一件浸过猪油的麻料衣服的钱，不然就会被烧得很慢。[1]

那是一个真正的悲惨世界，一如汉娜·阿伦特在《我们这些难民》（"We Refugees"）里的描述："地狱，

1　Nigel Cawthorne, *Witch Hunt: History of a Persecution*, Castle, 2004, p206.

不再是某种宗教沉迷或臆想，而是一种实相，就像房子，石头和树。"

詹姆斯六世还试图在全英推行猎巫法。迫于无奈，英国议会同意了，但却拒绝在女巫审判中动用酷刑及火刑。苏格兰某些著名的酷刑，比如"让女巫们穿上特制的醋浸毛衣，脱掉时连皮一起揭下"之类，英格兰大法官们觉得无法接受。这尚存的仁慈，对此刻正徘徊在沃博伊斯村"寻访女巫"的我来说，是一种无法言说的安慰，至少它为爱丽丝一家免去了极刑之苦。

躲过极刑，却不一定躲得过身体羞辱。为了向众人展示女巫的印记，爱丽丝一家被吊死后，监狱长和其夫人扯掉了爱丽丝的衣服，在她的某个隐蔽处，掀出一颗小瘤，半英寸长。他们向40多名围观者公开展示了这颗小瘤，监狱长的夫人还亲自刺破了它。黄色的乳液溢了出来，接着是一股透明液体，最后是血。[1]

四

可见，猎巫运动虽多发生于沃博伊斯那样的小乡村，却不只是斗筲之人的乡野陋习，而是一种从上至下的暴行：顶端有教廷和国王的推崇，中端有从贵族到资

---

[1] 参见根据当时的法庭证词编写的 *The Story of the Throckmorton Children*，Widow Orwin付印，1593年出版。

本家、从法官到医生等精英阶层的簇拥，底端有专制主义滋养的父权和厌女文化作为其民粹基础。以巫术罪展开的审判，虽貌似理论精细，程序合法（酷刑在当时具有合法性），借用马克斯·韦伯的概念，其实是一种"形式整饬的非理性"（formally irrational）审判，因为它的判决基础，是建立在"作为次品的女性"及"作为迷信的巫术、诅咒和预言"之上的，其动机是寻找替罪羊，根基则是根深蒂固的性别歧视。

沃博伊斯村的大街小巷里，至今没有爱丽丝的纪念碑，我只看到街心的一座钟楼，1887年，为维多利亚女王在位五十年的庆典而建。钟楼顶上，避雷针似的，插着一枚铁铸的"骑扫把的女巫像"，颇具讽刺意味。十多年后，弗吉尼亚·伍尔芙到沃博伊斯村度假，住在圣抹大拉的马利亚教堂对面的一栋房子里。她觉得整座村庄"忧郁极了"。她写道："到处都是阴沉的墓碑，刻着奇怪的图案和天使的头颅，很多墓碑没有名字。我仿佛走在苍老无名的，山丘掉落的尘埃之上。"

爱丽丝的冤死，固然毫无悬念，但那一纸死刑判决书，便是她留给后人的唯一念想么？带着疑问，我敲开了沃博伊斯村当地史学家琼·科尔斯（Joan Coles）的房门。

科尔斯虽然上了年纪，看起来却仍像骏马一样健壮，穿着一件蓝T恤，领子下方还绣着一枚"骑扫把的女巫"。未到不惑，她的丈夫就去世了。她独自养大孩子，打理农场，学习历史，收集史料旧物，并四处演讲，此外她还是一名钓鱼高手。她的厨房阔大、斑斓，橱架上摆满了古老的药瓶、彩色的玻璃容器、动物头骨、日本步枪、石器时代的燧石刀具……

"我若出生在爱丽丝的时代，肯定早就给当成女巫吊死了！"她露出讥讽的微笑，一边拿出一沓讲稿，缓缓翻开，露出工整漂亮的手写体。她用洪亮、高昂的声音，为我朗读了她撰写的《沃博伊斯村女巫事件》的其中一章。

在整个事件中，最令琼·科尔斯动容的一个细节是，爱丽丝被正式逮捕之前，一群拥有神学背景的剑桥学者涌进沃博伊斯村，围堵了她，并逼问其信仰。爱丽丝脱口而出的，不是"God"，而是"My God"。她斩钉截铁地说，我的上帝会拯救我，我的上帝会保护我，为我破敌雪耻。（My God will deliver me, my God will defend me and revenge me of my enemy.）"你看，My God，多么遗世独立的表述！在那样一个年代，面对一群那么显赫的人！"琼·科尔斯激动地说："她的'My God'，不是别人的上帝，而是一个属于她自己的上帝。"

读到这一段文献，我也非常震惊。单凭这个表述，爱丽丝就把自己从父权社会的一神论中释放了出来，尽管，单凭这个表述，她就够得上"异端罪"了。异端罪和巫术罪一样，都是死罪，但人毕竟是人，怎会像草芥一样，轻易屈服于强权？如果"女巫的印记"对应的是某种"对抗基因",便不难理解,为什么即使爱丽丝已经成了一具尸体,行刑者仍要将它掀出来,刺破,并当众凌辱了。猎巫运动的目的之一,无疑是要通过一切暴力手段,消除女性主体意识(Women's Consciousness)中的所有潜在的对抗。

这种试图依赖暴力铲除对抗基因的暴力模式,是不可能永远取得成功的。詹姆斯六世的儿子查尔斯一世,也想像其父那样将专制进行到底,却最终在1649年,被共和派领袖奥利弗·克伦威尔砍了头。四十年后,英国成功地建立了议会民主制,与此同时,猎巫运动也逐渐走向式微。对此,美国历史学家爱德华·贝弗(Edward Bever)评价道:"与其说统治精英们几乎同时感到了一种自信的危机,不如说他们正在经历一种权威的危机。"[1]可见,只有在一个连国王也有可能被砍头,君权神授(The divine right of kings)遭到质疑、专制主义不再被民众青睐的时代,像猎巫运动那样的人为灾难,才有可能走向末路。

更大的转机来自随后到来的启蒙主义。18世纪,自然科学、自然神论、宗教宽容、取缔酷刑、让女子也受教育等主张,开始渗入人类思想的荒芜之地。英国第一

---

1 Edward Bever, "Witchcraft Prosecutions & the Decline of Magic", *Journal of Interdisciplinary History*, 2009, p263–293.

位女性主义者玛丽·阿斯特尔[1]以及后来的女权主义斗士们，亦开始不遗余力地挑战起男性中心论的壁垒。针对"女人无脑论"，阿斯特尔反对拿某个聪明女人作典范的经验主义实证论。她说，女性能思考，作为一项事实，是无须证明的，一个女人，只需转向自己的内在，感受自己的思考过程，就是极佳的明证——这一革命性的观点，彻底地否定了"女性毫无思考能力，易被魔鬼诱惑，因此最易成为女巫"的谬论。随后的女性主义作家，比如玛丽·沃斯通克拉夫特[2]等，亦迅速地接过了接力棒。沃斯通克拉夫特写道，我们要将女性的思想伸展开来，放大，大到足以遮住所有的服从观为止。

随着对抗的持续，18世纪上半叶，英国议会颁布了禁止猎巫的法案，席卷整个西方的猎巫运动也终于退出了历史舞台。然而，建立在寻找替罪羊和偏见之上的暴行，比如土耳其人对亚美尼亚人的屠杀，德国纳粹对犹太人的屠杀，极端右翼分子对基督城平民的屠杀……却未见彻底离席。因此，对女巫的祛魅，作为一种非常有效的范例性事件，仍显得至关重要。同样重要的是，当代女性的处境，在不同的时刻和地区，仍处在微妙的反

---

1 玛丽·阿斯特尔（Mary Astell, 1666—1731），英国女性主义作家、哲学家，代表作有《反思婚姻》（*Some Reflections upon Marriage*）等。

2 玛丽·沃斯通克拉夫特（Mary Wollstonecraft, 1759—1797），英国哲学家、作家、女权主义者，代表作有《女权辩护》（*A Vindication of the Rights of Woman*）等。

弹之中，悲剧重现的可能性，并未完全降至为零。温习和反思女性的受难史，也许仍是避免悲剧最有力的途径之一。

最后，我想把一节叫作《齐颂》（*All Sing*）的短诗，献给声称"拥有自己的上帝"的爱丽丝，它来自英国当代诗人杰拉尔丁·蒙克（Geraldine Monk）的诗集《彭德尔女巫的心声》（*Pendle Witch Words*）：

> ......
>
> 不可刺透的直到被刺透
>
> 才能彻底刺透：
>
> 思绪抓不住这一刻
>
> 但鲜明的哀叹可以
>
> 刺穿的痛力可以
>
> 痛苦的绝对性也可以：
>
> 记忆变成现实成为记忆
>
> 张开大口，吐出一道惊雷
>
> 一个真相/黎明/和一番醒悟
>
> 筑起广袤
>
> 和无限
>
> 外面和外面世界的存在性
>
> ......

注：和沃博伊斯一样，"彭德尔"（Pendle）是英格兰的另一个小乡村，1612年，当地9名"女巫"被逐一吊死。为了纪念这些无辜的生命，杰拉尔丁·蒙克创作了这本诗集。

英国家庭史一瞥：惩罚与反叛

　　每当在地铁或巴士上，看到怀抱婴儿的父母，为了让婴儿能酣然入睡，以手为枕，温暖阔大的掌心像芭蕉叶一样贴着婴儿那蓓蕾似的小脑袋——这一幕总让我分外伤感。这"无条件的爱"，是怎样在一个充满各种教条和框架的世界，一步步地，变得苛刻起来的呢？这双温暖的手枕，有朝一日，会变成扼杀我们心灵自由的手铐吗？类似的疑问和恐惧，自青春期就开始困扰着我。

　　大门乐队的主唱吉姆·莫里森（Jim Morrison）在他的一首诗里说："自由就是第一次走出家门的滋味。"我离家的冲动比他的诗迫切。先是经历了中学时代的离家出走，大学毕业后便迫不及待地奔赴北上广，而立之后又逃到了异国他乡……每逃离一步，就离父母，以及他们终身拥抱的体制和价值观远一步。我曾以为这就是"胜利"，但当我看到西方主流社会的子女并不需要"逃离"，似乎一出生就享有那种"成为你自己"的自由时，我的胜利感被渐渐击溃了，取而代之的是某种挫败。

我和父母的交流障碍，以及和"父要子亡，子不得不亡"这种父权制度的交流障碍，不是简单地通过人为制造地理距离就能解决的。在像打捞沉船一样打捞我那可怜的挫败感的过程中，我意识到，逃离不是出路，我需要的是思考——一种基于理性与感性的思考。我需要对那些关于爱和权力的"常识"提出质疑：爱是与生俱来的吗？还是和文明的进程一样，是不断学习和认知的结果？在父权制家庭里，权力为什么总是大于舐犊之爱？如果反叛指向的一定是决裂，为什么经历过"弑父"的西方社会，会出现今天这个以民主权威型（Authoritative）为主流的、亲子之间其乐融融的家庭模式？……

为了寻找启示，我把目光率先抛向了我身处的英国社会，以及构成这个社会的最小单位——家庭。

因受孕而变得无力猎食的熊和狮子，随着分娩期的逼近，它们的饥饿感也随着它们的体积而增大，大到足以盖过母爱本能的程度时，它们就会在分娩后吃掉体质孱弱的幼仔。先用舐舐的方式，一如用舌头舔着自己的伤口，然后再撕咬——这新鲜淌血的食物来得如此不易，浪费是可耻的。并非只有犬科、灵长类和啮齿类等动物会杀子（Filicide），极端父权社会里的人类也会杀子。根据《中世纪的孩子：从五到十五世纪》（*Children in the Middle Ages: Fifth-Fifteenth Centuries*）这本书中引用的资料记载，在大饥荒时期，父母将孩子作为食物先杀后吃的恐怖画面，曾不止一次出现过。

在极度贫困和恶劣的生存环境之下，把残疾或患黑死病的孩子杀掉，或许是一种慈悲。让我真正感到困惑的是，在那些不出于"果腹"动机的杀子行为里，是什么力量在操纵着父母手中的权杖？这种力量到底有多大——大到足以将"虎毒不食子"这种伦理学的美好愿望，变成一个陷阱重重的黑童话？

杀子：没有童年的中世纪

据记载，在希腊罗马（Greco-Roman）时期，父亲可以任意杀死自己的子女而不需要承担任何法律责任；在16世纪以前的欧洲，"杀子"都谈不上是罪行；在整个公元前332年到16世纪这段相当漫长的时间里，"严厉的、至高无上的家法"是当时欧洲社会的"美德"。从各种留存的史料看来，虐子现象在中世纪时期极其普遍，当时的家庭史，在某种程度上亦可以说是一部家暴史。而教会是这种"美德"的捍卫者，在意识形态上为各种家暴修筑着防护墙。

　　根据《中世纪宗教》（*Medieval Religion*）的记载，在中世纪的英格兰，几乎每个人都对天堂和地狱的存在深信不疑。天堂之路只有一条，那就是获得罗马天主教会的通行证。那不是一张免费的通行证，人们把剩余时间无偿地奉献给教会，像衔枝筑巢那样徒手为教堂的地基垒上燧石，在教会管辖的土地上挥汗如雨，每年交10%的什一税（Tithes），此外还要支付不菲的洗礼、婚礼和葬礼费。即使目不识丁，人们也毫不犹豫地接受宗教裁判所书写的教条："婴儿是天生的负罪体，继承着亚当偷食禁果的原罪（Original Sin）。"一旦接受了这种罪，它便烙印在出生纸上，它是"契约式"的（Contracted Sin），出生便是履约。比浮士德和魔鬼签署的契约还要可怕。

　　为了让"天生的负罪体"获得天堂的通行证，对它的"净化"成了父母的首要责任。12世纪的意大利法学家格拉提安（Gratian）编写了一部名为《格拉提安教法》（*Gratian's Decretum*）的早期天主教法典，法典用中世纪的拉丁语写道："父亲对子女的严惩是一种虔诚。"14世纪，意大利法学家巴尔杜斯·德·乌巴尔迪斯（Baldus de Ubaldis）又提出："将不驯服的孩子用铁链锁起来以达到教化和净化的目的，是合法的。"

　　英国中世纪的社会精英，也没有超越其时代性。生于1160年的英国神学家托马斯（Thomas of Chobham），不但自己热衷于苦修，对他人的皮肉之苦也抱有浓厚兴趣。他在自己的《忏悔总结》（*Summa Confessorum*）中说道："惩罚的暴力程度要达到足以摧毁一个正常人意志的程度，比方说死刑和酷刑。"这些理论对向子女施加暴行的父母来说，是一种强大的安慰剂："孩子别哭，所有的暴行都是为了那张天堂的通行证。"

在英国约克郡1279到1281年间的一起杀子案中，父亲埃利亚斯（Elias of Sutton）为了阻止儿子再犯偷盗恶习，把儿子吊在房梁下，活活吊死，随后便逃跑了，法院也不了了之。另一起杀子案发生于1329到1330年间，英格兰中部北安普敦郡的父亲亚历山大（Alexander Heved of Buckby）用棍棒把儿子打死了，郡长抓了他，又让他"逃走"了。1330到1331年间，同一地区的信徒西蒙·赫里沃德（Simon Hereward），为了加强管教，把病中的儿子打死了，却辩解说他不知道孩子患有严重的身体疾病，于是法官判他无罪，并给孩子发了"疾病死亡证明书"。艺术史家芭芭拉·凯勒姆（Barbara Kellum）在她1974年发表的文章《中世纪晚期英格兰的杀子现象》（"Infanticide in England in the Later Middle Ages"）中指出："当时的英国皇家法院，要么把凶手看作精神病人，要么就是感慨凶手的丧子之痛，大部分杀子行为都获得了宽恕。"可见，在中世纪的意识形态里，父母疏于惩罚和净化自己的孩子，是可耻的；而惩罚过度，"失手"杀了自己的孩子，则是值得同情的——法官出于同情，往往会用"不得已的过失"来审视一桩杀子案。

在忒修斯（Theseus，传说中的古雅典国王）时代的希腊神话中，宙斯派一头白牛去和克里特岛（Grete）的王后帕西法厄（Pasiphae）交媾，这场神谕的、不可违抗的兽交结果是王后怀孕了，生下了牛头人身的半畜人弥诺陶洛斯（Minotaur）。她的丈夫、克里特岛的国王米诺斯（Minos）很尴尬，但并不想杀死王后的私生子，于是把弥诺陶洛斯藏在建筑师代达罗斯（Daedalus）建造的"没有人可以活着走出去的迷宫"里。这座迷宫同时也是监狱，关押着冒犯王权的敌人和异端，半畜人弥诺陶洛斯派上了用场，它可以把囚犯们慢慢吃掉。

国王米诺斯唯一的儿子安德洛革俄斯（Androgeus）到雅典去参加泛雅典运动会，却在马拉松比赛时被那头让他母亲受孕的公牛捅死了。国王米诺斯认为这都是雅典国王的错。狂怒之下，米诺斯把整座雅典城池变成了仇恨的血塘。他还规定雅典国王必须每年献上7位童子和7位童女，给牛头人身的半畜人弥诺陶洛斯做美食。

弥诺陶洛斯的象征物是什么？带着这个疑问，我翻阅了匈牙利学者、古典哲学和希腊神话研究者卡洛伊·凯雷尼（Károly Kerényi）献给荣格的著作《迷宫研究》（Labyrinth-Studien），"弥诺陶洛斯的核心是地狱，是魔鬼，它深藏在人性的迷宫之中"。

在荣格看来，希腊神话是通过无意识的水光投射到人性幕墙上的大海，包含了存在的各种真相："神话是最早也是最重要的精神现象，揭示着心灵的本质。"和荣格一样，我对亚里士多德的"净化论"（Catharsis）没有兴趣，因为我看不到这个神话的精神净化作用，以及它作为"警世恒言"而存在的意义。如果说我真的看到了什么——那里面似乎藏着一张若隐若现的、极端父权社会的权力模式图示。

它似乎是由若干条血红色的平行线组成的。第一条，男性可以任意剥夺女性的权力（盗用神谕，让牛去强奸女性并迫使其怀孕），这种剥夺是通过暴力实现的；第二条，君主掌握着平民的性命，可以任意地让地狱（弥诺陶洛斯）吞噬不服帖的人，包括战俘、异端和囚犯，这种无上的权力也是通过暴力取得的（表面上弥诺陶洛斯是"神"派来的屠夫，而真正的暴力实施者却是君主和维护其统治地位的宗教裁判所）；第三条，父母掌握着子女的生杀大权，父母只有把孩子（童男和童女）当作牺牲（献给弥诺陶洛斯），才能逃过地狱之劫。

维持三条平行线向前伸展的动力，是代代相传的"地狱恐惧"和"暴力崇拜"，表现为对权力的哀告宾服。

据说忒修斯时代，正好是男权逐渐占主导地位，并深深渗入文化和宗教的时代。这种男权社会的形态，在人类历史上延续了很多年，在不同的国家，以不同的面目出现，像一个深谙换脸术的幽灵。

到了中世纪，这三条血红的平行线，化成由马拉着的庆典花车（Pageant Wagon）的三条车轴，吃力地背负着各种道德罪和苛刻的教条，在荒蛮的尸骨地里前行。被困扰在其中的人们，一次次地，在睡梦中赤脚回到古雅典时代，把自己的骨肉像礼物那样包扎起来，献给那牛头人身的半畜人。

中世纪听起来十分遥远，却并非无迹可寻。离我住的地方不远处，就是英国著名的中世纪小城伊利。在这座由673年兴建的修道院演变而来的城市里，教堂的铜钟仍是感知时间的工具；人们仍不时地把脸涂黑，把自己装扮成活的图腾，在肉铺对面的墟市上，踏着石板，跳着半喜庆半诡秘的莫里斯舞。而我也经常站在一棵阴影重叠的梧桐树下，凝视着古诺曼底人垒起的石墙和墙上狭小漆黑的窗户。在那密不透风的漆黑的小方块里，是否也站着一个曾在14世纪住过的小孩，用忧伤而好奇的目光凝视着我？他的背后是否会突然现出一张阴森的成年人的脸……我的这类想象，通常会像早期的硝酸银显影术般，在空气中形成短暂而不确定的成像，然后随着一阵风的到来而消失。历史却不会这样消失。

历史是再生性的，像青苔一样，总是比它所攀附的石墙更难摧毁。

在剑桥大学图书馆，我找到了一份相当哥特也比较具有代表性的英格兰中世纪女性杀子记录。它揭示了在极端父权社会里包含在暴力崇拜之内的另一种崇拜——"贞操崇拜"。

1517年的一天，英格兰伊顿镇林肯主教区居民约翰·瑞丁（John Ridyng）的女儿艾丽斯（Alice）突然意识到自己未婚怀孕，孩子的父亲是当地的一位牧师，而牧师是不能结婚的。虽然中世纪的英格兰对非法堕胎持一种心照不宣的宽容态度，但艾丽斯打消了这个念头，父母也好，药剂师也好，她不敢让任何人知道这个秘密。她决定自己处理掉腹中的胎儿。

她的隐瞒并非天衣无缝，当她偶尔出现在公众场合时，当地的几个有经验的女人，用锐利的眼光扫视着她的肚子，令她不得不用"肠胃有问题"来掩盖"罪行"。当分娩终于来临时，她躲在自己的房间里，在没有任何助产士和医疗器械的情况下，像一头母豹般完成了危险而原始的生产，历时4小时。婴儿出生后，她用铁制的剪刀剪断脐带，使出所有余力把新生儿掐死了，然后将尸体扔进自家果园的粪堆里。两天以后，那几位怀疑她的女人们把她揪了出来，当着众人的面，集体检查了她的肚子和乳房。胶状的肚皮和渗奶的乳房暴露了她，而她始终无法面对的耻辱的核心，不是杀子，而是失贞。

婚前性行为（Fornication）是中世纪女性的禁忌，因为它是在未经教会许可的情况下"自行做爱"，严重触犯了教会的权威，还导致非婚生子女的蔓延，从而引起抚养权和财产分配权的混乱。因此"只有和处女生育的孩子，才能合法地获得财产继承权"，处女的价值因而大大提高。

"在女人作为商品，在闺中待价而沽的年代，贞操不是商品的附加值，而是全部价值"，《中世纪的阴道》（*The Medieval Vagina*）一书中写道。传说亨利八世的第一任王后凯瑟琳（Catherine of Aragon）在亨利移情别恋、执意要废黜她时，就曾把她和亨利的"初夜见红床单"拿到法庭上。如果这个传说是真的，有这样一位必须靠初夜床单来证明其存在价值的母亲，不难想象，她的女儿——以屠杀新教徒得名的"血腥玛丽"女王，有着一个怎样抑郁沉重的童年。

贞操崇拜是和"血统焦虑"捆绑在一起的。一个新生儿倘若拥有上流社会的"纯正"血液，便意味着一生的靡衣媮食。在中世纪的法国，人们在"武功歌"（chansons de geste）那样的唱诵诗里，挖祖坟似的挖掘自己的先祖，不是为了追忆，也不是为了害死猫的好奇心，而是为了给某项财产的继承权或某段姻缘的般配度寻找文献依据——因为只有血统纯正的后代，才会被写进家谱和歌谣里，才有机会成为法定继承人。

"血统说"被用来辅助权力和财富的扩张，为世袭制谱写合理性。大约写于1136年的《不列颠诸王史》（*Historia Regum Britanniae*）中记载，为了让"血统"在权力继承中发挥最大的合法性，一代一代追踪皇室蓝血，一直追到特洛伊时代，还得出了这样的结论："罗马帝国也是特洛伊遗产的一部分。"

欧洲中世纪的诗歌中充满了"血统焦虑"。在旅居英国的法国中世纪女诗人玛丽（Marie de France）根据布列塔尼和凯尔特的传说私底下创作的抒情短诗里，就记载着"诸侯之王多尔（Dol）取消了一桩提亲，因那女孩没有贵族血统，若娶了她，无疑等于斩断王室血脉"这类故事。可见在中世纪社会，子女通常不是爱情的产物，而是一段权力合作关系（conjugal union）的产物；子女继承的，不仅是先祖的血液，还有家族的成败；当子女对家族兴旺有利时，才有可能品尝到被爱的滋味。而像艾丽斯那样偷食禁果，生下私生子的未婚少女，则是家族的耻辱。

"在中世纪的社会形态里，童年是不存在的。"法国中世纪历史学家、家庭史家菲利普·阿里耶斯（Philippe Ariés）曾这么写道。

反叛：启蒙主义的曙光

安德烈娅·钱伯斯是我们村里的一位玻璃艺术家。她有两个一见到她就会像兔子一样扑上去的孩子，谢菲尔德大学考古专业毕业的女儿梅格（Meg）和正准备上中学的儿子雷夫（Rafe）。

安德烈娅身体丰盈，肩背宽厚，脸庞圆润，微笑起来有一种自足的丰收的美，让人想起高更笔下的鲁兰夫人（Madame Roulin）。她家花园里繁殖力旺盛的大丽花和麝香石竹、她的多肉仙人掌……几乎所有围绕她的事物，都散发着同一种气息的美。她的孩子们其实已经大到不再需要她在摇篮面前蹲下来掏出整副心肺的程度了，她也终于可以更专注地沉浸在自己的艺术创作里，但她身上这种独特的美却持久不散。当她回忆初为人母的喜悦，仿佛二十几年的光阴从未流逝，她就一直活在那个瞬间。

除了"母性"（Mother nature），我找不到其他的词语囊括这种美。这个词中的"Nature"（自然）源自拉丁语"natura"，包含着"出生，起源"的意思。大多数人都认为母性是自然界的一种天性，人类身上也具备着"母性"。即使在"没有童年"的中世纪，"母性"这个相当人格化的词，也曾是一个流行用语，只不过被用在"女神"和"圣母"身上，作为神性和人性的分水岭之一。

"身为母亲，我相信母性是一种天性。即使是中世纪那些杀子的父母们，也是具有母性的，只是他们的母性被什么给压抑住了，就像很多其他的天性一样，比方说向往性愉悦的天性，向往自由的天性等等，因为受制于当时的社会条件，只能处于隐蔽的状态。"

说到这里，安德烈娅沉思了一会儿，然后继续说道："我的母亲是'二战'前出生的，她小时候经历过'二战'。也许是严峻的生活塑造了她性格中的强硬部分，她对我非常严厉，脾气暴躁，一触即发……但比起你提到的那些中世纪的父母，比起之后维多利亚时代的父母，甚至比起她那'一战'前出生的父母，她已经算是很开明了。我怀梅格的时候，二十出头，还没有结婚，她并没有用扫把将我打出门，而是欣然接受了即将成为外婆的事实——我觉得这就是母性在彰显它的力量。"

安德烈娅也许是对的，母性是一种天性，然而在极端父权的社会里，再怎样如夏荷般的母性，也逃不过父权制的辣手。假如梅格出生的时代，不是对未婚母亲施予层层保护、性观念开明的20世纪90年代，而是18世纪，梅格的命运就会成为悲惨（Misery）的缩写，出生以后多半会被扔进教会开设的少年囚犯工厂（Workhouses，那种与济慈院同名同质，专事劳役弃婴或"不良少年少女"的血汗作坊），安德烈娅则会受鞭刑示众。

中世纪结束之后，欧洲并没有立刻摆脱弥诺陶洛斯的阴影。虽然英格兰在17世纪已经颁布了禁止杀婴杀子的法律，但在18世纪之前，大多数人仍活在宗教裁判所打造的诸神的镜像里，极少有人会思考"如何将母性从神像里夺出来，交回给人性"这样的哲学命题，也没有多少父母会反省其独裁的教育方式。围绕着"基督救赎论"的清教主义儿童读本仍是17到18世纪上半叶英国社会的主流。在这种肃杀的宗教氛围里，父母们本着虔诚的态度，对体罚鲜有质疑。16世纪以后，体罚甚至还变成了一种具有集体观赏价值的表演行为，男童们在私立学校或教会学校的操场上被老师当众鞭打，其他孩子不管愿意与否，必须站在一旁围观。奥地利导演哈内克（Michael Haneke）的电影《白丝带》（*The White*

Ribbon）所叙述的就是这种惩罚的传统：犯了错的孩子被鞭打之后，会被系上一根象征耻辱的白丝带，当街示众。

"我估计父亲小时候应该是或多或少挨过打的，要知道手杖直到'二战'都是英国社会里相当流行的育儿工具。即使他的父母不亲自打他，学校的老师也会打他。在专门接收中产阶级子女的文法学校里，体罚也不见得比专门接收穷人孩子的教会学校仁慈多少。"我的公公在回忆他的父亲时说。

坐落于法国图尔北部的梅特赖（Mettray）少管所，是法国刑罚改革家弗雷德里克-奥古斯特·德梅茨（Frédéric-Auguste Demetz）在1840年为6到21岁"不服管教"的男孩们开设的。其目的是让孩子们通过劳动改造和念经祈祷，获得"主的宽恕"。男孩们不论大小全都被关押在一起，头被剃光。年长的男孩每天只有一个小时学习，剩余时间都在田里劳作。食物粗劣而有限，稍有不从就会遭到严厉的体罚。福柯在对这家少管所的研究中得到启示，把这种法律默许的、家长制的惩罚手段，视为一种"权力的练习"。从幼年时代开始，通过惩罚机制，练习和供养规训意识。这种规训意识一旦形成，就好比在中枢神经里安插了一个狱警，每一个"犯罪动机"都逃不过他的惩罚——这个狱警因此也被自身授予了"至上的权力"。当这个狱警遇到更大的权力机构（比如父权制国家）时，就会主动助纣为虐，因为只有类似的机构才会鼓励和保护他的存在价值。

在英国和爱尔兰，功能和运作形式上等同于梅特赖少管所的，是像少年囚犯工厂或者天主教会开设的"不良少女收容所"（Magdalene Asylum）那样的地方。19世纪30年代，即工业革命晚期，由于对童工需求量的增加，以"拯救邪恶灵魂"为名的少年囚犯工厂一下子就新冒出来600多家。1850年，在爱尔兰少年囚犯工厂里，15岁以下的孩子人数达到115 639人。在学校和这些少年儿童劳改机构内，体罚之所以猖獗，很大程度上是因为父母对体罚是赞许的，不但赞许，他们很多还积极地实施。

这个围绕着"规训和惩罚"的问题，在一百年前，尼采也看到过，但尼采认为"惩罚的欲望"是天生的，根植于人性深处。在这一点上，我更倾向于卢梭的观念，他否定了这种欲望的"天生性"（innate instinct），他还否认了"婴儿戴罪而生，故天生邪恶"的"原罪说"，他认为孩童本性即善，需要的不是惩罚，而是引导。他在1762年出版的《爱弥儿》一书中，把自己想象为初生儿爱弥儿的老师，引导爱弥儿走向自由。他说道："自然之神创造了所有至善的灵物，人类却画蛇添足，要把它们变邪恶。"在卢梭的哲学观里，清教徒的道德是成人世界强加给童年的枷锁。如果一个小孩子做了错事，比如打碎了一只花瓶（不管是有意还是无意），是不该受道德责难的，该受谴责的是父母，父母不应该将易碎品放在小孩子够得着的地方。

卢梭和启蒙主义的到来，是英国家庭史的一线曙光。卢梭完成《爱弥儿》的时候，英国浪漫主义诗人、雕刻艺术家威廉·布莱克刚好15岁，虽然他并不接受牛顿眼中的宇宙，也不认同卢梭的自然宗教观，但卢梭那"人生来自由"（Man is born free）的思想还是深深地影响了他。布莱克的挚友，激进的理想主义者威廉·戈德温（William Godwin）则是卢梭和启蒙主义思想的坚定追崇者，他的很多主张（虽然在当时都是痴人说梦），比如反对君主制和贵族王权，提倡人人平等，强调理性和公正等，都对布莱克的思想和创作产生了深远影响。

1789年，威廉·布莱克出版了他的代表作《天真与经验之歌》（Song of Innocence and Experience），里面写道："……我做成一支乡土味的笔/我把它往清清的水里一蘸/我写下我快乐的歌/孩子们个个都听得欢喜。"

记得第一次读它，我并不觉得震撼，我当时并不了解它的时代背景，渐渐地我才明白，这组用18世纪童谣形式创作的诗歌，是布莱克对中世纪那扇黑暗的窗户投掷的一枚手榴弹。它赞美童真，反对童工、体罚以及家庭内部一切针对子女的精神和肉体虐待；它肯定人的个体价值和自由意志，主张把子女当作"个体的人"来对待……这一切，在工业革命初期的英国，是相当癫狂的。毁誉参半的女慈善家、基督教福音派的传播者、英国礼拜日教会学校（Sunday School）的创始人汉娜·莫尔（Hannah More）就曾这样攻击布莱克的理念："认为孩子具有童真，这个想法在原则上就是错误的！那些脆弱的小东西也许正盼望着我们的指点，因为他们不想成为那种把腐烂和邪恶带到这个世上的怪物——这才是教化事业的终极精粹。"

在大英图书馆，我看到了1923年利物浦出版社再版的《天真与经验之歌》。布莱克用当年的酸蚀技术和棕色颜料将诗句和插画刻在铜板上，再在印刷成品上手工上色。它的封面画着一位母亲，坐在被蛇环绕的树旁，握着孩子的手，似乎在娓娓述说，远方是辽阔的田野和被风吹得婀娜多姿的云彩。他的画风随性，笔触质朴，用色大胆艳丽，虽然受基督教仁爱思想的影响，他从来都不是一个正统的清教徒。他画作里那些让人联想起《圣经》的场面，几乎全都是他个人对《圣经》的阐释，以及他自己作为天马行空的先知诗人所创造的神话。

布莱克生前在伦敦的铜版画展，观众寥寥无几，至死都没有得到过上流社会和大众的承认。1827年，他死在家中，留下一沓未完成的但丁作品插画，只有几个好朋友来送葬。但请不要因此就质疑"小众的力量"，正如美国人类学家玛格丽特·米德（Margaret Mead）所说："永远不要怀疑一小撮有思想和责任心的公民改变世界的能力，因为这就是一直以来正在发生的奇迹。"一个多世纪之后，威廉·布莱克被追认为与莎士比亚同等重要的作家，他的思想和作品影响了浪漫主义、新古典主义、废奴主义、女性主义、现代主义、超现实主义、反战和20世纪60年代的性解放运动以及后现代主义。

比布莱克稍晚的英国浪漫主义诗人威廉·华兹华斯受他的感染，也创作了一些赞美童真的作品，其中最著名的是《颂诗：忆童年而悟不朽》（"Ode：Intimations of Immortality from Recollections of Early Childhood"）。在诗中，华兹华斯用含蓄的手法批判了宗教桎梏对童年的迫害："幼时遇见天国的明辉/慢慢成长/却被牢笼的阴影追随"；同时他亦表达了对"母性回归"的渴望："大地母亲的双膝下，欢喜漫溢/渴望她自身的天性/纵使只是慈母之仁/也不见得就是不正之念"。

与此同时，随着早期女权意识的觉醒，一些女性作家和思想家们也开始在英国社会的公共领域崭露头角。创新派儿童读物作家、启蒙主义思想的推动者、废奴制的先驱、英国浪漫主义诗歌奠基人之一安娜·利蒂希娅·巴鲍德（Anna Laetitia Barbauld）就是其中一位。她的《给孩子的功课》（*Lessons for Children*）和《给孩子的赞美诗》（*Hymns in Prose for Children*）在当时都是相当具有革命性的作品，也是她送给养子查尔斯（Charles）的礼物。为了方便孩子们阅读，她一反常规，使用了大号字，还发展了一种非正式的对话风格，用来表现父母和孩子之间的亲密感。它们不但富于感情色彩和想象力，还有丰富的知识，从历法、地理、气象、农业、地质、数学到政治和经济学，无一不有，甚至还提到了占星。

在英国浪漫主义诗歌的顶峰年代，狄更斯的《雾都孤儿》出版了，这是英国第一部以儿童为主角的小说，无数人为它感动落泪，人们仿佛第一次看到孩子们那脆弱、敏感，像洋葱一样多汁的心灵世界。

"人生来自由"——这股启蒙主义发起的进步思潮，潜移默化地改变着维多利亚时代的社会。

1860年，英格兰伊斯特本寄宿学校14岁的男孩雷金纳德·坎瑟勒（Reginald Cancellor）被他的校长打死了。该校长是维多利亚时代的楷模：外科医生的儿子，艺术家爱德华·霍普利（Edward Hopley）的弟弟，住在舒适的中产阶级住宅区，拥有若干仆人，推崇维多利亚时代的教育理念，曾发表《帮助社会上所有阶级到达身心智和道德制高点》（"Help towards the Physical, Intellectual and Moral Elevation of all Classes of Society"）那样的文章。

1859年，雷金纳德的父母以180英镑的高薪聘请了这位校长（比当时英国教师普通年薪高出一倍），让他单独管教"脑子进水，朽木难雕"的儿子。不见男孩长进，次年，这位校长向其父提议采取"严格的体罚手段"。两天后，男孩的父亲点头同意了。

这位校长于是把传统的体罚工具"手杖"扔掉，改用跳绳和拐杖，对男孩进行了毒打。男孩被打死后，他的哥哥强烈要求验尸，于是得到了一份这样的验尸报告："大腿内侧呈果冻状，全身青紫，皮开肉绽；右腿有数个两英寸深的肉洞，伸入洞口，可以直接触摸到骨头。"这份验尸报告惨不忍睹，因此得到极大关注，继而引发了一场全英上下参与的大讨论。人们不仅开始质疑飘浮在空气中的"帝国文明",以及工业革命捎来的"近在咫尺的现代性",更多的是对历史的反思和对兽性的谴责。最后法院不得不以"过失杀人罪"逮捕了那位校长。体罚导致孩童死亡的案件几千年来层出不穷,此时终于第一次得到了公众的关注(感谢现代媒体的兴起)。担心法庭被挤爆,法院还不得不向听众出售门票。

在随后的立法中,危及生命的体罚被制止了,而讨论的焦点被放在"不构成重伤的身体部位上"。比如1902年,在一份英格兰和威尔士针对LEA(地方教育权威机构)的提议中,全英上下就针对"该打手掌,还是臀部"展开了激烈的讨论——这便是进步,即使这进步充满了荒诞的色彩。

启蒙运动之后,英国又经历了女性选举权运动、性文化解放运动、性别平权运动等等,这些变革一步步地改变着以父权为核心的传统英国家庭结构。1904年,英国议会终于颁布了《防止儿童虐待法》(Prevention of Cruelty to Children Act);1959年,联合国大会通过了里程碑式的《儿童权利宣言》(Declaration of the Rights of the Child);1987年,英国彻底废除在公立和私立学校中使用体罚;2002年,英国立法禁止家庭内部一切有害子女身心健康的暴力行为。半个世纪以来,英国主流的教育方式也从历史上的威权型(Authoritarian),逐渐演变为今天的权威型(Authoritative)。

时间跨过19世纪冰冷的脊梁，步入21世纪。我也从一堆厚厚的史料里，回到了玻璃艺术家安德烈娅光洁如镜的餐桌上。我们吃着水果蛋糕。窗外，夕阳在麦地里缓缓地推送着金色的波光。

"你知道吗？梅格长到三四岁，淘气得不得了。我有一次忍不住，轻轻打了她一记耳光。那记耳光却好像反打在自己脸上似的，我感到血液倒流，脸热辣辣的。接下来好长一段时间我都感到很难过，更确切地说，是感到害怕。我害怕梅格和我会重蹈我和母亲的覆辙，她将感受那些我曾经感受过的不快乐。从此以后，我发誓再也不打她，好在那也不是什么特别难以坚守的誓言，我是那么爱她。"安德烈娅一边抚摸着她的小狗Lucky，一边用雪花般温和的语调，讲述着她和孩子们之间的事。

托尔斯泰说："所有，我所理解的一切，皆因爱而明。"

主要参考文献：

莎拉·M. 巴特勒（Sara M. Butler），《一个冷漠的个案？——中世纪晚期英格兰的少儿谋杀》（"A Case of Indifference？: Child Murder in Later Medieval England"），*Journal of Women's History*，2007。

玛格丽特·E. 麦肯齐（Margaret E. Mckenzie），《中世纪叙事中的杀子现象》（*Filicide in Medieval Narrative*），PhD Dissertation，The Catholic University of America，2012。

M. O. 格伦比（M. O. Grenby），《儿童文学的起源》（"The Origins of Children's Literature"），载于《发现文学：浪漫主义者与维多利亚时代中人》（*Discovering Literature: Romantics and Victorians*），2014。

图书在版编目（CIP）数据

贫穷的质感：王梆的英国观察 / 王梆著 . –– 上海：上海文艺出版社，2022
（2023.10 重印）
（单读书系）
ISBN 978-7-5321-8248-0

Ⅰ . ①贫… Ⅱ . ①王… Ⅲ . ①文化史—英国 Ⅳ . ① K561.03

中国版本图书馆 CIP 数据核字 (2021) 第 263341 号

发 行 人：毕　胜
责任编辑：肖海鸥
策划编辑：吴　琦
特约编辑：赵　芳　　何珊珊　　罗丹妮
营销编辑：张　迪
书籍设计：杨濡溦
内文制作：李俊红

书　　名：贫穷的质感：王梆的英国观察
作　　者：王　梆
出　　版：上海世纪出版集团 上海文艺出版社
地　　址：上海市闵行区号景路 159 弄 A 座 2 楼　201101
发　　行：上海文艺出版社发行中心
　　　　　上海市闵行区号景路 159 弄 A 座 2 楼 206 室　201101　www.ewen.co
印　　刷：山东临沂新华印刷物流集团有限责任公司
开　　本：880×1230mm 1/32
印　　张：11.25
字　　数：200 千字
印　　次：2022 年 4 月第 1 版　2023 年 10 月第 7 次印刷
Ｉ Ｓ Ｂ Ｎ：978-7-5321-8248-0 / G.345
定　　价：52.00 元

告读者：如发现印装质量问题，影响阅读，请与出版社发行部门联系调换。